致读者朋友

读者朋友：

不论男女，不论老少，不论你是太极练习的新人还是久经赛场的老手，不管你是学太极的学生还是教太极的老师，《孙剑狄·说太极　节拍教学法》能让你看到你想要看到的东西，找到你想要找到的东西。

太极拳是一种肢体语言，有形和无形、有形技法与无形功法互为支撑的内外双修的一项完美运动。这种完美在书中是用"节拍"来演绎，本书在健身、习武两方面会给大家带来新的理念。

顺致

敬意！

2025 年 3 月 16 日

孙剑狄·说太极 节拍教学法

孙剑狄 著

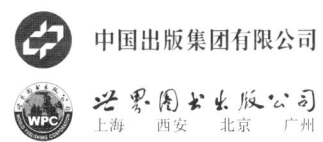

中国出版集团有限公司

世界图书出版公司
上海 西安 北京 广州

图书在版编目(CIP)数据

孙剑狄·说太极:节拍教学法 / 孙剑狄著. 上海：上海世界图书出版公司, 2025. 6. --ISBN 978-7-5232-1954-6

Ⅰ. G852.11

中国国家版本馆 CIP 数据核字第 2025XZ2304 号

书　　名	孙剑狄·说太极　节拍教学法
	Sun Jiandi · Shuo Taiji　Jiepai Jiaoxuefa
著　　者	孙剑狄
责任编辑	吴柯茜　杨　妮
出版发行	上海世界图书出版公司
地　　址	上海市广中路 88 号 9-10 楼
邮　　编	200083
网　　址	http://www.wpcsh.com
经　　销	新华书店
印　　刷	杭州锦鸿数码印刷有限公司
开　　本	787mm×1092mm　1/16
印　　张	22.5
字　　数	390 千字
版　　次	2025 年 6 月第 1 版　2025 年 6 月第 1 次印刷
书　　号	ISBN 978-7-5232-1954-6 / G·918
定　　价	78.00 元

版权所有　翻印必究

如发现印装质量问题，请与印刷厂联系

（质检科电话：0571-88855633）

序 一

  孙剑狄,全国知名武术教练,生于武术世家,自幼耳濡目染,凡武学种种,传承父辈,身体力行。仅太极研习,已六十余载矣。20 世纪 80 年代,其先后任上海市工人武术队和上海市武术队教练等,并以中国武术代表团专家身份两度公派赴日教学。今穷其一生之研习,成书一册:《孙剑狄·说太极 节拍教学法》。其志在向国内外同修,以及希冀通过学太极康健强身之读者,送上他的体悟,无论男女、老少,初学者还是已得太极精髓之熟手,阅此书,必深惊:得道,竟如此简单。学拳,易矣;强身,易矣。

  大道至简。太极,简言之,其拳,一开一合,一掤一松。究其形,皆是肢体语言。节拍者,取 4/4 拍之形式,赋太极内涵于拍中,蕴运动韵味于节内,有形技法与无形功法互为支撑,内外双修,敏于意,活于身,强魄健体,延年益寿。何以能够快速上手？节拍教学法之特点:化繁为简,因材施教,科学分析,精准磨炼,快速成才。《孙剑狄·说太极 节拍教学法》一书即以两字——"节拍"为关键,贯以始终,诚为节拍教学法的工具书。本书创新健身习武之理念,必使广大读者受益无穷。

中国武术协会副主席

中国武术九段

吴彬

2025 年 1 月 18 日

序 二

前几天,我发了一幅照片给上海市南汇第二中学的刘玉华校长,让他看一所学校在课间操时全校打拳的场面。

刘校长回我说:"我们就是这么做的。"尔后发来一组全校练太极拳的照片和视频,场面十分壮观。

其实,武术进学校的目的不在于场面壮观,也不在于学校有一支武术队,更不在于在各种比赛中争金夺银,而在于能让武术在学校生根,普及到每一位学生,这才是根本。

刘校长又告诉我,他们之所以能大面积地推广太极拳,是依仗太极拳的节拍教学法。

太极拳节拍教学法是我的老友孙剑狄老师总结创立的。

原本我只知道孙剑狄老师带的学生多次在全国的太极拳比赛中斩获奖项,成绩斐然,其中,由他指导的上海市浦东新区新场镇队在2021年第十四届全运会太极拳乡镇组集体比赛上获42式太极拳冠军、24式简化太极拳亚军。

孙剑狄老师的执着、敬业及深厚的家传功底无须多说,殊不知他在多年磨砺中总结出的节拍教学法竟有如此魔力。

而今,面对武术进学校的问题,我也有了新的感受:节拍教学法不仅是提高太极拳水平的手段,更是大面积大规模普及太极拳的良方。

节拍、节奏、节律、韵律,看似简单易懂的东西,运用到太极拳的教学中,倒是颇有见地、颇有独到之处的提炼。

当我向《世界太极拳蓝皮书》编辑部主任苏敬斌先生推荐太极拳节拍教学法时,他兴奋地称其为太极拳教学的新方法,值得大力宣传和推广。

站在武术进校园这个长期未解的难题上,建议读者朋友不妨也尝试一下太极拳的节拍教学法。

衷心期盼校园武术全面普及的春天早些到来!

是为序。

上海体育大学武术与民族传统体育学专业博士生导师
中国武术九段

邱丕相

2025年2月于上海

序 三

孙剑狄先生既是我的好兄弟,也是我的良师益友。他半年前就盛邀我为他的专著《孙剑狄·说太极 节拍教学法》写个序,我这个没有一点文学细胞的武术人,又怎能担此重任？尤其是孙先生出身于武术世家,自小受武术文化的熏陶,武术技术与理论造诣颇深,更为上海市武术队、上海市武术挖掘整理工作、上海武术运动的发展做出了卓越贡献。当武术运动进入新时代之际,孙先生虽已退休,但仍孜孜不倦地研究太极拳如何更好地与时代相结合,与社会发展相融合,让太极拳这一"明珠"更好地为人民服务。

太极拳,作为中华传统文化之瑰宝,以其刚柔并济、阴阳调和之理,历经岁月沧桑,传承至今。在这源远流长的传承之路上,孙先生以其独特的视角和创新的精神,几十年间从武术前辈的教诲中汲取丰富的营养,融入自己的思考与实践中创立了太极拳节拍教学法,为太极拳教学注入新的活力与生机。

经孙先生的太极拳节拍教学法培养的学生曾成功赢得了中日第二届太极拳比赛集体赛的胜利。他将太极拳节拍教学法运用到零基础的中老年习拳者的培训中,并领队获得了2021年第十四届全运会太极拳乡镇组集体比赛42式太极拳冠军、24式简化太极拳亚军。实践证明孙先生的太极拳节拍教学法是科学、有效的,是值得推广和宣传的教学方法。

节拍,这一音乐领域的元素,被孙先生巧妙地引入太极拳教学之中,实乃一次大胆而富有创意的尝试。它犹如一把钥匙,开启了太极拳学习的全新之门,使原本复杂晦涩的拳理拳法,在有规律的节拍指引下,变得清晰易懂,易于掌握。

在过往的太极拳教学中,学习者往往面临诸多困惑与挑战,如动作的连贯性、呼吸的配合、力量的运用等,每一个环节都需要长时间的摸索与领悟,而孙先生的节拍教学法,如同明灯照亮前行的道路,为学习者指明了方向。它打破了传统教学的固有模式,让初学者能够迅速找到练习节奏,建立起动作与身心的协调统一,从而更快地步入太极拳的精妙殿堂。

节拍教学法不仅关注身体的动作,更注重内心的修养。在节拍的律动中,学习者能够更好地调整心态,摒弃浮躁,感受太极拳所蕴含的宁静与平和。它不仅是一种教学方法的创新,更是对太极拳文化内涵的深入挖掘与传承。

相信通过孙剑狄先生的太极拳节拍教学法,将会有更多的人走进太极拳的世界,领略其博大精深的魅力。愿这一教学法如春风化雨,滋润每一位太极拳学习者的心灵,让太极拳在新时代绽放出更加绚烂的光彩。

国家体育总局武术研究院专家委员会专家

中国武术九段

2025 年 3 月 7 日于杭州

自序：我的武学人生

我出生于武术世家,有兄弟四人,三人从小习武,尤其小弟剑群,至今仍活跃在武术界,且颇有建树。

我父亲孙永鹤,是合一通背拳掌门人,在上海是非常有名的武术家。父亲有13个师父,因此熟悉多门流派,能够博采众长。我小时候,父亲喜欢带上我到任鹤山等师父家里和练习场地去玩。记得1959年夏天,父亲带我到戳脚门师公王清尘家里去。师公是上海京剧团武生,和京剧名家盖叫天是把兄弟。第一次和师公见面的情形直到现在我依然记忆犹新。一进门,就见师公仙风道骨的身形,一口韵味十足的京白,是我从未听到过的腔调。谈话中,师公问我"会打拳吗?"我说会,师公说"那你打一套给我看看"。这时父亲就示意我打一套少林拳。师公看了后,既惊讶又高兴,连夸三遍父亲教得好,并说过几天带我去上海市体育宫给一些上海武术界的朋友看看。懵懂的我,当时还不知师公竟是我人生的第一个贵人。没过几天,师公和父亲带我去了上海市体育宫,这个地方过去是洋人的跑马厅。只见一层层又高又大的台阶,在台阶的终点处,有一排大门敞开着,里面的练习场地明亮宽敞,场上众人的练武气氛让我惊呆了。当时我并不知道他们是谁,后来才知道我当时看见的是上海武术巨星蔡龙云、蔡鸿祥、杨

图1 上海市武术队全体队员合影(1959年6月)

炳诚、邵善康、章海琛、胡汉平、侯长信、陈业兴、丁金友、陈俊彦、王菊蓉、濮冰如、汪佩琴、佟佩云、金莲芳、李福妹、张海风等。他们中的一半后来成为我的恩师,一半则是我的队友。这天,在他们中途休息的时候,我上场打了一套拳。没多久,我便接到通知让我参加上海市体育宫举办的第一届全运会汇报表演。

  表演结束后,11岁的我就被招入了上海市业余武术队参加集训。这样,我需每天花两个小时来回,从霍山路荆州路口附近的家里出发,横穿五条马路走到提篮桥车站,乘8路有轨电车至大光明影院下,再步行到上海市体育宫进行训练。同时参加集训的还有多位上海市著名武林前辈的后代,他们中有王子平老师的孙子、顾留馨老师的女儿、王效荣老师的儿子、卢振铎老师的儿子等,汇集了上海武术大家的第二和第三代们。那时武术大家章海琛老师是我们队的教练,也是我武术学生中的第一位恩师。在他的指导下,我的武技突飞猛进,首次参加上海市武术比赛,我就获得了少年组拳术和器械三项冠军。1960年5月3日这一天,12岁的我,正式被选入上海市武术队,成为一名专业的运动员。时人称"中原大侠"的王效荣和太极拳大师杨澄甫的外甥傅钟文这两位老师,是我在上海市武术队的教练,也是我的师父。

图2 上海市武术队与陕西省武术队合影(1960年6月)

  20世纪60年代初是上海武术界朝气蓬勃、星光灿烂之时,亦是中国武术独一无二最荣光的时期。那时,上海市体育宫主任顾留馨曾是黄浦区第一任区长,曾给一些国内外领导人传授过太极之类的武术。出于对传统武术的热爱、保护和继承,他凭借强大的人格魅力和影响力,邀请了全国一大批各门各派顶尖的武术名家,如陈照奎、王子平、佟忠义、卢嵩高、王效荣、褚桂亭、马岳梁、吴英华、傅钟文、姜容樵、蔡龙云、王菊蓉、徐致一、郝少如、杨基峨、卢振铎、王禧奎、华春荣、徐文忠、金祥宝、冯祥瑞、王壮飞、蔡鸿祥、孙永鹤、周元龙、何炳泉、杨炳诚、章海琛等，专门在上海市体育宫进行各派拳术的传承演练和实战传授，计有形意拳、八卦拳、通背拳、螳螂拳、查拳、华拳、猴拳、醉拳、少林拳、五式太极拳等。他们在我们武术队传授的同时，也会进行一招一式精到的分解展示。那个时候，上海武术爱好者们常在周六傍晚争先恐后地到体育宫观看上海武术界名家大聚会以及上海市武术队教练和运动员的表演，被外地的同行们称为"全国独一无二、上海特有的一道风景线"。王子平老先生（1928年任中央国术馆少林门长，后任副馆长，中华人民共和国成立后任全国武术协会副会长）一般是压轴表演，王效荣师父教我的和他对练的空手夺枪节目则安排在王老先生前面。王老先生不参加时，师父和我对练的空手夺枪节目就作为压轴戏了。

我是那个年代的参与者和见证者。那段波澜壮阔、百花齐放的日子和独特的经历开拓了我的武术眼界，提升了我的专业眼光，也深深影响了我的价值观和我的武学人生。

1961年，顾留馨老师想在上海进一步推广陈式太极拳，特邀请陈发科之子陈照奎老师从北京到上海市体育宫开班传授陈式太极拳。顾老师考虑到年龄相仿的因素，特指定潘锦生（我父亲的徒弟，当时是体育宫少年业余武术队教练）陪陈照奎老师在体育宫同住一个寝室。当时上海市武术队入驻体育宫，就这样陈照奎老师和我们在一起共同生活了三年。

我在这种环境下耳濡目染，深受前辈们精湛技艺、坦荡胸怀、谦虚热忱、高尚武德的影响。那时对我的人生产生深远影响的还有胡文佩指导。她是上海市武术队的领队，在上海武术界和顾留馨老师一样说话掷地有声。上海市武术队的杨炳诚、邵善康两位老师从运动员发展成上海市武术队教练，包括后来的纪光宇，都是她一手栽培的。尽管她威望极高，但她对武术界的老师都非常恭敬谦和。我的思想、性格受她的影响非常深，她是我心目中崇拜的人。

1966年，上海市武术队一度面临解散，我便提出离队申请，之后转入上海汽车附件厂。在工厂的那段时期，我先从基层做起，后在设计科化油器实验室当主任，一路结识了各种不同层面的人。他们的豪爽朴实、做事认真、敢于担责、不怕辛劳的品质，对我的性格起了决定性的作用。

离开武术队后，我学我父亲的方法，遍访当时上海各派武术前辈。前辈们毫无保留地把他们的宝贵经验传授给我，使我进一步看到和理解了中国武术的博大精深。

和我同时离队的还有孙根发（后为上海体育学院老师）和周凯伟（后为上海市中

华武术会副会长)。当时,我们相约每周日上午在人民公园内原褚桂亭老师练功场的空地上练拳。一天,只见远处有一辆三轮车直奔练功场而来,近前才发现是王子平老先生坐在上面。本以为王老先生是来公园兜风的,谁知王老先生乘坐的三轮车径直向我们驶来,直到我们面前才停车,并亲切招呼我们,说"剑狄,我来看你们练功了"。我们任又惊又喜,赶紧把王老先生从车上搀扶下来,请老先生安坐在公园长凳子上。老先生望着我们,聊长聊短,讲述武学与他的体会,并要我们一一练拳给他看。他点头表示赞许,那种亲切感,仿佛又回到多年前,他老人家在体育宫时教导我们的日子。那个时候,还有顾留馨老师,他在调离体育宫到上海体育科研所任所长前,我和孙根发一直在跟顾老师学推手。顾老师每次发劲都会把我俩一个个从空中摔到沙发上。

··········

有一段时间,我在武术队的同学陆佩,当时是上海精武会的教练,要我帮助她选拔武术苗子并进行训练。我另一个武术队的同学,卢湾区少体校教练陆卫红,也让我帮她训练学生。这些经历让我从中获得了人才选拔与培养的经验,对我后来在大学任教以及在上海市武术队当教练都起了重要作用。

1976年,上海体育学院蔡龙云教授(后调入国家武术研究院担任副院长)向学院申请,要将我调入上海体育学院当武术老师,从事教学工作。为此,上海体育学院人事处派人到厂里进行协调,甚至提出用四名大学毕业生作为交换,均被厂里拒绝,厂里也没有向我透露这件事。后来,在一次上海武术比赛裁判长会议中,总裁判长蔡龙云教授在会上谈起,我才知道此事。正好在一旁的副总裁判长沈荣渭老师(后为上海师范学院体育系主任)当即问我是否愿意到上海师范学院当老师。最后,我选择了去上海师范学院。在当时,从武术界进入大学当老师的,我是第一个。1978年初,我被调入上海师范学院,但由于上海汽车附件厂与南京汽车厂、北京汽车研究所三家单位的联合试验还有最后一项汽车爬坡测试尚未结束,我又是该项目的副组长,厂领导因此商量决定让我试验结束后再去报到。哪想在去庐山开展爬坡测试的路途中,由于路面滑,汽车失控翻落河里,从此我因车祸一病三年。

养病期间,武术界的老师、好友及厂里同事等不断来探望问候。在那段最困难的时期,对我帮助和影响最深的是我的父亲,他不仅给予我精神上的支持,而且在这三年里也让我重新认识了什么是武术。父亲每天上午和下午都来和我聊天,以他一辈子习武的经历告诉我什么叫武术,应该怎么练武术,他一辈子是怎么练武术的。我父亲告诉我的东西就是我后半生一直追求的武术理念,也就是我现在力推的节拍教学法。我后来为什么跟人家走的路不一样,皆由于我父亲对我的影响。我现在那些与众不同的武术理念和武术技法都是我父亲传授的。感谢父亲,他给我的东西实在太多了。

1980年,我正式在上海师范学院体育系武术专业教学授课,后又担任艺术教研室主任。1986年,我先后被评为上海师范大学优秀教师、上海市高教局"育才精英"及上海市教育系统先进教育工作者。

1989年初,中日第二届太极拳比赛前夕,我接到这么一项任务:培训200名大学生参赛。那么紧的时间,除了100名体育系学生略有武术基础,另外100名学校各系报上来的大学生从没有接触过太极拳。怎么办?那时,上海武术院动用了上海武术界几乎全部的力量支持我们。在任务紧、规模大、起点低、训练时间少的情况下,我亦一步步摸索,终于想到了用音乐节拍的方法,去控制队伍的动作节奏和整齐度,一试之后发现效果良好,于是反复体会操练。当音乐节拍到某一个点时,大家应该一起手脚伸出去,当音乐节拍落到下一个点时,则手脚统一停落在某个位置。通过这样的方式来重点训练队伍的时间掌握、空间掌控、节奏统一和队伍的整齐度。经过反复地推进实练,我们成功了。在1989年中日第二届太极拳比赛场上,我们队伍一亮相便技惊四座。200人的团队,一招一式,齐整划一,力压日本队,赢得了集体赛的胜利。此外,在这次中日第二届太极拳比赛上,我的四名学生也代表中国队参赛,其中一名学生技胜(中日)其他选手一等,获得24式简化太极拳冠军。比赛结束后,时任国家体委副主任徐才专程到上海师范大学送上锦旗予以表彰,当时的校长张德永带着我一起接受锦旗。让人更高兴的是,那年比赛结束后,上海师范大学掀起了学习太极拳的热潮。由此,我请我的两位师父傅钟文和何炳泉,每周来上海师范大学教授杨式和陈式太极拳,一教就是两年。那两年,学校考虑到傅钟文老先生年事已高,每次都派轿车由我陪同专程接送。现在想想,正是那年为中日第二届太极拳的比赛逼得自己创新,才有了大规模成功培训的经历,也成了后来我研究太极拳节拍教学法的起因之一。

这之后,我又分别出任上海市武术队和上海市工人武术队的武术教练。

早在1986年时我就作为中国武术代表团成员和上海太极拳专家被公派前往日本教学,传授太极拳。1991年,我再次以上海太极拳代表团专家身份被公派至日本开展太极拳教学活动。

而在此之前的1990年,上海精武体育总会联合世界各地精武体育会,召开了第一届世界精武大会。大会由上海精武体育总会副会长兼秘书长陈内华主持,我是精武会理事、精武会传统武术总教练,协助负责精武会套路技术规范。这次会议决议由上海精武体育总会负责拍摄精武会传统十大套和五式传统太极拳。演练者由上海精武体育总会会员担任,我的两位师父傅钟文、何炳泉担任技术顾问,我任总编导,最后拍摄成三辑录像片，由世界精武会统一推广。由此，1991年我获得了上海精武体育总会颁发的杰出贡献奖。

在教学中，我深刻意识到，文武兼备才能真正提升自己的学术修养和专业能力。因此，为进一步提高自己的教学水平，从2005年开始，我在硬笔书法基础上，开始探索研究软笔运笔和太极运劲的内在关系。我坚持每天五六小时的执笔练习，其中有三年每天从夜里两点写到五点，并保持在台历上记录随感的习惯，直至2013年，共记录了近30万字的感悟与心法。从太极旁通了书法，又从书法领悟了太极的精深与博大，这使我深感书法、太极与音乐、舞蹈本源上有着节拍艺术的共性；原来世界，真正是艺理相通，万事归一。

退休后，我成立了上海市浦东新区新场镇东育太极拳社，进行太极拳节拍教学法公益教学。尽管我每天接触的多为退休的、有不同程度疾病的、零基础的中老年学员，但是我利用节拍教学法成功教出了一大批中老年学员，多人多次获得全国和上海市太极拳比赛个人和集体金牌，尤其是在2021年第十四届全运会太极拳乡镇组集体比赛上获42式太极拳冠军、24式简化太极拳亚军。实践证明，太极拳节拍教学法是可行的，是科学有效的，是可以复制传播的。

今天，《孙剑狄·说太极　节拍教学法》一书用"节拍"来表述太极拳，我想这也是我自己对传统太极拳教学方法认识上的一种创新吧。此书着重谈我心中的太极拳，谈自己教习太极拳的方法，不做或少做理论阐述。

我希望此书能成为太极拳爱好者的工具书，在健身的前提下，以太极拳节拍教学法提高太极拳的运动水平。这是我写这本书的初心和愿望。

2025年3月16日

目录 Contents

第一章　节拍教学法概述	001
第二章　太极拳节拍教学法 75 句释义	009
一、目的、动机	011
二、节拍的内涵	012
三、节拍的技法	014
四、有形和无形	017
五、涟漪倒骑	021
第三章　节拍法桩功	023
一、简介	025
二、练习原则	025
三、练习技法	025
第四章　基本技法	031
一、松胯	033
二、磨胯	035
三、倒骑	039
四、涟漪	045
五、原地打手	047
六、猫步	107
七、猫步打手	138

第五章　太极拳套路节拍应用　139

　　一、24 式简化太极拳节拍分解　142

　　二、42 式太极拳节拍分解　151

　　三、杨式太极拳 40 式竞赛套路节拍分解　166

　　四、吴式太极拳 45 式竞赛套路节拍分解　182

　　五、孙式太极拳 73 式竞赛套路节拍分解　196

　　六、武式太极拳 46 式竞赛套路节拍分解　216

　　七、32 式太极剑节拍分解　234

　　八、42 式太极剑节拍分解　244

　　九、陈式 49 式太极剑节拍演绎视频　257

　　十、陈式太极拳 56 式竞赛套路节拍演绎视频　258

　　十一、传统杨式 85 式太极拳第一段节拍演绎视频　258

第六章　无形功法　259

　　一、简介　261

　　二、松　262

　　三、关节　262

第七章　太极拳节拍教学法公益网课教学摘录一　271

　　一、人生一世,何为乐? 何为本? 何为求?　273

　　二、节拍说拳,有形无形,内外双修　273

　　三、学问之道,自我否定,日日求真　273

　　四、明拳理明心,功夫在拳外　274

　　五、师重传承,以师为傲　276

　　六、为什么推广太极拳节拍教学法?　277

第八章　太极拳节拍教学法公益网课教学摘录二　279

　　一、明明白白的节拍教学法　281

　　二、打拳必须学站桩　282

　　三、要把拳打漂亮,必须打手　283

　　四、要想打好拳,必须走猫步　284

五、有形无形,有无合一 ……………………………………… 285
六、太极之美在节拍 …………………………………………… 286
七、胯动之秘在倒骑 …………………………………………… 291
八、步法之魂在中定 …………………………………………… 293
九、体内体外,用意求松 ……………………………………… 293
十、四拍技术与应用 …………………………………………… 297

第九章　学员心得 ………………………………………………… 301

后记 …………………………………………………………………… 313

附录1　2023年中华武术大学堂第十五期名家讲堂太极拳节拍教学法讲义 …… 315

附录2　本书视频演示人员名单 ………………………………… 319

附录3　本书用语解释 …………………………………………… 323

附录4　我所认识的太极拳节拍教学法 ………………………… 327

附录5　当太极遇见节拍 ………………………………………… 335

第一章 节拍教学法概述

节拍教学法是我在长期的太极拳教学实践中，潜心钻研探索提炼出的旨在提高太极拳技艺的一整套易学、实用的教学训练方法。节拍教学法抓住了太极拳的运动规律，将太极拳的有形技法与无形功法有机地结合起来，以音乐四拍的形式进行教学。此方法采用深入浅出的教学形式，把不易掌握的太极拳动作进行拆分、细化、再组装，使太极拳动作难度降低，精度提高，使每个动作尽可能地标准规范、精益求精。实践证明此教学法能快速提高习练者技艺水平，让习练者以更短的时间、花更少的精力，学会太极拳的每一个动作，并使之连贯，事半功倍地达到习拳强身健体的效果。太极拳节拍教学法用"四拍一动"的节奏，引导习练者去体会太极拳的精髓及博大内涵，使习练者受益无穷。可以说节拍教学法是一种科学的太极拳技艺传播方式。

1. 节拍教学法的目的

建立一套节拍教学法标准来规范太极拳教学。用最简约的方式来表达动作的要求，用最短的时间来提高动作的精准度，提升动作的质量，从而更好、更快地提高习练者的太极拳技艺水平。

2. 节拍教学法的理念

音乐的节拍是世界语言，没有任何地域、人种、学科的沟通隔阂。音乐节拍产生的节奏、旋律是最能表达人类情感思想的东西，即用 4/4 拍强－弱－次强－弱来表述太极拳运动规律，并使之完美体现太极拳的内涵，进而展现出中国太极拳文化的魅力。

3. 节拍教学法的定义

节拍教学法是根据太极拳的运动规律，采用音乐中的 4/4 拍，以重心转化一次，或步法、腿法每动一次为四拍一个小节，依脚定拍的原则将套路每式动作划分为若干小节，并运用有形技法和无形功法，去定性定量定质完成每节每拍动作，使太极拳的肢体语言在空间和时间上达到规范化、简易化、精准化和科学化，使之易学、易懂、易通。

4. 节拍教学法的内涵

节拍教学法规定了太极拳的节拍内涵，每个小节每一拍都具有特定的含义，动作演绎随着节拍要求展开。习练者对拳式内容的学习及理解，通过肢体语言，达到强身健体之效用，以及展现出太极拳文化之魅力。

5. 节拍教学法的主要内容

节拍教学法主要内容归纳起来就是：一个公式、两条规律、三点特色、四项基本功、五大形体技术。

（1）一个公式

根据太极拳运动规律，运用每一节 4/4 拍，分解太极拳中每一单式动作的形态与运动轨迹:重心从左到右或从右到左定为一节四拍;收脚出脚定为四拍,其中收脚两拍,出脚两拍。四拍为一小节。拍是以脚来定的,手配脚合。第一拍原地松,第二拍中定,第三拍原地松,第四拍到位。一个公式,即可涵盖太极拳的所有步法。

(2)两条规律

太极拳的核心就是胯的运动,而节拍教学法提炼出了胯关节运用的核心技术。

第一条:松胯规律。行拳走架中如何松胯?哪个胯松?是双胯松还是单胯松?哪个胯先松?节拍教学法提炼出了每一拍松胯原则。它明确告诉习练者:怎么松、哪个胯松;即意在外,看涟漪平磨松胯,使动作更加飘逸灵动。

第二条:倒骑规律。倒骑是为了胯松,胯松了才能倒骑。倒骑松、松倒骑;用意念想象倒骑自行车,学会用意两胯向后交替转动实现重心转换,左倒骑、右倒骑,拍拍有倒骑,使动作更沉稳大气。

这两条规律告诉我们胯关节只有松、沉、涟漪、倒骑。太极拳的本质其实就是胯的转换,在行拳走架中胯好比车的轮子,不停地转动,且胯的六个点始终要平。如何保证平整,解决的方法就是平磨和倒骑,前提是胯松,意在外。

(3)三点特色

一是拳律。节拍教学法也是拳律教学法。节拍教学法提炼出了太极拳的规律,拳律用四拍节律统一太极拳的步法标准,如同音律、声律都有一个统一的标准,音律针对音乐曲子,声律针对诗词歌赋,这样规定是人们从实践中提炼总结出来的,按这样的规定能表达出最美的声音,和谐、悦耳。按照节拍打拳,既能表达展现太极拳的规律,又能体现出情感美、韵律美、节奏美,更能体现太极拳是一门艺术。

脚四拍:1松,2倒,3定,4磨。

手四拍:1掤,2松,3空,4到。

四拍音律:强、弱、次强、弱。

四拍声律:平、上、去、入。

音律、声律皆有韵,赋予太极拳情感美,展现太极拳的拳律,意气情、精气神合一,创造太极拳的韵律美。四拍融合声律和音律的韵调,赋予太极拳情感色彩,创造意气情韵相合的含蓄美。

二是意在外。意在外是节拍教学法的核心,太极拳练的是意,打动作有松的概念和没松的概念是不一样的,在自己身上松和意在外松结果也是不一样的。节拍教学法强调,意在外是意看到别人,而不是在自己身上,意看到,然后意松、意跟。

打拳时,在所有技术线路清楚的情况下,不要局限于在自己身上求动作,而是眼前要像放电影一样,看到电影里演员的动作,意跟、意领,随之而动。这就是意在外。意在外是节拍教学法特有的手段,是对武术的沉淀、积累和对武术的创新。

三是中定。重心和脚底感觉各50%叫中定,中定是节拍教学法的要素之一。行拳有中定,奠定基础,重心转换才不会像水中浮萍。节拍教学法以脚定拍,每小节均含有中定。节拍教学法把中定重要性列入四拍之首,这是首创。

太极拳的每一拍都有中定。无论弓步、坐步,两脚脚底灵敏度和感觉度各50%,这就叫中定。所以无论弓步、坐步都应该是中定状态。打拳时,每一个动作处处包含着中定,脚底始终是意踩着各50%的感受,使拳的练习达到另一境界。

(4)四项基本功:猫步、打手、站桩、磨胯

①猫步。要把太极拳打好,必须走猫步。节拍教学法归纳了四拍猫步和八拍猫步线路及技术要点,并运用胯的两大技术规律指导走猫步。走猫步时,每拍都要求胯松、开窝、涟漪倒骑肩帮忙。

②打手。要把拳打漂亮,必须打手。节拍教学法归纳了运用脚底听拍、听心搏、看涟漪、意倒骑、开胸骨、转四窝等无形意的技术要领,打手意无手。在正确掌握规范线路的基础上,打出精气神韵律。

③站桩。要内外双修太极拳,必须站桩。站桩是用最简单的方法、最直接的手段达到最好的效果。节拍教学法站桩归纳提炼了脚底听拍、看涟漪、听心脏搏动次数、卸货桩、松胯桩、倒骑桩等练桩方法。通过无形功法练习,达到九大关节松弛、协调及配合。

④磨胯。节拍教学法强调用意磨出胯的灵动性。

(5)五大形体技术

节拍教学法提炼出五大身形技术,是调整打拳身体正确姿势的"身、肩、线、窝、胯"五大技术:一是开胸骨,身正直;二是两个肩,要平正;三是三条线,人居中;四是四个窝,意撑开;五是胯六点,要平整,意坐凳。节拍教学法通过无形的功法来指导这五个有形的技法在动作中展现,用意在外、意看到、意松跟来完成,展现了太极拳的气韵。

6.节拍教学法的特色

节拍教学法提炼出了太极拳的运动规律,用四拍节律统一太极拳的运动标准,每小节每拍可分为上下半拍,上半拍有形下半拍无形,或上半拍无形下半拍有形。练习书法使用的米字格、九宫格的目的是规范写字,节拍教学法的"四拍上下格"运动规律亦同理,目的是规范太极拳动作练习,由此形成教学规范化、简易化、精准化和科学化的教学特色。

7. 节拍教学法的特点

(1) 教学理念的简洁性

节拍教学法做到了化繁为简,由简至精,由精解繁,深入浅出。用简洁的语言表述繁杂的动作,让习练者易懂易学,提高习拳兴趣,取得学习效果。

(2) 教学方式的普适性

节拍教学法适合各式各派太极拳的教学。虽行拳风格不同,形态各异,但动作重心互相转换始终相同。节拍教学法根据太极拳运动特点,科学地提炼出太极拳的运动规律,任何太极拳套路都可以用节拍教学法四拍分解。这也是节拍教学法的魅力所在。

(3) 节拍教学法动作拆分、组装的目的性

节拍法太极拳的动作实质上是由三个部分组成:猫步、原地打手及猫步打手。猫步、原地打手分开练习是拆分;猫步打手上下合一,完整表达是组装。拆分降低了动作难度,提高了动作精度,而组装使每一个动作精益求精,达到完美。这就是节拍教学法动作拆分、组装的目的。

(4) 节拍教学法有形与无形的统一性

有形的拳,无形的意,两者结合为太极拳。太极拳中的每一个动作,一定是有形和无形的结合,有形的技法和无形的功法结合在一起,无形引领有形,有无转换,方可展现太极拳内在的精气和神韵。

(5) 节拍教学法动作的观赏性

太极拳是中华武术的一门独特艺术。节拍教学法能将有形技法和无形功法结合在一起,定性定量完成每一个动作,使太极拳肢体语言在时间空间上实现规范化、简易化、科学化、艺术化。按照节拍教学法打拳,能体现出形态美、情感美、节奏美、韵律美。

(6) 节拍教学法易于推广,具有较强的群众性

在提倡全民健身的今天,太极拳已经有广泛的群众基础和社会需求。不管是否有基础,也不管什么年龄段,节拍教学法适合所有太极拳爱好者。节拍教学法奥妙无穷,初学者习练可规范动作线路,以胜任任何太极拳动作;有基础者习练可展现个人风格,打出各路太极拳的特色;基础更高者习练可从特性中充分发挥个人魅力,让太极拳技艺更加精进以至炉火纯青。业余的学员通过节拍教学法的习练,掌握正确的习练方法,可达到近乎完美的专业运动员水平。

8. 节拍教学法的作用与优势

(1) 教与学的简易性，有助于太极拳的普及及太极文化的推广

节拍教学法使太极拳易教易学，它抓住了太极拳的运动规律，用 4/4 拍音节规范太极拳每一拍的动作属性及要求，既简洁明了，又提高了教学效率和教学质量，能有效推动太极拳的普及及太极拳文化的推广。创新的节拍教学法是对太极拳教学的贡献。

(2) 运用四维立体科学定位

节拍教学法用节拍来定位复杂的太极拳教学，使动作教学精准化。节拍教学法既有传统的长度、宽度、高度，更有速度，用四维立体表达动作要求。因此，动作每个节点都描述得清清楚楚，可清晰地指出第几节、第几拍，上半拍还是下半拍、左胯还是右胯，是左肩还是右肩等。

(3) 技术要领清晰明了

太极拳节拍教学技术要领清晰明了。节拍教学法将复杂的太极拳动作划分为若干小节，每小节第四拍动作的位置连起来，就是线路，而且每一拍怎么动，每一拍怎么连接，有形无形怎么练，都说得清清楚楚。一个动作打下来，可以发现习练者哪一小节哪一拍存在问题，使教者说得清楚，学者听得明白，解决了太极拳传统教学存在的短板。

(4) 太极拳节拍教学四拍教法独具韵味

上肢动作，第一拍原地意掤松，是动作韵味的酝酿和创造；第四拍形意到位，是动作意犹未尽，欲言又止的表达；第二、三拍是动作的节奏和风格的展现，慢可产生凝滞的力量，快则产生飘逸的优美。第二、三拍速度先快后慢、先慢后快或两拍匀速的节奏产生了风格各异的动作。手上复杂的、说不清道不明的动作，通过四拍可以淋漓尽致地展现。

下肢步法，第一拍原地胯松形不动，第四拍到位。第四拍是形，第一拍是意，第二、三拍中定的线路，打出太极拳的韵味。这也是节拍教学法上下肢动作特色之一。

(5) 可自由发挥，展现个人风格

太极拳节拍分解犹如谱曲，每小节四拍就是每小节节奏。节奏快慢变化、轻重展示由演练者自己定义。对动作的理解，犹如歌者对歌词的演绎，同一歌词可作出完全不同情调的曲子来，可以欢快，可以悲伤，可以抒情。个性、涵养、肢体感知、技术层次的差异，可使每个人展现出不同的风格。作曲和打拳是同一个原理。

(6) 节拍教学法能表达情感美

太极拳是肢体语言又超越语言，仿佛每一个动作都有自己的生命。从有形来讲，

外形线路是固定的;从无形来讲,通过无形功法指导有形的肢体运动,意在外,意跟,展现出其内在的精气神韵味。节拍教学法每一拍都有表达,有情感,有交流,有旋律。打得好,每一拍都会表达,打得更好的动作,每一拍里又可分解出多个不同的小拍,小拍的不同变换,打出的拳表达的情感、韵味也千变万化。练习者因此会用情感去体会、发掘动作的内涵,并通过肢体语言来传导语言无法表达的情感美、韵律美、节奏美。

(7)节拍教学法是挖掘太极内涵的工具

太极拳是武术也是艺术,要用无形的功法把有形的技术练活,练出套路结构背后的东西,练出内涵的美。如果没有文化内核,再美的形式,不过是一个空壳而已。节拍教学法将动作拆解组装成音乐,每拍动作对应一个音符,节奏高低起伏连接着动作的流转和承接。习练者的气质和对拳式意韵的理解,通过肢体语言外放出来,太极拳才有灵魂。

(8)可启发练习者丰富的创造性

练习太极拳要充满想象力,有了想象力才会有创新力。太极拳是一门艺术,艺术往往只能意会,不能言传,丰富的想象力就是创造力,要动脑筋,不要被有形和无形的东西所束缚,一定要有自己的悟性和思考,去理解,去感悟。节拍教学法意在外,需要培养丰富的想象力。打拳怎样才好看,要学会倒骑,这是技术核心;怎样倒骑,意在外,看到,意松意跟。还有看涟漪,照镜子,"我身·本身"的领悟,都需要有想象力。

(9)使集体动作整齐划一

太极拳节拍教学法就是现代化的太极拳学习工具,功效独特,用四拍一小节的节奏,把太极拳内涵精细完美表达出来,注重细节,追求完美。正因如此,采用节拍教学法集体训练太极拳时,能让所有参与者的动作迅速达到整齐划一,体现出整体的美感。每一节拍都有既定的标准,能有质量、高效率地将动作的空间位置、速度快慢清晰地表现出来,使动作表达既准确又蕴含着韵味和艺术之美;同时,更容易发现短板,找出哪一个动作细节没做到位,从而改进提高。

(10)解决了大规模学校推广的瓶颈

节拍教学法的教学简易性解决了太极拳大规模进入学校推广的瓶颈。它能快速高效地培养教练和学生骨干,使学校大面积推广太极拳,传播太极文化,培养民族自信,使太极文化扎根于学生群体中,令其终身学习,从而健身益智,终身受益。

总之,只要每个太极拳爱好者掌握节拍技术要领,勤学苦练,日精月进,久久为功,假以时日,必将达到更高的境界!

第二章 太极拳节拍教学法75句释义

一、目的、动机

1. 节拍教学法用音乐语言来阐述中国太极拳的传统文化。

不同文化背景的人群对节奏快慢、音调高低的情绪感知存在共性,没有沟通障碍。节拍教学法用音乐语言来阐述传统的太极拳、太极的阴阳,传播中国的传统文化。这也是节拍教学法的责任和任务。

2. 节拍教学法从教学层面来说是创新,从逻辑的结构来说是发现。

国家体育总局武术研究院专家委员会专家、中国武协段位制委员会副主任陈顺安老师在"2023年上海市浦东新区太极拳辅导员班"开班仪式上说:"节拍教学在发展过程中,形成了节拍教学法。这种教学法改变了我们传统的太极拳教学,是一种创新,也是从我们太极拳本身的规律中提炼出来的精华。我相信,这个节拍教学法可以推广,不仅在上海推广,而且向全国推广。"

3. 节拍教学法的教学宗旨。

陈顺安老师在"2023年上海市浦东新区太极拳辅导员班"开班仪式上提到:"我们要提高太极拳的技术,要学习最新的、科学的、规范的教学方法,同时在传播的过程中把我们中华传统文化中优秀的那部分传承下来,让我们的民族精神、尚武精神再通过我们的辅导员传授给所有的学生。"

4. 用简洁的语言,易入浅出,化繁为简,分解复杂的动作,从而提高动作质量。这是节拍教学法的目的。

太极拳节拍教学法将复杂的动作分解为若干小节,并对小节中的每一拍赋予特定技术要求,从而降低动作难度,提高动作完成的精度,使每个动作规范化、简易化、精准化和科学化。它能快速提高习练者的技艺水平,用最短的时间、最少的精力,达到最好的效果。这是节拍教学法的目的。

5. 节拍教学法能高效地让集体太极拳动作达到整齐划一。

节拍教学法用4/4拍一小节的节奏,让集体参与者根据每一拍的动作规范,高质量、高效率地完成并达到整齐划一,将动作精准地表达出来,使集体演练具有艺术之美,提高其观赏性。

6. 节拍教学法适用各派各式的太极拳。

太极拳,不管是哪个流派,虽然风格、形态各不相同,但重心转换的本质是不变的。无论是陈式、杨式、吴式、孙式、武式等太极拳,也不论是竞赛套路还是传统套路,用节拍教学法都可用以脚定拍的原则进行分解。因此,节拍教学法具有广泛的教学指导性和适用性。

二、节拍的内涵

1. 节拍教学法根据太极拳运动规律,科学地提炼出太极拳的定拍原则,这正是节拍教学法的魅力所在。

各派太极拳因历史原因,其上肢的运动规律很难用节拍法归纳提炼,但下肢的运动规律用脚定拍是可以做到的,因为各派太极拳的下肢运动都是重心转化、步法和腿法的若干变化。所以,其定拍原则为:重心转化每一次为四拍,左顾右盼、前进后撤、中定等步法、腿法每一次为四拍,可以明确地分解各式套路动作。

2. 以脚定拍公式。

以脚定拍,以重心转化一次,或步法、腿法变化一次为4/4拍一小节,其公式表示如下:

$P = Z = B = T$

P:4/4拍一小节。

Z:重心转化一次。

B:步法变化一次。

T:腿法变化一次。

3. 划定每式动作小节数的公式。

每式动作小节数划定公式表示如下:

$Y = (Z \times t) + (B \times t) + (T \times t)$

Y:每式动作小节数

t:次数

$Z \times t$:重心转化×次数

$B \times t$:步法变化×次数

$T \times t$:腿法变化×次数

4. 整套动作小节总数的计算方法。

整套动作小节总数的计算方法,用公式表示如下:

$X = Y1 + Y2 + Y3 + \cdots + Yn$

X:整套动作的小节总数

$Y1$:式1动作的小节数

Y_2:式 2 动作的小节数

Y_3:式 3 动作的小节数

Y_n:式 n 动作的小节数

5. 太极拳动作的韵味可以人为创造,这是节拍教学法的特色之一。

节拍教学法对每一小节的每一拍动作进行有形和无形的设计和定义。练习者对每一拍动作的表达就能人为创造出动作的韵味。

四拍的设计和定义:每一小节的第一拍是创造韵味的大接口,要坚决贯彻形不动意动的原则。要求意开胸骨,外形原地不动,无形之意生动。松两胯,交替倒骑,松沉脚底,意念完成松掤,是为酝酿韵味。第二拍松虚胯,踩实脚底,用意在外松胯、左右倒骑至中定,是为产生韵味。第三拍是韵味创造的小接口,以微动滞空为原则。此拍要求两胯原地松透,双胯左右倒骑,似动非动、似停非停,达到上半拍 70% 微动,下半拍 30% 滞空,微动滞空、若即若离,是为创造韵味。第四拍做到形意到位,使动作意犹未尽、欲言又止,是为形成韵味。此拍又是为下一小节的第一拍韵味创造构建平台。第四拍的形意到位,使第一拍的韵味酝酿更为浓郁。如是反复循环,就能创造出太极拳动作的韵味。

6. 节拍教学法蕴含着太极思想、太极文化和太极拳理。

节拍教学法 4/4 拍音节包含了动作的节奏和韵律,能充分展现太极拳的艺术之美。节拍教学法将太极拳的每一拍动作分为两个半拍,即上半拍和下半拍。上半拍是形,下半拍是意,或上半拍是意,下半拍是形;形为阳,意为阴,组成一个阴阳完整的太极,体现了太极思想、太极文化和太极拳理。

7. 4/4 拍音节可以完美地表达太极拳拳律。

节拍教学法 4/4 拍音节,如同 4 个杯子,每个杯子装什么,决定你的质量,杯子的内容即为每一拍的技法和技术要求。有了节拍,对动作的演绎就有了明确的规定,就能淋漓尽致地表现动作的技法。因此,节拍教学法 4/4 拍音节可以把太极拳拳律完美地表现出来。

8. 节拍教学法赋予每一拍太极拳所特有的技法内涵,这是节拍教学法的核心之一。

节拍教学法赋予每一拍太极拳所特有的技法内容,可以把太极拳内涵完美地表达出来:

原地打手第一拍意松形掤,第二拍松柔缓动,第三拍柔顺至空,第四拍意形到位。

猫步第一拍原地松胯,第二拍以意倒骑,第三拍松胯中定,第四拍倒骑平磨。

口诀手四拍:1松,2柔,3空,4到。

脚四拍:1松,2倒,3定,4磨。

9. 有形技法必须以无形功法为支撑,节拍教学法强调形意合一,内外双修。

节拍教学法根据太极拳的运动规律,运用有形技法和无形功法定性定量定质完成每一个动作,使太极拳肢体语言在空间和时间上达到规范化、简易化、精准化和科学化,是形意合一、内外双修、互为支撑的一种太极拳教学方法。

10. 节拍教学法可演绎出各种风格的太极拳。

音乐中每拍的速度变化可以创作各种风格的乐曲。同理,节拍教学法用4/4拍音节也可以演绎出各种风格的太极拳。

11. 太极拳艺有的难以言传,只可意会。节拍教学法能很好地解决这一问题。

太极拳是一门艺术,艺术往往只能意会,难以言传。节拍教学法可以将有形无形的技艺用丰富的想象力在空间和时间上清楚地表达,并能精准地指出第几节、第几拍、上半拍、下半拍存在的技术优点和缺点。太极拳爱好者运用节拍教学法,勤练不辍,必能达到更高的境界!

12. 你的拳能否让人产生共鸣,取决于你每拍如何表达。

打拳时内心要有一股源源不断的律动,把感觉与技法融为一体,要使每一拍动作让人产生共鸣。

13. 套路和无形功法相结合才有生命力。

打拳,从有形来讲,外形线路是固定的,从无形来讲,是千变万化的。太极拳动作是有形和无形的结合,表现出来的东西是活的。遵循节拍教学法,练习者就能练出动作的灵性、韵味和气势。

14. 打拳犹如作曲。

用4/4拍音节打拳犹如创作一支乐曲,可高昂、可低沉、可舒缓、可激情……节拍教学法的每一拍动作犹如音符,动作的演绎要有内容,有情感,有交流,有表达。节拍的不同变换,如同作曲一般,打拳的风格千变万化。

三、节拍的技法

1. 太极拳有"有线"和"无线"两种松沉模式。

太极拳的松沉,从胯、大腿、膝、小腿、踝关节、脚底节节松沉,为体内"有线"模式;胯跳过大腿、膝、小腿和踝关节直接松沉到脚底为"无线"模式。练习时可上半拍"有线",下半拍"无线",或上半拍"无线",下半拍"有线",用四拍上下格交替练习,达到速度和力量相结合。

2. 打太极拳求的是什么？

打太极拳求的是什么？是求松，在放松的状态下打通身体微循环。放松是唯一的手段，既是技法层面的需要，又是身体健康的要求。因此要把放松摆在首位，通过节拍"六字诀"以意求松。

3. 动作的重心转化必须有中定。

动作到第三拍时两胯松沉，重心各占50%成半马步，即为形中定，使劲力扎实而不漂浮，动作圆撑而又饱满，将身体调整到攻守自如的最佳状态。

4. 打拳，脚底始终用意踩地各占50%，你的拳感会到达另一个境界。

两个脚底始终用意踩地各占50%，这种状态就叫意中定。从无形功法来说，无论是弓步、坐步，还是单脚独立，只要用意踩地各占50%，使每拍动作处于意中定状态，你的拳会更稳重、更轻灵、更有味。

5. 打拳，四窝均开50%。

练拳时我们始终要保持两胯窝、两腋窝意撑开形不变，意调形开。两个胯窝在任何情况下都是各占50%，尽管有的动作外形看是三七开或二八开等，但你的胯窝始终要保持左右各50%，胯窝不能变形，才能保证人体中线居中。拳谚语说"手不能过中心线"，腋窝意撑开可以防止夹肩夹肘，守住身体中心线。四窝开，能保证身体在中线整体移动，守中用中。

6. 打拳要做有根之树，不做无根浮萍。

打拳，所有动作都从脚底听拍开始，每拍意沉脚底，使脚底与地面亲密接触。否则，行拳如浮萍，一辈子打拳还是门外汉。

7. 用胯打拳是正道。

用胯带手打拳，胯动手不动，上下肢的劲是合一的、气息是凝住的。否则，胯不动手动，劲必散；胯小动手大动，劲易散；胯大动手小动，劲不散。

节拍教学法规定上半拍胯动，下半拍手不动或小动的原则，用胯打拳。这是正道。

8. 意在外求松，是一种全新的意念训练方法。

在动作线路正确的前提下，训练时眼睛要视而有物，用意跟打。实践证明，意在外比意在自身求松，肢体更松弛，动作更协调，这种训练方法能更快地提高技艺。这是孙剑狄独到的见解、创新和贡献。

9. 心中有我，眼睛看我，用意跟我。

打拳要有想法，没有想法就不可能学会无形功法。"心中要有我、眼睛看着我、用意跟着我",练的是意在外。这是节拍教学法的特色之一。用意与"我"互动,日久为功,眼睛自然有光,神气自生。

10. 意念全在自己身上求松永远是二流。

太极拳需在松的状态下练习。意念在自己身上求松,松弛的质量永远是二流。意在自身求松只是肌肉松紧的互移,一块肌肉松,另一块肌肉就紧;貌似松,其实不是真松。意在外求松,做到打手无手,猫步无步,打拳无身,肌肉和关节才能获得真松。

11. 节拍法桩功,意在形外,达到人体最佳太极状态。

学打太极拳必须站桩,这是共识。节拍教学法有睡桩、站桩和行桩三类桩功,以脚底、关节、肌肉分别听、看、数、卸、松、倒、定等手段,用意在外方法使人体达到最佳太极状态。

12. 四拍要义:动作第一拍不动,第四拍到位,第二、三拍速度调节。

节拍教学法要求第一拍动作不动是韵味的酝酿和创造。第二、三拍速度调节,是风格的展现。第四拍动作形意到位,它为下一小节第一拍动作的表达搭建平台。

13. 太极拳是一项连绵不断的连续运动,但并不是匀速运动。节拍的节奏是匀速的,但赋予节拍里每一拍内涵却不是匀速的。

打拳外形动作不是匀速,无形功法更不是匀速,而且外形的不匀速,是无形的不匀速运动表达出来的。意领下所有的东西都是千变万化的,唯有节拍是不变的,变的是动作的形态,是动作的快慢组合。有形线路、无形功法在千变万化,唯有节拍的节奏是不变的。这就是变与不变、不变与变艺术的美妙。

14. 节拍教学法以音乐四拍形式体现节拍,但绝不同于其他一般性的体育口令。

节拍教学法是将太极拳的精髓以音乐的节拍形式融入教学里,但对每一拍都有明确的内涵和技术要求,并贯以无形功法意念来引导,绝不同于其他一般性的体育口令。按照四拍特有的技术内涵演练,能展现出太极拳特有的精气神韵味,人为制造韵味。节拍教学是韵律,口令教学是指令,两者是有本质区别。

15. 用四拍节律演绎套路,风格自然生成。

四拍时长是相等的,而每小节每拍动作线路长短是不等同的。第一拍不动,第二、三拍速度调节,第四拍到位,每小节的动作速度变化就自然产生。第二、三拍速度快慢的不同处理,使整个套路的气息、节奏、旋律和韵味产生了独特的风格。

四、有形和无形

1. 根节领劲。

根节领劲,即为肩胯领劲。胯开肩合,胯开肩转,胯沉肩松,宜发;胯合肩开,胯转肩开,胯松肩沉,宜化。右肩左胯,左肩右胯,左胯右肩,右胯左肩,一拍之间,化中有发,发中有化,肩胯相合,腰松空透。肩胯意念,根节领劲,瞬息转换,线路最短,效率最高。

2. 意在外求松,是节拍教学法的手段。

松,是目的;意求松,是手段。节拍教学法用意在外独特的手段求松,这就是节拍教学法的特色。

3. 松掤就像手心和手背。

松掤如手掌的两面,是不可分割的整体。松中少掤必懈,掤中缺松必僵。松掤就像手心和手背:手心松,手背掤;手心掤,手背松,松掤不离。

4. 松掤和倒骑结合为浑元劲。

从意的角度,松掤是直线运动、平面运动,松、掤、涟漪是一个平面运动,是横向;倒骑是弧线运动、曲线运动,是纵向。从外形看,胯松掤是原地的松沉,倒骑可以是原地转动松沉,可以是有移动位置的滚动松沉,一拍可以半圈,可以一圈,也可以多圈。松掤与倒骑在一拍内完成,就构成了浑元劲。

5. 技法人人可以达到,唯独心法难以练就。

太极拳的技法有两种,一种是有形技法,是看得见的,人人可以模仿的;另一种是无形功法,就是心法,是看不见的,需要老师引导。没有老师的引导,可能连门都摸不到。

6. 意形于外必病。

太极拳贵在练意,意藏于内,外示安逸。意若外露,形则必俗。打拳强调意在心间,形意自然。推手时,意藏于内使对手难明我心,便于后发制人。故无论打拳推手都应避免意形于外,形于外必病。

7. 掌握形体五技术,打拳想不好看也难。

节拍教学法提炼出"胸、肩、线、窝、胯"形体五技术:开胸骨,身正直;两个肩,要平松;三条线,人居中;四个窝,意撑开;胯六点,要平整。用五技术调控打拳时的身体姿势,拳架必然好看。

8. 有形技法做减法,无形功法做加法。

有形技法是用形体五技术约束和纠正形体并逐步去除多余的动作;同时,逐渐提高无形功法在动作中的比重和应用。

9. 站桩,内外合一求功夫。

站桩,意在外,视而有物求松弛;意在内,肌肉关节听拍求感觉,从而达到人体各部高度的灵敏度和协调性,用意内外合一手段求功夫。

10. 形大意小,形小意大。

架子大时意念要收敛内聚,架子小时意念要放长击远。

11. 上半拍用意看到,下半拍用意跟打,拍拍用意领先练看功。

节拍教学法强调意在外,每拍分上半拍、下半拍。上半拍用意看到,下半拍用意跟打。意看到和没看到打出的东西完全不一样。上半拍意看到的内容,决定下半拍意跟打的质量,上半拍意看到的技法是关键,如看到胯松、窝开、倒骑、滴水生涟漪等技法。这就是拍拍用意在先练看功。

12. 意在内与意在外内外结合,转换自如。

节拍教学法强调,意在外是用意看到别人的动作,然后意松意跟。半拍意看到,半拍意跟,半拍放在别人身上看,半拍在自己身上做动作,也是有形与无形的结合。但我们首先要学会意在外看,你看到什么技术决定你下半拍意跟的质量,然后再来分阴和阳,内和外,最终的目的是,我们的意既不全都在外,也不全在内,而是意能进能出,收放自如。

13. 本身与我身。

照镜子,站在镜子前的"我"是"本身",镜子里面的"我"是"我身"。镜里镜外两身互为沟通,"我身"引领"本身","本身"用意跟"我身"。通过这种训练方法,练拳时具有"本身"和"我身",动作更容易松弛、流畅、稳健。

14. 打拳意松和不松是不一样的;在自身上松和意在外松,其结果又不一样。

打拳时意念在自己身上松,与不在自己身上松是不一样的。若意在外松,用意看到前面有人领打动作,自己意跟随,动作效果就又不一样了。松的最好办法是:意在外,意看到,意跟随。

15. 做动作先要松,有松才能动,不松不能动。松是蓄,有蓄才能放。

太极拳肢体运动是肌肉带动骨骼运动,肌肉收缩后必须用意放松才能做第二次肌肉收缩运动,所以做动作之前必须先意松。从技击角度来讲,松是为了后发先至,达到更好地攻防转换效果。

16. 有形的拳,无形的意,两者结合方为太极拳。

太极拳中每一个动作都是有形和无形的结合,有形的技法和无形的功法互为支撑,构成了太极拳独特的运动特色。

17. 形意结合,打出来的动作是活的。

练太极拳先练形,再练意。没有形,意是空的;没有意,形是死的。只有意动形随,形意结合,打出来的动作才有生命力。

18. 意为实即实,意为虚即虚。

太极拳练的是意,以意转化虚实。形的虚实可用意互为转化,灵活应用。意实即实,意虚即虚;意不同,结果就不同。

19. 太极拳练的是意,意的质量决定一切。

太极拳练的是意,意平淡则动作直白,意含蓄则动作内敛,意舒展则动作展开,意丰富则动作细腻。意的各种训练方法属于太极拳的无形功法。意的质量决定了太极拳动作的质量。

20. 打手无手,猫步无步;打拳无我,心意求松。

打手无手,意在胯上;猫步无步,意在肩上;打拳无我,意在外求松。意在外,手更柔、步更灵、拳更美,功夫全在心意求松。

21. 要想打好拳,必须走猫步;要把拳打漂亮,必须原地打手。

想要打好太极拳,猫步和打手是必须要下的功夫。用节拍教学法练习猫步和打手,可将动作精准地化繁为简,降低了动作难度,提高了动作精度,能达到事半功倍,快速有效地提高太极拳的技术。

22. 大腿肌肉是否松弛,是判断太极拳动作质量高低的分水岭。

大腿肌肉的松弛度决定动作完成的质量水准。大腿肌肉(股四头肌)越松弛,下肢就越灵活,更能满足各种动作的技术要求,提升套路的演绎水平和推手的竞技能力。因此,大腿股四头肌的松弛状态是判断太极拳动作质量高低的分水岭。

23. 打拳好比传统制造厂,有零部件加工、部件组装和成品总装;节拍教学法如同质检部,要确保出厂产品的质量。

打太极拳好比传统生产车间,上肢是打手车间,下肢是猫步车间,上下肢结合是组装车间,整套动作是总装车间。产品质量由两方面决定:零部件的加工质量和装配工艺质量。节拍教学法如同质检部门,能有效地帮助监督检验各车间加工和装配的产品质量。

24. 一辈子离不开的功夫叫基本功。

基本功,好比造高楼,必须先打好地基。练习基本功就是为了打好地基。没有扎实的基本功,学套路也是白搭。基本功练好了,上套路很简单。基本功是练拳人一辈子离不开的功夫,只有苦练、勤练,没有捷径。

25. 不怕你招法会千数,就怕你一招练万数。

一个拳式打好了,你整套套路就有可能打好,因其内涵是共通的。但一个动作你可能一辈子都打不好,因为它不仅仅是形,不仅仅是线路,它更有无形的功法。一个拳式的有形技法与无形功法必须互为支撑,经过反复锤炼,举一反三,融会贯通,直到炉火纯青。否则,你一辈子也未必能打好一个动作。因此,你会多少套路不重要,重要的是你一个动作正确地做万遍。

26. 打拳,一是功夫,二是心态;功夫可以磨炼,心态更需塑造。

一个好的老师,传授功夫固然重要,但更重要的是要在平时点点滴滴中塑造运动员的心理素质。赛场上运动员比的不仅是技术,更是心理素质。运动员平时打得很好,一到赛场就发挥异常,说明他/她的心理素质没有塑造好,责任在老师。

27. 拳要打得合理、明理,更要明白每拍内在的攻防含义。

所谓攻防含义是实战中每一瞬间、每一拍都要具备攻防能力。有无形功法支撑有形技法,防可守,攻可击,这才叫打拳。节拍教学方法明确要求拍拍做到这一点。

28. 推手,要用自己的节奏破对方的节奏。

推手时,用你自己的节奏,打乱对方的节奏,破坏对方的重心,使对方失去平衡而败下阵来。

29. 一个完整的动作由三个部分组成:定式、线路和接口。

定式是美感的表达,线路是功力的体现,接口是酝酿韵味的创造点。定式与线路的接口处理好坏决定太极拳动作的品质。

30. 打拳不要有多余的动作,没有多余的动作,就是最好的动作。

打拳,用4/4拍引领,用形体五技术规范约束,用无形功法展现有形技术。动作干净、拳架工整、攻防明确。每小节、每拍动作形意结合,意领形随,不加雕琢,浑然天成,丝毫没有多余的动作。

31. 包子理论。

"包子理论":一个包子,你一口很难全部吃下去,甚至可能会噎住;如果你一口一口吃,一个包子却不一定能饱。学太极拳也是一样的道理。所谓"欲速则不达,功到自然成",技法要一点一点练,功法一天一天长。日积月累,时间长了,自然会水到渠成。

32. 学太极,要知其然,知其所以然,知其所必然。

学习太极拳,最重要的是思维方法。善于观察,用辩证思维透过现象看本质,抓住事物的本质或根因,发现规律,提炼规律,掌握和运用规律。哲学理论告诉我们,人们的认识是"实践—认识—再实践—再认识"的过程。在此过程中,不断积累经验、不断更新、不断"扬弃",辩证地否定昨天,不断推陈出新。这也就是守规矩,脱规矩,不离规矩。

33. 拳无止境,没有最好,只有更好;今天推翻昨天,创造更好明天。

习练太极拳,功力程度不同,对太极拳的理解是不一样的。随着技艺水平的提高,境界层层递进。现在你认为是对的,以后你自己也可能会推翻它。拳无止境,没有最好,只有更好。

34. 练习太极拳要有充分的想象力和超凡的创造力,节拍教学法能激发习练者思维想象的能力。

太极拳是一门艺术,艺术往往需要丰富的想象力、创造力,通过想象才能把拳式动作背后的内涵表达出来,再美的形式,如果没有文化内涵,不过只是一个空壳而已。要有自己的悟性,去探索、去思考、去创造,感悟太极拳节拍动作技术要求。练习者的气质和对拳式意韵的理解,通过肢体语言外放出来,才是太极拳的灵魂。节拍教学法能带你理解拳式背后的东西,挖掘动作背后的无法用语言表达的气韵。

五、涟漪倒骑

1. 涟漪,包含了太极拳的内涵和拳理。

涟漪的现象与太极拳的内涵和拳理吻合。水滴入水面产生水窝,形成涟漪。一圈圈波纹由小变大,直到消失。涟漪的整个现象就是太极拳的内涵和拳理。

2. 意看涟漪,松各关节。

看涟漪,用意看到水滴滴入水中的的画面,水滴滴下去在水下像一串串葡萄一样的,我们把它看成是胯松沉到脚底,然后脚底的反作用力上来松胯开窝,太极拳所有的动作都是以掤为结束,掤就是涟漪。每一拍上半拍松就是看到水珠滴下去产生的水窝,即关节的松,下半拍掤则是看到涟漪波圈扩散,即各关节的掤。水窝涟漪是水面上的表达,通过意象看将涟漪转化为你的动作表达出来。对涟漪的理解,涟漪在动作上每一拍的运用,决定了水平的高低。

3. 太极拳用意磨胯。

节拍教学法提炼出用意磨胯。用意磨胯形愈小,无形之意愈大。形小意大,形开意凝,形慢意快。这是太极有形与无形的辩证关系。

4. 用意倒骑出脚,开胯制控走猫步。

何谓倒骑出脚？即用意倒骑控制重心转化。用意松胯倒骑,收脚提膝,小腿似停非停垂直于地面,继而开胯前伸,脚底距地制控10~15厘米。倒骑开胯、制控出脚使猫步轻灵。这是老祖宗留下来的宝贵东西,我们应该继承弘扬这一技法。

5. 把胯松透倒骑,猫步就会轻松自然。

走猫步,不是靠大腿力量,是靠胯与大腿肌肉松透。用意倒骑的技术走猫步,练习时就会感到很轻松自然。

6. 两胯每拍以意倒骑,必成高手。

两胯每拍以意倒骑,形不展露于外。倒骑是为了求松,松胯才能倒骑。胯关节的倒骑就像骑自行车一样,两胯交替转动做到重心转换,实现两脚虚实分明,进可攻,防可守。

第三章 节拍法桩功

一、简介

东育太极拳社的节拍法桩功有"睡桩、站桩、行桩"(三桩)三种功法。所有功法练习,皆为意行。练实不练虚,练意不练气。在节拍意念引导下,专练以脚底为基础的关节和肌肉的松掤。通过三桩练习,最大程度地利用时间,达到练功生活化,提升桩功练习效率。

二、练习原则

①用4/4拍节奏练习三桩。
②专注关节和肌肉松掤及配合。
③所有技法练习,皆为意行。意在体内,意在体外,意在内外。

三、练习技法

(一)三桩桩式

1. 睡桩

睡桩是在床上练的功法。合眼仰睡在床上,两脚自然伸直,与肩同宽;两掌放松,掌心向下,两臂放于大腿外侧,或两掌心置于两腹股沟中间;全身意松听拍求静。三桩之中,睡桩姿态最为放松,最少干扰,也最易得法。

2. 站桩

站桩是原地练的功法。两脚自然站立,与肩同宽;两手垂于大腿外侧,虎口向前;全身关节、肌肉随节拍松弛,眼睛平视前方;意开胸骨和四窝。睡桩练习有一定体悟后,再练站桩,更容易获得肌肉和关节的松弛、平衡和协调。

3. 行桩

行桩是行走时练的功法。听拍闲步,手脚自然摆动;心平气和,形神自然,无须矫揉造作。行桩是动态的桩功,和动作最接近,与实战最契合。

(二)三桩要领

三桩练意,概括为"六字口诀",即"松、听、看、卸、倒、外"。

口诀重点,由内到外,内领外引,内外结合,达到关节和肌肉松、掤的目的。

口诀练习,一天练一诀效果最佳。

1. 松——松关节

第一诀"松":专指关节听拍松,为节拍法太极拳的核心技术。在4/4拍节奏引导下,通过意念看到虚拟的关节大小、远近等来调控自身九大关节,从而获得关节的松弛。

(1)练习顺序

①脚底→踝→膝→胯→腰。

②腰→胯→膝→踝→脚底。

③腰→肩→肘→腕→指。

④指→腕→肘→肩→腰。

(2)练习方法

①每一拍关节听松1次,每关节练习1~3分钟。

②每四拍关节听松4次,换一处关节,九大关节依次转换听拍求松。

③每两拍关节听松2次,换一处关节,九大关节依次转换听拍求松。

④每一拍关节听松1次,换一处关节,九大关节依次转换听拍求松。

⑤每半拍关节听松1次,上下半拍各换一处关节,九大关节依次转换听拍求松。

⑥每拍每关节听松3次、4次……n次,或每拍换关节3处、4处……n处,九大关节依次转换听拍求松。

⑦每半拍每关节听松3次、4次……n次,或每半换关节3处、4处……n处,九大关节依次转换听拍求松。

2. 听——听心搏

全身松弛,从脚底开始听心搏,体悟脚底与空气、脚底与地面亲密接触的感觉。人越放松,越安静,越凝神,越容易听到心脏的搏动。这是用最简约的方法使九大关节依次听心搏,达到关节松弛的最好效果。

(1)练习方法

①单个关节依次听心搏。听心搏由脚底开始,脚底→趾→踝→膝→胯→肩→肘→腕→指,练习顺序可反听,直到九大关节一一都能随意听到心搏。

②两个关节组合依次听心搏。将脚底和另一个关节听到心搏为一组,各组关节依次听心搏的顺序为脚底→趾、脚底→踝、脚底→膝、脚底→胯、脚底→肩、脚底→肘、脚底→腕、脚底→指,练习顺序可反向。

③多个关节组合依次听心搏。将脚底和多个关节作为一组,练习依次听到心搏,直到九大关节能依次听到心搏。

④多个关节组合同时听心搏。将脚底和多个关节作为一组,练习同时听到心搏,直到九大关节能同时听到心搏。

3. 看——看涟漪

看涟漪,用意看到虚拟的涟漪画面求人体的松掤,如水滴滴入水中产生水窝就是太极拳求松的过程;涟漪由小变大,一圈又一圈的水波向外扩散就是太极拳求掤的过程。松掤的形成就是涟漪的过程,从涟漪中觅得太极拳松、掤的神韵。

(1)练习方法

①脚底四拍看涟漪:第一拍看到水窝,第二拍看到小圈,第三拍看到大圈,第四拍看到圈消失。

②一个关节四拍看涟漪:第一拍看到水窝,第二拍看到小圈,第三拍看到大圈,第四拍看到圈消失,再依次换一个关节练习。

③一个关节两拍看涟漪:第一拍脚底看到水窝和小圈,第二拍关节看到大圈及圈消失。再依次换一个关节练习。

④一个关节一拍看涟漪:上半拍脚底看到水窝和小圈,下半拍看到大圈及圈消失。再依次换一个关节练习。

⑤两个关节一拍依次看涟漪:上半拍脚底看,下半拍另一关节看。顺序是脚底→脚趾、脚底→踝、脚底→膝、脚底→胯、脚底→肩、脚底→肘、脚底→腕、脚底→指。练习顺序可反向。

⑥多个关节一拍依次看涟漪:上半拍脚底看,下半拍多关节看,直到一拍之内九大关节能依次看到涟漪,练习顺序可反做。

⑦多个关节一拍同时看涟漪:上半拍脚底和多关节同时看到涟漪,下半拍重复上半拍过程,直到九大关节一拍能两次同时看到涟漪。

4. 卸——卸货物

关节求松、空,好比一辆装满货物的大卡车,在行驶中不断向路面抛卸货物,使满载的卡车变成一辆空车的过程。将大卡车上的货物视为九大关节,用意念把货物依次一一卸空,直到随心卸货,达到九大关节松空随意。

(1)卸货顺序

趾→踝→膝→胯、肩→肘→腕→指。练习顺序可反向。

(2)练习方法

①每一拍关节卸货1次,每关节练习1~3分钟。

②每四拍关节卸货4次,换一处关节,九大关节依次转换卸货。

③每两拍关节卸货2次,换一处关节,九大关节依次转换卸货。

④每一拍关节卸货1次,换一处关节,九大关节依次转换卸货。

⑤每半拍关节卸货1次,上下半拍各换一处关节,九大关节依次转换卸货。

⑥每拍每关节卸货3次、4次、n次,或每拍换关节3处、4处、n处,九大关节依次转换卸货。

⑦每半拍每关节卸货3次、4次、n次,或每半拍换关节3处、4处、n处,九大关节依次转换卸货。

5. 倒——意倒骑

视胯关节为自行车的左右踏板,随拍用意左右、右左交替倒骑练习,依次反复,在运动中求得平衡变化,达到高度协调。将两胯随意倒骑的技术应用于拳中,行拳时两胯必松活。

(1)练习方法

①四拍倒骑:第一拍松左胯意倒骑,第二拍松右胯意倒骑,第三拍松左胯意倒骑,第四拍松右胯意倒骑。

②一拍倒骑一:上半拍左脚底松,下半拍左胯意倒骑;上半拍右脚底松,下半拍右胯意倒骑。

③一拍倒骑二:上半拍左脚底松,下半拍右胯意倒骑;上半拍右脚底松,下半拍左胯意倒骑。

④一拍倒骑三:上半拍两胯松,下半拍两胯意倒骑。

6. 外——意在外

眼前看到虚拟的视觉表象运动,用意跟着练。这个过程的练习方法称为意在外。用意在外意看意跟的方法松关节、看心搏、看涟漪、看卸货、看倒骑,直到九大关节形意合一。

(1)练习顺序

按前述各方法顺序做。

(2)练习方法

①松关节:用视觉想象力看到虚拟的关节图像,可放大缩小,拉近推远,每小节每拍看到图像中的关节松掤,熟练后每拍可看到图像中的关节松掤多次,或各关节多次松掤可看到。

②看心搏:用视觉想象力看到虚拟的关节图像,看到各关节处心脏跳动,由弱到强。

③看涟漪:用视觉想象力看到涟漪的画面,一、三拍看到涟漪,二、四拍用意跟,直到看到、意跟一拍完成。

④看卸货:用视觉想象力看到一辆装满货物的大卡车进行卸货;关节一、三拍看货,二、四拍卸货,直到一拍之内完成看、卸,货物像沙粒一样解体散落地面。

⑤看倒骑:用视觉想象力把两胯看成单车的两个脚踏,随着拍子后踩,一拍一个倒骑,直到一拍多个快速倒骑。

(三)特色

①东育桩功有睡桩、站桩、行桩三种功法,可最大程度地利用时间,达到练功生活

化,提升桩功练习效率(图3-1)。

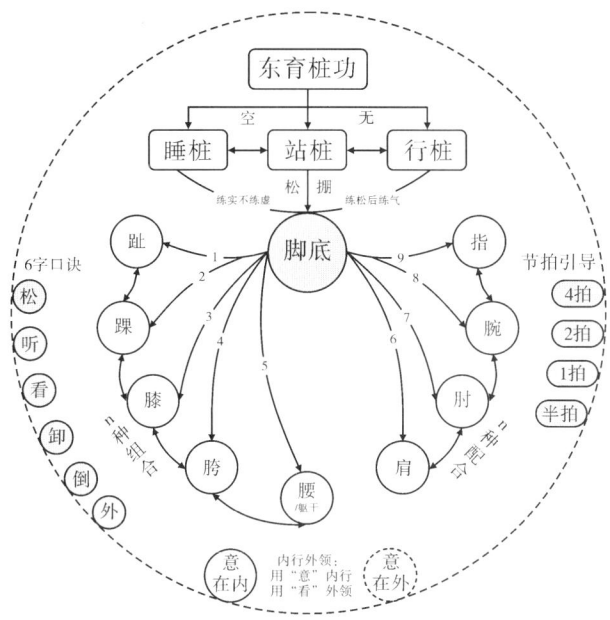

图3-1　东育桩功关节松掤练习图

②节拍教学法站桩,用松、听、看、卸、倒、外六字口诀练习,用"意"内行,用"看"外领,内行外领,内外结合,达到九大关节松弛协调。

③站桩练实不练虚,练松后练气。

④练习时注重肌肉和关节的松掤,求松必先掤,求掤必先松,松掤皆由意(图3-2)。

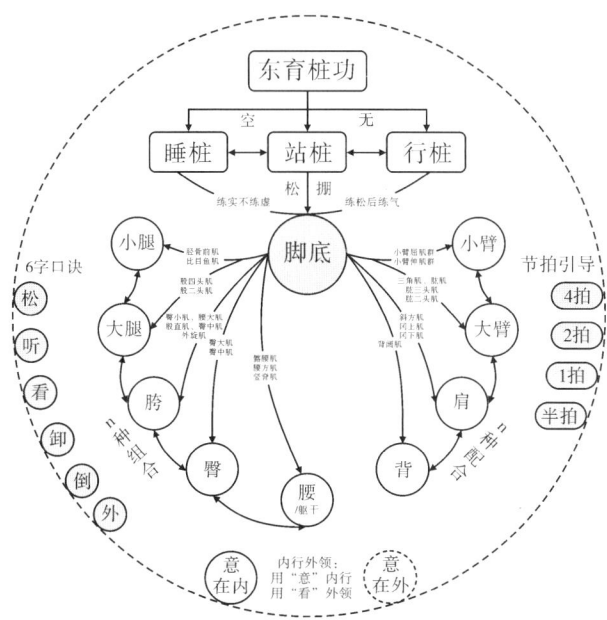

图3-2　东育桩功肌肉松掤练习图

⑤意在外是三桩桩功一种全新的训练方法。

⑥意在外求松是无我状态求松,意在内求松是有我状态求松。

⑦无我外领有我,有我意跟无我,有无合一求松。

第四章 基本技法

教学经验证明：要想拳打得漂亮,必须练打手;要想练好打手,必须有形、无形、内外、互双修。

要想打好拳,必须走猫步;要想走好猫步,必须松胯、倒骑、磨胯、涟漪。

教学实践证明：太极拳节拍教学法是练好基本技法的有效手段,也是提高太极拳演绎水平的极佳方法。要想入太极之门,必先从基本技法入手。基本技法是一切太极技术的重中之重。

基本技法包括：松胯、磨胯、倒骑、涟漪、原地打手、猫步及猫步打手7种。

一、松胯

(一) 原则

技法练习,皆为意行。意在体内,意在体外,意在内外。

①原地松胯。

②听拍松胯。

③用意松胯。

(二) 节拍与技术要求

预备式：

①两脚分开,与肩同宽,或两脚并拢,自然站立。

②两目自然平视或合眼。

③两手指自然放在两侧。

1. 站立式松胯

◇ 第一小节

第一拍:两胯松。

第二拍:左胯松。

第三拍:两胯松。

第四拍:右胯松。

◇ 第二小节

第一拍:两胯抻。

第二拍：右胯松。

第三拍：两胯抻。

第四拍：左胯松。

◎ 第三小节

第一拍：两胯松。

第二拍：左胯松，右胯松。

第三拍：两胯松。

第四拍：右胯松，左胯松。

◎ 第四小节

第一拍：两胯抻。

第二拍：右胯松，左胯松。

第三拍：两胯抻。

第四拍：左胯松，右胯松。

> 注：
> 每小节熟练后，可两小节、三小节、四小节分别合并反复练习。

2. 屈蹲式松胯

◎ 第一小节：松胯屈蹲至 90°

第一拍：两胯抻，原地松沉至脚底，屈膝微蹲。

第二拍：松左胯，松右胯，继续微下蹲。

第三拍：两胯抻，原地松沉至脚底，继续下蹲。

第四拍：松右胯，松左胯，继续下蹲，直到大小腿成 90° 为止。

◎ 第二小节：松胯屈蹲至臀部贴近足后跟

第一拍：两胯抻，原地松沉至脚底，继续屈膝微下蹲。

第二拍：松左胯，松右胯，继续微下蹲。

第三拍：两胯抻，原地松沉至脚底，继续下蹲。

第四拍：松右胯，松左胯，继续下蹲，直到臀部贴近脚跟为止。

◎ 第三小节：松胯起立至屈膝 90°

第一拍：两胯抻，原地松沉至脚底，利用脚底反弹力慢慢起立。

第二拍：松左胯,松右胯,继续慢起。

第三拍：两胯抻,原地松沉至脚底,继续利用脚底反弹力起立。

第四拍：松右胯,松左胯,继续起立,直到屈膝至90°。

◇ 第四小节：松胯起立还原

第一拍：两胯抻,原地松沉至脚底,利用脚底反弹力慢慢起立。

第二拍：松左胯,松右胯,继续慢起。

第三拍：两胯抻,原地松沉至脚底,继续利用脚底反弹力起立。

第四拍：松右胯,松左胯,继续起立,直到还原站立。

> 注：
> 四小节为一组,可重复练习。练习过程中上体保持正直。

二、磨胯

(一) 原则

技法练习,皆为意行。意在体内,意在体外,意在内外。

原地平磨：

①两脚踩地,意分各半。

②实腿开窝,虚腿松胯。

③胯窝均开,各占50%。

④平转磨胯,胯如石磨。

(二) 节拍与技术要求

1. 左⇔右平转磨胯

预备式：

方位：面向正南。

下肢：两脚分开,略宽于肩,两足尖正对前方;大腿屈蹲至135°左右,膝盖不过脚尖。

上肢：两臂开腋窝环抱,提至胸前;两掌指尖相距10厘米;上体保持正直。

◎ **第一小节：向左旋转45°磨胯**

第一拍：两胯押，原地松沉至脚底。

第二拍：开右胯，松左胯，右左胯逆时针平磨，上体微左转。

第三拍：两胯押，原地松沉至脚底。

第四拍：开左胯，松右胯，左右胯逆时针平磨，上体转至东南45°。

◎ **第二小节：还原磨胯**

第一拍：两胯押，原地松沉至脚底。

第二拍：开左胯，松右胯，左右胯顺时针平磨，上体微右转。

第三拍：两胯押，原地松沉至脚底。

第四拍：开右胯，松左胯，右左胯顺时针平磨，上体转至正南。

◎ **第三小节：向右旋转45°磨胯**

第一拍：两胯押，原地松沉至脚底。

第二拍：开左胯，松右胯，左右胯顺时针平磨，上体微右转。

第三拍：两胯押，原地松沉至脚底。

第四拍：开右胯，松左胯，右左胯顺时针平磨，上体转至西南45°。

◎ **第四小节：还原磨胯**

第一拍：两胯押，原地松沉至脚底。

第二拍：开右胯，松左胯，右左胯逆时针平磨，上体微左转。

第三拍：两胯押，原地松沉至脚底。

第四拍：开左胯，松右胯，左右胯逆时针平磨，上体转至正南。

> 注：
> 左右平转磨胯，四小节16拍完成为一组，或两小节8拍完成为一组，可重复练习。

2. 左⇔右侧弓步磨胯

侧弓步：两脚平行分开约两肩宽，两足尖微外撇，重心放在弓腿上，另一腿自然蹬直，成侧弓步。

预备式：

方位：面向正南。

下肢:左侧弓步。

上肢:两臂开腋窝环抱,提至胸前,两掌指尖相距10厘米,上体保持正直。

◇ **第一小节:左侧弓步→右侧弓步**

步法:左侧弓步→右侧弓步。

手法:两臂不动。

上体:方向不变。

第一拍:两胯抻,原地松沉至脚底。

第二拍:开左胯,松右胯,左右胯顺时针平磨成中定。

第三拍:两胯抻,重心似移非移,两胯松、开窝。

第四拍:开右胯,松左胯,右左胯逆时针平磨至右侧弓步。

◇ **第二小节:右侧弓步→左侧弓步**

步法:右侧弓步→左侧弓步。

手法:两臂不动。

上体:正南方向不变。

第一拍:两胯抻,原地松沉至脚底。

第二拍:开右胯,松左胯,右左胯逆时针平磨成中定。

第三拍:两胯抻,重心似移非移,两胯松、开窝。

第四拍:开左胯,松右胯,左右胯顺时针平磨至左侧弓步。

> 注:
> 两小节为一组,可重复练习。

3.弓步⇔坐步磨胯

弓步:两脚前后分开,两脚横向距离为10~30厘米,前腿屈膝前弓,大腿接近水平(或斜向地面),膝盖不超过脚尖;后腿自然蹬直,脚尖斜向前方约45°,成弓步。

坐步:坐步与弓步相反,前腿虚,后腿实,重心在两脚中间。

(1)左弓步→右坐步磨胯

预备式:

方位:面向正南。

下肢:左弓步。

上肢:两臂开腋窝环抱,提至胸前;两掌指尖相距10厘米;上体保持正直。

◇ **第一小节：左弓步→右坐步**

步法:左弓步→右坐步。

手法:两臂不动。

上体:方向不变。

第一拍:两胯抻,原地松沉至脚底。

第二拍:开左胯,松右胯,右左胯右逆左顺平磨成中定。

第三拍:两胯抻,重心似移非移,两胯松、开窝。

第四拍:开右胯,松左胯,左右胯左逆右顺平磨至右坐步。

◇ **第二小节：右坐步→左弓步**

步法:右坐步→左弓步。

手法:两臂不动。

上体:正南方向不变。

第一拍:两胯抻,原地松沉至脚底。

第二拍:开左胯,松右胯,右左胯右顺左逆平磨成中定。

第三拍:两胯抻,重心似移非移,两胯松、开窝。

第四拍:开右胯,松左胯,左右胯左逆右顺平磨至左弓步。

> 注:
>
> 两小节为一组,可重复练习。

(2)右弓步→左坐步磨胯

预备式:

方位:面向正南。

下肢:右弓步。

上肢:两臂开腋窝环抱,提至胸前,两掌指尖相距10厘米,上体保持正直。

◇ **第一小节：右弓步→左坐步**

步法:右弓步→左坐步。

手法:两臂不动。

上体:方向不变。

第一拍:两胯押,原地松沉至脚底。

第二拍:开右胯,松左胯,左右胯左逆右顺平磨成中定。

第三拍:两胯押,重心似移非移,两胯松、开窝。

第四拍:开左胯,松右胯,右左胯右顺左逆平磨至左坐步。

◇ **第二小节:左坐步→右弓步**

步法:左坐步→右弓步。

手法:两臂不动。

上体:正南方向不变。

第一拍:两胯押,原地松沉至脚底。

第二拍:开右胯,松左胯,左右胯左顺右逆平磨成中定。

第三拍:两胯押,重心似移非移,两胯松、开窝。

第四拍:开左胯,松右胯,右左胯右逆左顺平磨至右弓步。

> 注:
> 两小节为一组,可重复练习。

三、倒骑

(一)原则

技法练习,皆为意行。意在体内,意在体外,意在内外。

原地倒骑:

①两脚踩地,意分各半。

②实腿开窝,虚腿松胯。

③胯窝均开,各占50%。

④胯如踩车,左右倒骑。

> 注:
> 将两手视为自行车的两个踏板,引导两胯模拟向后骑车,左右、右左交替倒骑。

(二) 节拍与技术要求

预备式：

方位：面向正南。

下肢：两脚分开，略宽于肩，两足尖正对前方，大腿屈蹲至 135°左右，膝盖不过脚尖。

上肢：两臂开腋窝环抱，双手提至胸前，两掌指尖相距 10 厘米，上体保持正直。

1. 站立式倒骑

◇ 第一小节

两胯松。

先右后左。

两胯松。

先右后左。

◇ 第二小节

两胯松。

先左后右。

两胯松。

先左后右。

◇ 第三小节

两胯松，先左后右。

两胯松，先右后左。

两胯松，先左后右。

两胯松，先右后左。

◇ 第四小节

两胯松，先右后左。

两胯松，先左后右。

两胯松，先右后左。

两胯松，先左后右。

2. 四拍屈蹲式倒骑

第一小节：原地下蹲

第一拍：两胯松，先左后右倒骑，屈膝下蹲。

第二拍：两胯松，先右后左倒骑，继续下蹲。

第三拍：两胯松，先左后右倒骑，继续下蹲。

第四拍：两胯松，先右后左倒骑，继续下蹲，直到臀部贴近脚跟。

◇ **第二小节：原地起立**

第一拍：两胯松，先右后右倒骑，开始起立。

第二拍：两胯松，先右后左倒骑，继续起立。

第三拍：两胯松，先左后右倒骑，继续起立。

第四拍：两胯松，先右后左倒骑，继续起立，直到还原站立。

> 注：
> 两小节为一组，可重复练习。

3. 八拍屈蹲式倒骑

◇ **第一小节：倒骑屈蹲至 90°**

第一拍：两胯抻，原地松倒骑沉至脚底，屈膝微蹲。

第二拍：松左胯，松右胯，左右胯倒骑继续微下蹲。

第三拍：两胯抻，原地松倒骑沉至脚底，继续下蹲。

第四拍：松右胯，松左胯，右左胯倒骑继续下蹲，直到大小腿成 90°为止。

◇ **第二小节：倒骑屈蹲至臀部贴近足后跟**

第一拍：两胯抻，原地松倒骑沉至脚底，继续屈膝微下蹲。

第二拍：松左胯，松右胯，左右胯倒骑继续微下蹲。

第三拍：两胯抻，原地松倒骑沉至脚底，继续下蹲。

第四拍：松右胯，松左胯，右左胯倒骑继续下蹲，直到臀部贴近脚跟为止。

◇ **第三小节：倒骑起立至屈膝 90°**

第一拍：两胯抻，原地松倒骑沉至脚底，利用脚底反弹力慢慢起立。

第二拍：松左胯，松右胯，左右胯倒骑继续慢起。

第三拍：两胯抻，原地松倒骑沉至脚底，继续利用脚底反弹力起立。

第四拍：松右胯，松左胯，右左胯倒骑继续起立，直到屈膝至 90°。

◇ **第四小节：起立还原成站立**

第一拍：两胯抻，原地松沉至脚底，利用脚底反弹力慢慢起立。

第二拍：松左胯，松右胯，继续慢起。

第三拍:两胯抻,原地松沉至脚底,继续利用脚底反弹力起立。

第四拍:松右胯,松左胯,继续起立,直到还原站立。

> 注:
> 四小节为一组,可重复练习。练习过程中上体保持正直。

4. 左右旋转倒骑

◇ **第一小节:向左旋转 45°倒骑**

第一拍:两胯抻,原地松沉至脚底。

第二拍:开右胯,松左胯,右左胯倒骑,上体微左转。

第三拍:两胯抻,原地松沉至脚底。

第四拍:开左胯,松右胯,左右胯倒骑,上体转至东南 45°。

◇ **第二小节:还原倒骑**

第一拍:两胯抻,原地松沉至脚底。

第二拍:开左胯,松右胯,左右胯倒骑,上体微右转。

第三拍:两胯抻,原地松沉至脚底。

第四拍:开右胯,松左胯,右左胯倒骑,上体转至正南。

◇ **第三小节:向右旋转 45°倒骑**

第一拍:两胯抻,原地松沉至脚底。

第二拍:开左胯,松右胯,左右胯倒骑,上体微右转。

第三拍:两胯抻,原地松沉至脚底。

第四拍:开右胯,松左胯,右左胯倒骑,上体转至西南 45°。

◇ **第四小节:还原倒骑**

第一拍:两胯抻,原地松沉至脚底。

第二拍:开右胯,松左胯,右左胯倒骑,上体微左转。

第三拍:两胯抻,原地松沉至脚底。

第四拍:开左胯,松右胯,左右胯倒骑,上体转至正南。

> 注:
> 四小节为一组,可重复练习。

5.左⇔右侧弓步倒骑

◇ **第一小节：左侧弓步→右侧弓步**

步法：左侧弓步→右侧弓步。

手法：两臂不动。

上体：方向不变。

第一拍：两胯抻，原地松沉至脚底。

第二拍：开左胯，松右胯，左右胯意倒骑成中定。

第三拍：两胯抻，重心似移非移，两胯松、开窝。

第四拍：开右胯，松左胯，右左胯意倒骑至右侧弓步。

◇ **第二小节：右侧弓步→左侧弓步**

步法：右侧弓步→左侧弓步。

手法：两臂不动。

上体：正南方向不变。

第一拍：两胯抻，原地松沉至脚底。

第二拍：开右胯，松左胯，右左胯意倒骑成中定。

第三拍：两胯抻，重心似移非移，两胯松、开窝。

第四拍：开左胯，松右胯，左右胯意倒骑至左侧弓步。

> 注：
> 两小节为一组，可重复练习。

6.弓步⇔坐步倒骑

(1)左弓步→右坐步倒骑

◇ **第一小节：左弓步→右坐步**

步法：左弓步→右坐步。

手法：两臂不动。

上体：方向不变。

第一拍：两胯抻，原地松沉至脚底。

第二拍：开左胯，松右胯，右左胯意倒骑成中定。

第三拍:两胯抻,重心似移非移,两胯松、开窝。

第四拍:开左胯,松右胯,左右胯意倒骑至右坐步。

◇ **第二小节:右坐步→左弓步**

步法:右坐步→左弓步。

手法:两臂不动。

上体:方向不变。

第一拍:两胯抻,原地松沉至脚底。

第二拍:开左胯,松右胯,左右胯意倒骑成中定。

第三拍:两胯抻,重心似移非移,两胯松、开窝。

第四拍:开左胯,松右胯,右左胯意倒骑至左弓步。

> 注:
> 两小节为一组,可重复练习。

(2)右弓步→左坐步倒骑

预备式:

方位:面向正南。

下肢:左弓步。

上肢:两臂开腋窝环抱,提至胸前;两掌指尖相距10厘米;上体保持正直。

◇ **第一小节:右弓步→左坐步**

步法:右弓步→左坐步。

手法:两臂不动。

上体:方向不变。

第一拍:两胯抻,原地松沉至脚底。

第二拍:开右胯,松左胯,左右胯意倒骑成中定。

第三拍:两胯抻,重心似移非移,两胯松、开窝。

第四拍:开右胯,松左胯,右左胯意倒骑至左坐步。

◇ **第二小节:左坐步→右弓步**

步法:左坐步→右弓步。

手法：两臂不动。

上体：方向不变。

第一拍：两胯抻，原地松沉至脚底。

第二拍：开右胯，松左胯，右左胯意倒骑成中定。

第三拍：两胯抻，重心似移非移，两胯松、开窝。

第四拍：开右胯，松左胯，左右胯意倒骑至右弓步。

> 注：
> 两小节为一组，可重复练习。

四、涟漪

(一) 原则

技法练习，皆为意行。意在体内，意在体外，意在内外。

①意在体内，两胯生涟漪。

②意在体外，两胯看涟漪。

③意在内外，两胯生涟漪。

④意在外内，两胯生涟漪。

(二) 节拍与技术要求

预备式：

方位：面向正南。

下肢：两脚分开，略宽于肩，两足尖正对前方，大腿屈蹲至135°左右，膝盖不过脚尖。

上肢：两臂开腋窝环抱，提至胸前，两掌指尖相距10厘米，上体保持正直。

1. 左右平转看涟漪

◇ **第一小节：原地向左旋转45°**

第一拍：原地两胯外看涟漪松。

第二拍：左转，左胯外看涟漪松。

第三拍：继续左转，右胯外看涟漪松。

第四拍：左转至45°，两胯外看涟漪松。

◎ **第二小节：还原**

第一拍：原地两胯外看涟漪松。

第二拍：右转，右胯外看涟漪松。

第三拍：继续右转，左胯外看涟漪松。

第四拍：还原，两胯外看涟漪松。

◎ **第三小节：原地向右旋转 45°**

第一拍：原地两胯外看涟漪松。

第二拍：右转，右胯外看涟漪松。

第三拍：继续右转，左胯外看涟漪松。

第四拍：右转至 45°，两胯外看涟漪松。

◎ **第四小节：还原**

第一拍：原地两胯外看涟漪松。

第二拍：左转，左胯外看涟漪松。

第三拍：继续左转，右胯外看涟漪松。

第四拍：还原，两胯外看涟漪松。

> 注：
> 上述四小节可重复练习。

2. 左右平转两胯生涟漪

◎ **第一小节：向左旋转 45°两胯涟漪**

第一拍：原地两胯松，意在体内，两胯生涟漪。

第二拍：左转，意在体外，两胯看涟漪。

第三拍：继续左转，意在内外，两胯生看涟漪。

第四拍：左转至 45°，意在外内，两胯看生涟漪。

◎ **第二小节：还原**

第一拍：原地两胯松，意在体内，两胯生涟漪。

第二拍：右转，意在体外，两胯看涟漪。

第三拍：继续右转，意在内外，两胯生看涟漪。

第四拍：还原，意在外内，两胯看生涟漪。

◇ **第三小节：向右旋转45°两胯涟漪**

第一拍：原地两胯松，意在体外，两胯看涟漪。

第二拍：右转，意在体内，两胯生涟漪。

第三拍：继续右转，意在外内，两胯看生涟漪。

第四拍：右转至45°，意在内外，两胯生看涟漪。

◇ **第四小节：还原**

第一拍：原地两胯松，意在体外，两胯看涟漪。

第二拍：左转，意在体内，两胯生涟漪。

第三拍：继续左转，意在外内，两胯看生涟漪。

第四拍：还原，意在内外，两胯生看涟漪。

> 注：
> 上述四小节可重复练习。

五、原地打手

(一)原则

技法练习，皆为意行。意在体内，意在体外，意在内外。

①打手无手，以意领先，每小节每拍技术要求一松、二柔、三空、四到，目视前方。

②臂，先掤后松，窝，先开后松，胯，先松后开。

③上下手，动态意打下沉手，静态意打下手。

④前后手，意打后手。

⑤动与不动手，意打不动手。

⑥双手抬举，意在双手。

⑦双手推按，意在双手或左、右手。

⑧腕打大圈：腕与指尖用意打圈，腕肘肩依次松，为掤。

⑨腕打小圈：腕与指根用意打圈，肩肘腕指依次松，为松。

⑩腕打大小圈：腕与指尖、指根用意打圈，腕肘肩依次松，为掤松。

⑪腕打小大圈:腕与指根、指尖用意打圈,肩肘腕指依次松,为松掤。

⑫松胯/倒骑。

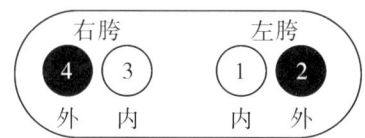

图 4-1　两胯位置编号说明

位置编号:1 为左胯胯窝,2 为左胯外胯;3 为右胯胯窝,4 为右胯外胯。(见图 4-1)

意在体内:❶❷❸❹(黑底白字)。

意在体外:①②③④(白底黑字)。

⑬胯窝始终均开 50%,膝与脚尖方向始终一致。

⑭形体要求。

身:一胸骨,身正直,意开胸骨。

肩:两个肩,肩外抻,形要平正。

线:三条线,人居中,切忌偏斜。

窝:四个窝,意撑开,上下打圈。

胯:六个点,坐凳子,肩胯垂直。

初级:为动作线路和形体要求。

中级:在初级基础上,上拍、下拍意在体内。

高级:在中级基础上,上拍、下拍意在体内体外,或反之。

> 注:
> 上述原则,先单练,熟练掌握后逐渐应用到打手练习中。

(二) 节拍与技术要求

初级:为动作线路和形体要求。

中级:在初级基础上,上拍、下拍意在体内。

高级:在中级基础上,上拍、下拍意在体内体外,或反之。

1. 起势

预备式:

两脚并拢,自然站立,脚尖正对前方;两手放于大腿两侧,松腕指不懈,松肩意开胸骨;脚底意在外听心搏,或看涟漪;眼视正前方。

◇ **第一小节：预备式→左开步**

预备式→左开步节拍动作分解见表4-1。

表4-1 预备式→左开步节拍动作分解

节拍	分级技术要求		
	初级	中级	高级
第一拍	原地形不动,两胯松,肩平开胸骨,两臂抻,开腋窝掤松。节拍要求:松。	原地形不动。上半拍:两胯松沉至脚底,听心搏,或看涟漪。下半拍:松腕指不懈,松肩意开胸骨,两臂抻,开腋窝,左右胯倒骑。节拍要求:松。	原地形不动。上半拍:下肢:两胯松沉至脚底倒骑,听心搏看涟漪;开左胯沉至脚底,开两胯❶❸倒骑沉至脚底松右胯❷❹。上肢:腕松而不懈,两腕打大小圈。下半拍:上肢:两臂抻,开腋窝掤松;意在两臂。下肢:两胯松沉至脚底,两胯抻倒骑开窝松。身:松肩意开胸骨至脚底。节拍要求:松。
第二拍	开腋窝重心移至右脚,左脚跟微离地。节拍要求:柔。	上半拍:两胯松沉至脚底,开右胯沉至脚底松左胯,右左胯倒骑重心移至右脚,左脚跟微离地。下半拍:两臂开腋窝掤松,意在左臂。节拍要求:柔。	上半拍:下肢:两胯松沉至脚底倒骑,听心搏看涟漪;开右胯沉至脚底,开右胯❶❷倒骑沉至脚底松左胯④③,重心移至右脚,左脚跟微离地。上肢:腕松而不懈,两腕打大小圈。下半拍:上肢:两臂抻,开腋窝掤松。下肢:两胯松沉至脚底,两胯抻倒骑开窝松。身:松肩意开胸骨沉至脚底,意在左臂。节拍要求:柔。

续表

节拍	分级技术要求		
	初级	中级	高级
第三拍	提左膝向左侧开步,与肩同宽,脚尖点地,脚跟微外撑,脚尖正对前方。节拍要求:空。	上半拍:两胯松沉至脚底开胯窝,开右胯沉至脚底,右左胯倒骑开左胯提左膝向左侧开步,与肩同宽,脚尖点地,脚跟微外撑,脚尖正对前方。下半拍:松腕指不懈,松肩意开胸骨,意在右臂。节拍要求:空。	上半拍: 下肢:两胯松沉至脚底,听心搏看涟漪。开右胯沉至脚底,开右胯❸❹倒骑松沉至右脚底松左胯②①。 上肢:腕松而不懈,两腕打大小圈。 下半拍: 上肢:两臂抻,开腋窝掤松。 下肢:右左胯倒骑提左膝开胯向左侧开步,与肩同宽,脚尖点地,脚跟微外撑,脚尖正对前方。 身:松肩意开胸骨沉至脚底,意在右臂。 节拍要求:空。
第四拍	脚跟着地,重心移到两脚中间。节拍要求:到。	上半拍:脚跟着地,重心移到两脚中间;两胯松沉至脚底,脚底听心脏搏动,或看涟漪。下半拍:两臂开腋窝掤松,意在两臂。节拍要求:到。	上半拍: 下肢:脚跟着地,重心移到两脚中间;两胯松沉至脚底倒骑听心搏看涟漪;两胯❹❷❸❶松沉至脚底。 上肢:腕松而不懈,两腕打大小圈。 下半拍: 上肢:两臂抻,开腋窝掤松。 下肢:两胯松沉至脚底,两胯抻倒骑开窝松。 身:松肩意开胸骨沉至脚底,意在两臂。 节拍要求:到。

◇ **第二小节：左开步→两臂平举**

左开步→两臂平举节拍动作分解见表4-2。

表4-2 左开步→两臂平举节拍动作分解

节拍	分级技术要求		
	初级	中级	高级
第一拍	原地形不动，两胯松，肩平开胸骨，两臂抻，开腋窝掤松。节拍要求：松。	原地形不动。上半拍：两胯松沉至脚底，听心搏，或看涟漪。下半拍：松腕指不懈，松肩意开胸骨，两虎口意微合，开腋窝掤松，掌形不变，意在两臂。节拍要求：松。	原地形不动。上半拍：下肢：两胯松沉至脚底倒骑，听心搏看涟漪；两胯❶❷❸❹倒骑松沉至脚底。上肢：腕松而不懈，两腕打大小圈。下半拍：上肢：虎口意微合，掌形不变；两臂抻，开腋窝掤松。下肢：两胯松沉至脚底，两胯抻倒骑开窝松。身：松肩意开胸骨沉至脚底，意在两臂。节拍要求：松。
第二拍	两腕带动手臂向前向上抬举约30°。节拍要求：柔。	上半拍：松肩柔臂，两胯松沉至脚底，产生反弹力开腋窝掤松，两腕带动手臂向前向上抬举约30°。下半拍：两臂开腋窝掤松，意在左臂。节拍要求：柔。	上半拍：下肢：两胯松沉至脚底倒骑，听心搏看涟漪；两胯❶❷④③松沉至脚底。上肢：松肩柔臂，腕松而不懈，两腕打大小圈。下半拍：上肢：两臂抻，开腋窝掤松；两腕带动手臂向前向上抬举约30°。下肢：两胯松沉至脚底，脚底产生反弹力开腋窝掤松。身：松肩意开胸骨沉至脚底，意在左臂。节拍要求：柔。

续表

节拍	分级技术要求		
	初级	中级	高级
第三拍	两臂继续向前向上抬举约至75°。 节拍要求:空。	上半拍:两胯松沉至脚底再次产生反弹力开腋窝掤松,两腕带动手臂向前向上抬举至75°。 下半拍:松腕指不懈,松肩意开胸骨,意在右臂。 节拍要求:空。	上半拍: 下肢:两胯松沉至脚底倒骑,听心搏看涟漪;两胯❸❹❷❶倒骑松沉至脚底。 上肢:腕松而不懈,两腕打大小圈。 下半拍: 上肢:松肩柔臂,两臂抻,开腋窝掤松,两腕带动手臂向前向上抬举约至75°。 下肢:两胯松沉至脚底,两胯抻倒骑开窝松至脚底产生反弹力。 身:松肩意开胸骨,意在右臂。 节拍要求:空。
第四拍	两臂抬举至与肩平,手背与手臂呈一条直线。 节拍要求:到。	上半拍:松肩柔臂,两胯松沉至脚底,产生反弹力开腋窝掤松,两腕带动手臂向前向上抬举至与肩平,手背与手臂呈一条直线。 下半拍:两臂开腋窝掤松,意在两臂。 节拍要求:到。	上半拍: 下肢:两胯松沉至脚底倒骑听心搏看涟漪;两胯❹❷❸❶倒骑松沉至脚底。 上肢:松肩柔臂,腕松而不懈,两腕打大小圈。 下半拍: 上肢:两腕带动手臂向前向上抬举至与肩平;两臂抻,开腋窝掤松。 下肢:两胯松沉至脚底产生反弹力开腋窝掤松。 身:松肩意开胸骨沉至脚底,意在两臂。 节拍要求:到。

◇ **第三小节：两臂平举→两臂下按**

两臂平举→两臂下按节拍动作分解见表 4-3。

表 4-3 两臂平举→两臂下按节拍动作分解

节拍	分级技术要求		
	初级	中级	高级
第一拍	原地形不动，两胯松，肩平开胸骨，两臂抻，开腋窝掤松。节拍要求：松。	原地形不动。上半拍：两胯松沉至脚底，听心搏，或看涟漪。下半拍：松腕指不懈，松肩意开胸骨，两臂开窝意抻掤，意在两臂。节拍要求：松。	原地形不动。上半拍：下肢：两胯松沉至脚底倒骑，听心搏看涟漪；两胯❸❶❹❷倒骑松沉至脚底。上肢：腕松而不懈，两腕打大小圈。下半拍：上肢：两臂抻，开腋窝掤松。下肢：两胯松沉至脚底，两胯抻倒骑开窝松。身：松肩意开胸骨沉至脚底，意在两臂。节拍要求：松。
第二拍	两肘松沉微曲，手指高度不变，手背与手臂呈一条直线。节拍要求：柔。	上半拍：松肩柔臂，两胯松沉至脚底，听心搏，或看涟漪。下半拍：两臂开腋窝掤松，两肘松沉微曲，手指高度不变，手背与手臂呈一条直线，松而不懈，意在左臂。节拍要求：柔。	上半拍：下肢：两胯松沉至脚底倒骑，听心搏看涟漪；两胯❸❹❷①倒骑松沉至脚底。上肢：松肩柔臂，腕松而不懈，两腕打大小圈。下半拍：上肢：两肘松沉微曲，手指高度不变，手背与手臂呈一条直线；两臂抻，开腋窝掤松。下肢：两胯松沉至脚底，两胯抻倒骑开窝松。身：松肩意开胸骨沉至脚底，意在左臂。节拍要求：柔。

续表

节拍	分级技术要求		
	初级	中级	高级
第三拍	上臂松沉，前臂下按，手型不变。 节拍要求：空。	上半拍：松肩柔臂，两胯松沉至脚底。 下半拍：松腕指不懈，松肩意开胸骨，上臂松沉，前臂下按，手型不变，肩肘腕指依次松，开腋窝掤松，意在右臂。 节拍要求：空。	上半拍： 下肢：两胯松沉至脚底倒骑，听心搏看涟漪；两胯❶❷④③倒骑松沉至脚底。 上肢：松肩柔臂，腕松而不懈，两腕打大小圈。 下半拍： 上肢：上臂松沉，前臂下按，手型不变；两臂抻，开腋窝掤松。 下肢：两胯松沉至脚底，两胯抻倒骑开窝松。 身：松肩意开胸骨沉至脚底，意在右臂。 节拍要求：空。
第四拍	上臂不动，前臂松沉坐腕，食指正对前方，掌心向下。 节拍要求：到。	上半拍：肩松臂柔，两胯松沉至脚底，听心搏，或看涟漪。 下半拍：两臂开腋窝掤松，上臂不动，前臂松沉坐腕，食指正对前方，掌心向下，意在两臂。 节拍要求：到。	上半拍： 下肢：两胯松沉至脚底倒骑，听心搏看涟漪；两胯❷❹❶❸倒骑松沉至脚底。 上肢：肩松臂柔，腕松而不懈，两腕打大小圈。 下半拍： 上肢：上臂不动，前臂松沉坐腕，食指正对前方，掌心向下；两臂抻，开腋窝掤松。 下肢：两胯松沉至脚底，两胯抻倒骑开窝松。 身：松肩意开胸骨沉至脚底，意在两臂。 节拍要求：到。

◇ **第四小节：两臂下按→还原预备式**

两臂下按→还原预备式节拍动作分解见表4-4。

表4-4 两臂下按→还原预备式节拍动作分解

节拍	分级技术要求		
	初级	中级	高级
第一拍	原地形不动,两胯松,肩平开胸骨,两臂抻,开腋窝掤松。节拍要求:松。	原地形不动。上半拍:两胯松沉至脚底,听心搏,或看涟漪。下半拍:松腕指不懈,松肩意开胸骨,肩肘腕指依次松,两臂抻,开腋窝,意在两臂。节拍要求:松。	原地形不动。上半拍:下肢:两胯松沉至脚底倒骑,听心搏看涟漪;两胯❶❷③④倒骑松沉至脚底。上肢:腕松而不懈,两腕打大小圈。下半拍:上肢:两臂抻,开腋窝掤松。下肢:两胯松沉至脚底,两胯抻倒骑开窝松。身:松肩意开胸骨沉至脚底,意在两臂。节拍要求:松。
第二拍	重心移至右脚,左脚跟微离地。节拍要求:柔。	上半拍:开右胯沉至脚底,左胯松右左胯倒骑重心移至右脚,左脚跟微离地,肩胯平。下半拍:两臂开腋窝掤松,意在左臂。节拍要求:柔。	上半拍:下肢:两胯松沉至脚底,听心搏看涟漪。开右胯❶❷倒骑沉至右脚底,松左胯④③,左脚跟微离地。上肢:腕松而不懈,两腕打小大圈。下半拍:上肢:两臂抻,开腋窝掤松。下肢:两胯松沉至脚底,两胯抻倒骑开窝松。身:松肩意开胸骨沉至脚底,意在左臂。节拍要求:柔。

续表

节拍	分级技术要求		
	初级	中级	高级
第三拍	提左膝向右侧收脚,脚尖着地。 节拍要求:空。	上半拍:松肩意开胸骨,右左倒骑开右胯提左膝向右侧收脚,脚尖着地,开腋窝。 下半拍:松腕指不懈,松肩意开胸骨,意在右臂。 节拍要求:空。	上半拍: 下肢:两胯松沉至脚底,听心搏看涟漪。松肩意开胸骨,开右胯❸❹倒骑沉至右脚底松左胯②①倒骑提左膝向右侧收脚,脚尖着地。 上肢:腕松而不懈,两腕打小大圈。 下半拍: 上肢:两臂抻,开腋窝掤松。 下肢:两胯松沉至脚底,两胯抻倒骑开窝松。 身:松肩意开胸骨沉至脚底,意在右臂。 节拍要求:空。
第四拍	脚跟着地,还原预备式。 节拍要求:到。	上半拍:脚跟着地,还原预备式,两胯松沉至脚底听心搏,或看涟漪。 下半拍:两臂开腋窝掤松,意在两臂。 节拍要求:到。	上半拍: 下肢:脚跟着地,还原预备式,两胯松沉至脚底倒骑,听心搏看涟漪;两胯❹②③❶倒骑沉至脚底。 上肢:腕松而不懈,两腕打小大圈。 下半拍: 上肢:两臂抻,开腋窝掤松。 下肢:两胯松沉至脚底,两胯抻倒骑开窝松。 身:松肩意开胸骨沉至脚底,意在两臂。 节拍要求:到。

2. 野马分鬃

预备式:左野马分鬃

①左手:食指斜45°,指尖高与左眼平行,掌心斜向上。

②右手:放于右胯前侧,掌心向下,食指正对前方。

③松肩意开胸骨,两臂自然伸直,开腋窝掤松。

◇ **第一小节：左野马分鬃→左抱球**

左野马分鬃→左抱球节拍动作分解见表4-5。

表4-5　左野马分鬃→左抱球节拍动作分解

节拍	分级技术要求		
	初级	中级	高级
第一拍	原地形不动，两胯松，肩平开胸骨，两臂抻，开腋窝掤松。节拍要求：松。	原地形不动。上半拍：两胯松沉至脚底开胯窝，听心搏，或看涟漪。下半拍：松腕指不懈，松肩意开胸骨，右手肩肘腕指松，意在右手。节拍要求：松。	原地形不动。上半拍：下肢：两胯松沉至脚底开胯窝，听心搏看涟漪；松左胯沉至脚底，开胯窝❶❷❸❹倒骑沉至脚底。上肢：腕松而不懈，左腕打小圈；右腕打大圈。下半拍：上肢：两臂抻，开腋窝掤松。下肢：两胯松沉至脚底，两胯抻倒骑开窝松。身：松肩意开胸骨沉至脚底，意在右手。节拍要求：松。
第二拍	身体微向东南左转。左手：前臂顺时针转掌心向西。右手：前臂顺时针转掌心向东。节拍要求：柔。	上半拍：两胯松沉至脚底开胯窝，松右胯沉至脚底，开左胯倒骑，身体微向东南左转。下半拍：两臂开腋窝掤松，左前臂顺时针转掌心向西，肩肘腕指松；右前臂顺时针转掌心向东，意在左手。节拍要求：柔。	上半拍：下肢：两胯松沉至脚底开胯窝，听心搏看涟漪；松右胯沉至脚底，开右胯❸❹倒骑沉至脚底松左胯❷❶倒骑。上肢：腕松而不懈，左腕打大圈，右腕打小圈。下半拍：上肢：左前臂顺时针转掌心向西；右前臂顺时针转掌心向东；两臂抻，开腋窝掤松。下肢：两胯松沉至脚底，两胯抻倒骑开窝松。身：身体微向东南左转，松肩意开胸骨沉至脚底，意在左手。节拍要求：柔。

续表

节拍	分级技术要求		
	初级	中级	高级
第三拍	身体继续微向东南左转。 左手:前臂继续旋转,掌心斜向下。 右手:前臂继续旋转,掌心斜向上。 节拍要求:空。	上半拍:两胯松沉至脚底开胯窝,松左胯沉至脚底,左右胯倒骑,身体继续微向东南左转。 下半拍:松腕指不懈,松肩意开胸骨,左前臂顺时针转掌心斜向下;右前臂顺时针转掌心斜向上,意在左手。 节拍要求:空。	上半拍: 下肢:两胯松沉至脚底开胯窝,听心搏看涟漪;松左胯沉至脚底,开胯窝❶②④③倒骑沉至脚底。 上肢:腕松而不懈,左腕打小圈,右腕打大圈。 下半拍: 上肢:左前臂旋转,掌心斜向下;右前臂旋转,掌心斜向上;两臂抻,开腋窝掤松。 下肢:两胯松沉至脚底,两胯抻倒骑开窝松。 身:身体继续微向东南左转,松肩意开胸骨沉至脚底,意在左手。 节拍要求:空。
第四拍	身体左转至45°东南方向成抱球状。 左手:前臂肘微屈,转至掌心向下,掌距胸约40厘米。 右手:微屈肘,掌心斜向上方,腕距腹20~30厘米。 两掌心上下相距约40厘米。 节拍要求:到。	上半拍:两胯松沉至脚底开胯窝,听心搏,或看涟漪。松右胯沉至脚底,右左胯倒骑,身体左转至45°东南方向成抱球状。 下半拍:两臂开腋窝掤松,左前臂肘微屈,转至掌心向下,掌距胸约40厘米,肩肘腕指松。右手微屈肘,掌心斜向上方,腕距腹20~30厘米。两掌心上下相距约40厘米,意在左手。 节拍要求:到。	上半拍: 下肢:两胯松沉至脚底开胯窝,听心搏看涟漪,松右胯沉至脚底,开右胯❹②倒骑沉至脚底松左胯❸❶倒骑。 上肢:腕松而不懈,左腕打大圈,右腕打小圈。 下半拍: 上肢:左前臂肘微屈,转至掌心向下,掌距胸约40厘米;右手微屈肘,掌心斜向上方,腕距腹20~30厘米。两掌心上下相距约40厘米。两臂抻,开腋窝掤松。 下肢:两胯松沉至脚底,两胯抻倒骑开窝松。 身:身体左转至45°东南方向成抱球状;松肩意开胸骨沉至脚底,意在左手。 节拍要求:到。

◈ **第二小节：左抱球→右野马分鬃**

左抱球→右野马分鬃节拍动作分解见表4-6。

表4-6 左抱球→右野马分鬃节拍动作分解

节拍	分级技术要求		
	初级	中级	高级
第一拍	原地形不动,两胯松,肩平开胸骨,两臂抻,开腋窝掤松。节拍要求:松。	原地形不动。上半拍:两胯松沉至脚底开胯窝,听心搏,或看涟漪。下半拍:松腕指不懈,松肩意开胸骨,意在右手。节拍要求:松。	原地形不动。上半拍:下肢:两胯松沉至脚底开胯窝,听心搏看涟漪;松右胯沉至脚底,开胯窝❸❶❹❷倒骑沉至脚底。上肢:腕松而不懈,左腕打小圈,右腕打大圈。下半拍:上肢:两臂抻,开腋窝掤松。下肢:两胯松沉至脚底,两胯抻倒骑开窝松。身:松肩意开胸骨沉至脚底,意在右手。节拍要求:松。
第二拍	身体微向南右转。左手:前臂顺时针转掌心斜向下。右手:前臂顺时针转掌心斜向上。节拍要求:柔。	上半拍:两胯松沉至脚底,松左胯沉至脚底左右胯倒骑,身体微向南右转。下半拍:两臂开腋窝掤松,左前臂顺时针转掌心斜向下,右前臂顺时针转掌心斜向上,肩肘腕指松,意在左手。节拍要求:柔。	上半拍:下肢:两胯松沉至脚底倒骑,听心搏看涟漪;松左胯沉至脚底,开左胯❶❷倒骑沉至脚底松右胯④③倒骑。上肢:腕松而不懈,左腕打大圈,右腕打小圈。下半拍:上肢:左前臂顺时针转掌心斜向下,右前臂顺时针转掌心斜向上;两臂抻,开腋窝掤松。下肢:两胯松沉至脚底,两胯抻倒骑开窝松。身:身体微向南右转,松肩意开胸骨至脚底,意在左手。节拍要求:柔。

续表

节拍	分级技术要求		
	初级	中级	高级
第三拍	身体继续微向南右转。 左手：前臂继续顺时针旋转，掌心斜向下。 右手：前臂继续顺时针旋转，掌心斜向上。 节拍要求：空。	上半拍：两胯松沉至脚底；松右胯沉至脚底，右左胯倒骑，身体继续微向南右转。 下半拍：松腕指不懈，松肩意开胸骨，左前臂继续顺时针旋转，掌心斜向下；右前臂继续顺时针旋转，掌心斜向上，意在左手。 节拍要求：空。	上半拍： 下肢：两胯松沉至脚底倒骑，听心搏看涟漪；松右胯沉至脚底，开胯窝❸❹②①倒骑沉至脚底。 上肢：腕松而不懈，左腕打小圈，右腕打大圈。 下半拍： 上肢：左前臂继续顺时针旋转，掌心斜向下，右前臂继续顺时针旋转，掌心斜向上；两臂抻，开腋窝掤松。 下肢：两胯松沉至脚底，两胯抻倒骑开窝松。 身：身体继续微向南右转。松肩意开胸骨沉至脚底，意在左手。 节拍要求：空。
第四拍	左手：左掌坐腕、掌心向下，食指正朝南，腕在左胯前侧。 右手：右前臂顺转翻掌，食指斜45°，指尖高与右眼平行，掌心斜向东北方向，掌与前臂呈一条直线；两肘关节自然伸直。 身体回到正南方向。 节拍要求：到。	上半拍：两胯松沉至脚底开胯窝，左右胯倒骑，听心搏，或看涟漪。 下半拍：两臂开腋窝掤松，左掌坐腕、掌心向下，食指正朝南，腕在左胯前侧。右前臂顺转翻掌，食指斜45°，指尖高与右眼平行，掌心斜向东北方向，肩肘腕指松；两臂肘关节自然伸直，意在下手。身体回到正南方向。 节拍要求：到。	上半拍： 下肢：两胯松沉至脚底倒骑，听心搏看涟漪；松左胯沉至脚底，开左胯❷④倒骑沉至脚底松两胯❶❸倒骑。 上肢：腕松而不懈，左腕打大圈，右腕打小圈。 下半拍： 上肢：左掌坐腕、掌心向下，食指正朝南，腕在左胯前侧；右前臂顺转翻掌，食指斜45°，指尖高与右眼平行，掌心斜向东北方向，两臂肘关节自然伸直；两臂抻，开腋窝掤松。 下肢：两胯松沉至脚底，两胯抻倒骑开窝松。 身：松肩意开胸骨沉至脚底，意在下手；身体回到正南方向。 节拍要求：到。

◈ **第三小节：右野马分鬃→右抱球**

右野马分鬃→右抱球节拍动作分解见表4-7。

表4-7 右野马分鬃→右抱球节拍动作分解

节拍	分级技术要求		
	初级	中级	高级
第一拍	原地形不动，两胯松，肩平开胸骨，两臂抻，开腋窝掤松。节拍要求：松。	原地形不动。上半拍：两胯松沉至脚底开胯窝，听心搏，或看涟漪。下半拍：松腕指不懈，松肩意开胸骨，意在左手。节拍要求：松。	原地形不动。上半拍：下肢：两胯松沉至脚底开胯窝，听心搏看涟漪；松右胯沉至脚底，开胯窝❸❶❹❷倒骑沉至脚底。上肢：腕松而不懈，右腕打小圈，左腕打大圈。下半拍：上肢：两臂抻，开腋窝掤松。下肢：两胯松沉至脚底，两胯抻倒骑开窝松。身：松肩意开胸骨沉至脚底，意在左手。节拍要求：松。
第二拍	身体微向西南右转。右手：前臂逆时针转掌心向东。左手：前臂逆时针转掌心向西。节拍要求：柔。	上半拍：两胯松沉至脚底开胯窝，松左胯沉至脚底，左右胯倒骑，身体微向西南右转。下半拍：两臂开腋窝掤松，右前臂逆时针转掌心向东，肩肘腕指松；左前臂逆时针转掌心向西，意在右手。节拍要求：柔。	上半拍：下肢：两胯松沉至脚底开胯窝，听心搏看涟漪；松左胯沉至脚底，开左胯❶❷倒骑沉至脚底松右胯❹❸倒骑。上肢：腕松而不懈，右腕打大圈，左腕打小圈。下半拍：上肢：右前臂逆时针转掌心向东，左前臂逆时针转掌心向西；两臂抻，开腋窝掤松。下肢：两胯松沉至脚底开胯窝，两胯抻倒骑开窝松。身：身体微向西南右转，松肩意开胸骨沉至脚底，意在右手。节拍要求：柔。

续表

节拍	分级技术要求		
	初级	中级	高级
第三拍	身体继续微向西南右转。 右手：前臂继续逆时针旋转，掌心斜向下。 左手：前臂继续逆时针旋转，掌心斜向上。 节拍要求：空。	上半拍：两胯松沉至脚底开胯窝，松右胯沉至脚底，右左胯倒骑，身体继续微向西南右转。 下半拍：松腕指不懈，松肩意开胸骨，右前臂逆时针转掌心斜向下，左前臂逆时针转掌心斜向上，意在右手。 节拍要求：空。	上半拍： 下肢：两胯松沉至脚底开胯窝，听心搏看涟漪；松右胯沉至脚底，开胯窝❸❹②①倒骑沉至脚底。 上肢：腕松而不懈，右腕打小圈，左腕打大圈。 下半拍： 上肢：身体继续微向西南右转，右前臂逆时针旋转，掌心斜向下；左前臂逆时针旋转，掌心斜向上；两臂抻，开腋窝掤松。 下肢：两胯松沉至脚底开胯窝，两胯抻倒骑开窝松。 身：松肩意开胸骨沉至脚底，意在右手。 节拍要求：空。
第四拍	身体右转至45°西南方向成抱球状。 右手：前臂肘微屈，转至掌心向下，掌距胸约40厘米。 左手：微屈肘，掌心斜向上方，腕距腹20~30厘米。 两掌心上下相距约40厘米。 节拍要求：到。	上半拍：两胯松沉至脚底开胯窝，听心搏，或看涟漪，松左胯沉至脚底，左右胯倒骑，身体右转至45°西南方向成抱球状。 下半拍：两臂开腋窝掤松，意在右手。 节拍要求：到。	上半拍： 下肢：两胯松沉至脚底开胯窝，听心搏看涟漪；松左胯沉至脚底，开两胯❷❹倒骑沉至脚底松两胯❶❸倒骑。 上肢：腕松而不懈，右腕打大圈，左腕打小圈。 下半拍： 上肢：身体右转至45°西南方向成抱球状；两臂抻，开腋窝掤松。 下肢：两胯松沉至脚底开胯窝，两胯抻倒骑开窝松。 身：松肩意开胸骨沉至脚底，意在右手。 节拍要求：到。

◇ 第四小节：右抱球→左野马分鬃

右抱球→左野马分鬃节拍动作分解见表4-8。

表4-8 右抱球→左野马分鬃节拍动作分解

节拍	分级技术要求		
	初级	中级	高级
第一拍	原地形不动，两胯松，肩平开胸骨，两臂抻，开腋窝掤松。 节拍要求：松。	原地形不动。 上半拍：两胯松沉至脚底开胯窝，听心搏，或看涟漪。 下半拍：松腕指不懈，松肩意开胸骨，意在左手。 节拍要求：松。	原地形不动。 上半拍： 下肢：两胯松沉至脚底开胯窝，听心搏看涟漪；松左胯沉至脚底，开胯窝❶③❷④倒骑沉至脚底。 上肢：腕松而不懈，右腕打大圈，左腕打小圈。 下半拍： 上肢：两臂抻，开腋窝掤松。 下肢：两胯松沉至脚底开胯窝，两胯抻倒骑开窝松。 身：松肩意开胸骨沉至脚底，意在左手。 节拍要求：松。
第二拍	身体向南微左转。 右手：前臂逆时针转掌心斜向下。 左手：前臂逆时针转掌心斜向上。 节拍要求：柔。	上半拍：两胯松沉至脚底，松右胯沉至脚底右左胯倒骑，身体向南微左转。 下半拍：两臂开腋窝掤松，右前臂逆时针转掌心斜向下；左前臂逆时针转掌心斜向上，意在右手。 节拍要求：柔。	上半拍： 下肢：两胯松沉至脚底开胯窝，听心搏看涟漪；松右胯沉至脚底，开右胯❸❹倒骑沉至脚底松左胯②①倒骑。 上肢：腕松而不懈，右腕打小圈，左腕打大圈。 下半拍： 上肢：右前臂逆时针转掌心斜向下，左前臂逆时针转掌心斜向上；两臂抻，开腋窝掤松。 下肢：两胯松沉至脚底开胯窝，两胯抻倒骑开窝松。 身：身体向南微左转，松肩意开胸骨沉至脚底，意在右手。 节拍要求：柔。

续表

节拍	分级技术要求		
	初级	中级	高级
第三拍	身体继续向南微左转。 右手：前臂继续逆时针旋转，掌心斜向下。 左手：前臂继续逆时针旋转，掌心斜向上。 节拍要求：空。	上半拍：两胯松沉至脚底；松右胯沉至脚底，右左胯倒骑，身体继续向南微左转。 下半拍：松腕指不懈，松肩意开胸骨，右前臂继续逆时针旋转，掌心斜向下，左前臂继续逆时针旋转，掌心斜向上，意在右手。 节拍要求：空。	上半拍： 下肢：两胯松沉至脚底倒骑，听心搏看涟漪；松右胯沉至脚底，开胯窝❶❷④③倒骑沉至脚底。 上肢：腕松而不懈，右腕打大圈，左腕打小圈。 下半拍： 上肢：右前臂逆时针旋转，掌心斜向下；左前臂逆时针旋转，掌心斜向上；两臂抻，开腋窝掤松。 下肢：两胯松沉至脚底开胯窝，两胯抻倒骑开窝松。 身：身体继续向南微左转，松肩意开胸骨沉至脚底，意在右手。 节拍要求：空。
第四拍	右掌坐腕、掌心向下，食指正朝南，腕在右胯前侧。左前臂逆转翻掌，食指斜45°，指尖高与左眼平行，掌心斜向西北方向；两肘关节自然伸直，身体转回正南方向。 节拍要求：到。	上半拍：两胯松沉至脚底开胯窝，听心搏，或看涟漪。 下半拍：两臂开腋窝掤松，右掌坐腕、掌心向下，食指正朝南，腕在右胯前侧。左前臂逆转翻掌，食指斜45°，指尖高与左眼平行，掌心斜向西北方向。两臂肘关节自然伸直，意在右手，身体转回正南方向。 节拍要求：到。	上半拍： 下肢：两胯松沉至脚底倒骑，听心搏看涟漪；松左胯沉至脚底，开右胯❹❷倒骑沉至脚底，松左胯❸❶倒骑。 上肢：腕松而不懈，右腕打小圈，左腕打大圈。 下半拍： 上肢：右掌坐腕、掌心向下，食指正朝南，腕在右胯前侧；左前臂逆转翻掌，食指斜45°，指尖高与左眼平行，掌心斜向西北方向，两臂肘关节自然伸直；两臂抻，开腋窝掤松。 下肢：两胯松沉至脚底开胯窝，两胯抻倒骑开窝松。 身：松肩意开胸骨沉至脚底，意在右手。身体转回正南方向。 节拍要求：到。

3. 搂膝拗步

预备式:左搂膝拗步

左手:坐腕,食指向上,高与左眼平,掌心斜向西南约45°。

右手:腕置于右胯前侧,掌心向下,食指正对前方。

松肩意开胸骨,两臂自然伸直,开腋窝掤松。

◎ 第一小节:左搂膝拗步→左手至右胯、右手至右耳

左搂膝拗步→左手至右胯、右手至右耳节拍动作分解见表4-9。

表4-9 左搂膝拗步→左手至右胯、右手至右耳节拍动作分解

节拍	分级技术要求		
	初级	中级	高级
第一拍	原地形不动,两胯松、肩平开胸骨,两臂抻,开腋窝掤松。节拍要求:松。	原地形不动。上半拍:两胯松沉至脚底开胯窝,听心搏,或看涟漪。下半拍:松腕指不懈,松肩意开胸骨,右手肩肘腕指松,意在右手。节拍要求:松。	原地形不动。上半拍:下肢:两胯松沉至脚底开胯窝,听心搏看涟漪;松右胯沉至脚底,开胯窝❶❸❷❹倒骑沉至脚底。上肢:腕松而不懈,左腕打小圈,右腕打大圈。下半拍:上肢:两臂抻,开腋窝掤松。下肢:两胯松沉至脚底开胯窝,两胯抻倒骑开窝松。身:松肩意开胸骨沉至脚底,意在右手。节拍要求:松。
第二拍	开左胯松右胯,身体微右转,右臂开窝松,右前臂顺时针旋转,掌心向南,臂微曲。左臂开窝松,顺时针旋转掌心向右。节拍要求:柔。	上半拍:两胯松沉至脚底开胯窝,松左胯沉至脚底,右胯倒骑,身体微右转,右臂开窝肩肘腕指松,右前臂顺时针旋转,掌心向南,臂微曲。下半拍:两臂开腋窝掤松,左臂开窝顺时针旋转掌心向右,意在左手。节拍要求:柔。	上半拍:下肢:两胯松沉至脚底开胯窝,听心搏看涟漪;松左胯沉至脚底,开左胯❶❷倒骑沉至脚底松右胯④③倒骑。上肢:腕松而不懈,右腕打小圈,左腕打大圈。下半拍:上肢:右前臂顺时针旋转,掌心向南,臂微曲;左前臂顺时针旋转掌心向右;两臂抻,开腋窝掤松。下肢:两胯松沉至脚底开胯窝,两胯抻倒骑开窝松。身:身体微右转,松肩意开胸骨沉至脚底,意在左手。节拍要求:柔。

续表

节拍	分级技术要求		
	初级	中级	高级
第三拍	身体继续微右转,右臂开窝松,右臂似曲非曲朝西北45°方向侧举,掌心向上。左手置于右胸前,掌心斜向下,目视右手前方。节拍要求:空。	上半拍:两胯松沉至脚底开胯窝,松右胯沉至脚底,右左胯倒骑,右臂似曲非曲,开窝肩肘腕指松,身体继续微右转,朝西北45°方向侧举,掌心向上。下半拍:松腕指不懈,松肩意开胸骨,左手置于右胸前,掌心斜向下,目视右手前方,意在左手。节拍要求:空。	上半拍: 下肢:两胯松沉至脚底开胯窝,听心搏看涟漪;松右胯沉至脚底,开胯窝❸❹②①倒骑沉至脚底。上肢:腕松而不懈,右腕打大圈,左腕打小圈。下半拍:上肢:右臂似曲非曲开窝,身体继续微右转,朝西北45°方向侧举,掌心向上;左臂置于右胸前,掌心斜向下,目视右手前方;两臂抻,开腋窝掤松。下肢:两胯松沉至脚底开胯窝,两胯抻倒骑开窝松。身:松肩意开胸骨至脚底,意在左手。节拍要求:空。
第四拍	右手屈臂,掌置于右耳旁,掌心向南。左臂似曲非曲开窝下按,置于右胯前,掌心斜向下,目视西南。节拍要求:到。	上半拍:两胯松沉至脚底开胯窝,听心搏,或看涟漪。松左胯沉至脚底,左右胯倒骑,右手屈臂,掌置于右耳旁,掌心向南。下半拍:两臂开腋窝掤松,左臂似曲非曲开窝下按,置于右胯前,掌心斜向下,目视西南。节拍要求:到。	上半拍: 下肢:两胯松沉至脚底开胯窝,听心搏看涟漪;松左胯沉至脚底,开两胯❹②倒骑沉至脚底,松两胯❸❶倒骑。上肢:腕松而不懈,右腕打小圈,左腕打大圈。下半拍:上肢:右手屈臂,掌置于右耳旁,掌心向南;左臂似曲非曲开窝下按,置于右胯前,掌心斜向下,目视西南;两臂抻,开腋窝掤松。下肢:两胯松沉至脚底开胯窝,两胯抻倒骑开窝松。身:松肩意开胸骨至脚底,意在左手。节拍要求:到。

◇ 第二小节：左手至右胯、右手至右耳→右搂膝拗步

左手至右胯、右手至右耳→右搂膝拗步节拍动作分解见表4-10。

表4-10　左手至右胯、右手至右耳→右搂膝拗步动作分解

节拍	分级技术要求		
	初级	中级	高级
第一拍	原地形不动，两胯松，肩平开胸骨，两臂抻，开腋窝掤松。节拍要求：松。	原地形不动。上半拍：两胯松沉至脚底开胯窝，听心搏，或看涟漪。下半拍：松腕指不懈，松肩意开胸骨，右臂肩肘腕指开窝松，左臂松腕指不丢，意在左手。节拍要求：松。	原地形不动。上半拍：下肢：两胯松沉至脚底开胯窝，听心搏看涟漪；松左胯松至脚底，开胯窝❸❶❹❷倒骑沉至脚底。上肢：腕松而不懈，左腕打大圈，右腕打小圈。下半拍：上肢：两臂抻，开腋窝掤松。下肢：两胯松沉至脚底开胯窝，两胯抻倒骑开窝松。身：松肩意开胸骨沉至脚底，意在左手。节拍要求：松。
第二拍	身体微左转，左掌置于右腹前，掌心向下。右掌向前微推出，掌心斜向下。节拍要求：柔。	上半拍：两胯松沉至脚底开胯窝，松右胯沉至脚底，右左胯倒骑，身体微左转，左掌置于右腹前，掌心向下。下半拍：两臂开腋窝掤松，右掌向前微推出，掌心斜向下，意在左手。节拍要求：柔。	上半拍：下肢：两胯松沉至脚底开胯窝，听心搏看涟漪；松右胯沉至脚底，开右胯❸❹倒骑沉至脚底松左胯❷❶倒骑。上肢：腕松而不懈，左腕打小圈，右腕打大圈。下半拍：上肢：左掌置于右腹前，掌心向下；右掌向前微推出，掌心斜向下；两臂抻，开腋窝掤松。下肢：两胯松沉至脚底开胯窝，两胯抻倒骑开窝松。身：身体微左转，松肩意开胸骨沉至脚底，意在左手。节拍要求：柔。

续表

节拍	分级技术要求		
	初级	中级	高级
第三拍	身体继续左转，左掌置于左腹前，掌心向下。右掌继续向前微推出，掌心斜向下。 节拍要求：空。	上半拍：两胯松沉至脚底开胯窝，松左胯沉至脚底，左右胯倒骑；身体继续左转，左掌置于左腹前，掌心向下。 下半拍：松腕指不懈，松肩意开胸骨，右掌继续向前微推出，掌心斜向下，意在左手。 节拍要求：空。	上半拍： 下肢：两胯松沉至脚底开胯窝，听心搏看涟漪；松左胯沉至脚底，开胯窝❶②④③倒骑沉至脚底。 上肢：腕松而不懈，左腕打大圈，右腕打小圈。 下半拍： 上肢：左掌置于左腹前，掌心向下，右掌向前微推出，掌心斜向下；两臂押，开腋窝掤松。 下肢：两胯松沉至脚底开胯窝，两胯押倒骑开窝松。 身：身体继续左转，松肩意开胸骨沉至脚底，意在左手。 节拍要求：空。
第四拍	身体转至正南，左掌置于左胯前，掌心向下，食指正对前方；右掌继续向前逆时针前推，右手食指向上，高与右眼平，掌心斜向东南约45°，两臂伸直，两肩松平。 节拍要求：到。	上半拍：两胯松沉至脚底开胯窝，听心搏，或看涟漪；松右胯沉至脚底，右左胯倒骑；身体转至正南，左掌置于左胯前，掌心向下，食指正对前方。 下半拍：两臂开腋窝掤松，右掌继续向前逆时针前推，右手食指向上，高与右眼平，掌心斜向东南约45°，两臂伸直，两肩松平，意在左手。 节拍要求：到。	上半拍： 下肢：两胯松沉至脚底开胯窝，听心搏看涟漪；松右胯沉至脚底，开两胯❷④倒骑沉至脚底松两胯❶❸倒骑。 上肢：腕松而不懈，左腕打小圈，右腕打大圈。 下半拍： 上肢：左掌置于左胯前，掌心向下，食指正对前方；右掌向前逆时针前推至右手食指向上，高与右眼平，掌心斜向东南约45°，两臂伸直意押，开腋窝掤松。 下肢：两胯松沉至脚底开胯窝，两胯押倒骑开窝松。 身：身体转至正南，松肩意开胸骨沉至脚底，意在左手。 节拍要求：到。

第四章　基本技法

◎ **第三小节：右搂膝拗步→右手至左胯、左手至左耳**

右搂膝拗步→右手至左胯、左手至左耳节拍动作分解见表4-11。

表4-11　右搂膝拗步→右手至左胯、左手至左耳节拍动作分解

节拍	分级技术要求		
	初级	中级	高级
第一拍	原地形不动,两胯松,肩平开胸骨,两臂抻,开腋窝掤松。节拍要求:松。	原地形不动。上半拍:两胯松沉至脚底开胯窝,听心搏,或看涟漪。下半拍:松腕指不懈,松肩意开胸骨,左手肩肘腕指松,意在左手。节拍要求:松。	原地形不动。上半拍:下肢:两胯松沉至脚底开胯窝,听心搏看涟漪;松左胯沉至脚底,开胯窝❸❶❹❷倒骑沉至脚底。上肢:腕松而不懈,左腕打大圈,右腕打小圈。下半拍:上肢:两臂抻,开腋窝掤松。下肢:两胯松沉至脚底开胯窝,两胯抻倒骑开窝松。身:松肩意开胸骨沉至脚底,意在左手。节拍要求:松。
第二拍	开右胯松左胯,身体微左转,左臂开窝松,左前臂逆时针旋转掌心斜向上,臂微曲。右臂开窝松,逆时针旋转掌心向左。节拍要求:柔。	上半拍:两胯松沉至脚底开胯窝,松右胯沉至脚底,右左胯倒骑,身体微左转,左臂开窝肩肘腕指松,左前臂逆时针旋转掌心斜向上,臂微曲。下半拍:两臂开腋窝掤松,右臂开窝逆时针旋转掌心向左,意在左手。节拍要求:柔。	上半拍:下肢:两胯松沉至脚底开胯窝,听心搏看涟漪;松右胯沉至脚底,开右胯❸❹倒骑沉至脚底松左胯②①倒骑。上肢:腕松而不懈,左腕打小圈,右腕打大圈。下半拍:上肢:左前臂逆时针旋转掌心斜向上,臂微曲;右前臂逆时针旋转掌心向左;两臂抻,开腋窝掤松。下肢:两胯松沉至脚底开胯窝,两胯抻倒骑开窝松。身:身体微左转,松肩意开胸骨沉至脚底,意在左手。节拍要求:柔。

069

续表

节拍	分级技术要求		
	初级	中级	高级
第三拍	身体继续微左转，左臂开窝松，左臂似曲非曲朝东北45°方向侧举，掌心斜向上。右手置于左胸前，掌心斜向下，目视左手前方。节拍要求：空。	上半拍：两胯松沉至脚底开胯窝，松左胯沉至脚底，左右胯倒骑，左臂似曲非曲，开窝肩肘腕指松，身体继续微左转，朝东北45°方向侧举，掌心斜向上。下半拍：松腕指不懈，松肩意开胸骨，右手置于左胸前，掌心斜向下，目视左手前方，意在右手。节拍要求：空。	上半拍： 下肢：两胯松沉至脚底开胯窝，听心搏看涟漪；松左胯沉至脚底，开胯窝❶❷④③倒骑沉至脚底。 上肢：腕松而不懈，左腕打大圈，右腕打小圈。 下半拍： 上肢：左臂似曲非曲开窝，身体继续微左转，朝东北45°方向侧举，掌心斜向上；右臂置于左胸前，掌心斜向下，目视左手前方；两臂抻，开腋窝掤松。 下肢：两胯松沉至脚底开胯窝，两胯抻倒骑开窝松。 身：松肩意开胸骨沉至脚底，意在右手。 节拍要求：空。
第四拍	左手屈臂，掌置于左耳旁，掌心向南。右臂似曲非曲开窝下按，置于左胯前，掌心斜向下，目视东南。节拍要求：到。	上半拍：两胯松沉至脚底开胯窝，听心搏，或看涟漪。松右胯沉至脚底，右左胯倒骑，左手屈臂，掌置于左耳旁，掌心向南。下半拍：两臂开腋窝掤松，右臂似曲非曲开窝下按，置于左胯前，掌心斜向下，目视东南，意在右手。节拍要求：到。	上半拍： 下肢：两胯松沉至脚底开胯窝，听心搏看涟漪；松右胯沉至脚底，开两胯❷④倒骑沉至脚底松两胯❶❸倒骑。 上肢：腕松而不懈，左腕打小圈，右腕打大圈。 下半拍： 上肢：左手屈臂，掌置于左耳旁，掌心向南；右臂似曲非曲开窝下按，置于左胯前，掌心斜向下，目视东南；两臂抻，开腋窝掤松。 下肢：两胯松沉至脚底开胯窝，两胯抻倒骑开窝松。 身：松肩意开胸骨沉至脚底，意在右手。 节拍要求：到。

◇ **第四小节：右手至左胯、左手至左耳→左搂膝拗步**

右手至左胯、左手至左耳→左搂膝拗步动作分解见表4-12。

表4-12　右手至左胯、左手至左耳→左搂膝拗步

节拍	分级技术要求		
	初级	中级	高级
第一拍	原地形不动，两胯松，肩平开胸骨，两臂抻，开腋窝掤松。节拍要求：松。	原地形不动。上半拍：两胯松沉至脚底开胯窝，听心搏，或看涟漪。下半拍：松腕指不懈，松肩意开胸骨，左臂肩肘腕指开窝松，右臂松腕不丢指，意在下手。节拍要求：松。	原地形不动。上半拍：下肢：两胯松沉至脚底开胯窝，听心搏看涟漪；松右胯沉至脚底，开胯窝❶❸❷❹倒骑沉至脚底。上肢：腕松而不懈，右腕打小圈，左腕打大圈。下半拍：上肢：两臂抻，开腋窝掤松。下肢：两胯松沉至脚底开胯窝，两胯抻倒骑开窝松。身：松肩意开胸骨沉至脚底，意在下手。节拍要求：松。
第二拍	身体微右转，右掌置于左腹前，掌心向下；左掌向前微推出，掌心斜向下。节拍要求：柔。	上半拍：两胯松沉至脚底开胯窝，松左胯沉至脚底，左右胯倒骑，身体微右转，右掌置于左腹前，掌心向下。下半拍：两臂开腋窝掤松，左掌向前微推出，掌心斜向下，意在下手。节拍要求：柔。	上半拍：下肢：两胯松沉至脚底开胯窝，听心搏看涟漪；松左胯沉至脚底，开左胯❶❷倒骑沉至脚底松右胯④③倒骑。上肢：腕松而不懈，右腕打大圈，左腕打小圈。下半拍：上肢：右掌置于左腹前，掌心向下；左掌向前微推出，掌心斜向下；两臂抻，开腋窝掤松。下肢：两胯松沉至脚底开胯窝，两胯抻倒骑开窝松。身：身体微右转，松肩意开胸骨沉至脚底，意在下手。节拍要求：柔。

续表

节拍	分级技术要求		
	初级	中级	高级
第三拍	身体继续右转,右掌置于右腹前,掌心向下。左掌继续向前微推出,掌心斜向下。 节拍要求:空。	上半拍:两胯松沉至脚底开胯窝,松右胯沉至脚底,右左胯倒骑;身体继续右转,右掌置于右腹前,掌心向下。 下半拍:松腕指不懈,松肩意开胸骨,左掌继续向前微推出,掌心斜向下,意在右手。 节拍要求:空。	上半拍: 下肢:两胯松沉至脚底开胯窝,听心搏看涟漪;松右胯沉至脚底,开胯窝❸❹②①倒骑沉至脚底。 上肢:腕松而不懈,右腕打小圈,左腕打大圈。 下半拍: 上肢:右掌置于右腹前,掌心向下;左掌向前微推出,掌心斜向下;两臂抻,开腋窝掤松。 下肢:两胯松沉至脚底开胯窝,两胯抻倒骑开窝松。 身:身体继续右转,松肩意开胸骨沉至脚底,意在右手。 节拍要求:空。
第四拍	身体转至正南,右掌置于右胯前,掌心向下,食指正对前方。左掌继续向前推,左手食指向上,高与左眼平,掌心斜向西南约45°,两臂伸直,两肩松平。 节拍要求:到。	上半拍:两胯松沉至脚底开胯窝,听心搏,或看涟漪。松左胯沉至脚底,左右胯倒骑;身体转至正南,右掌置于右胯前,掌心向下,食指正对前方。 下半拍:两臂开腋窝掤松,左掌继续向前顺时针前推,左手食指向上,高与左眼平,掌心斜向西南约45°,两臂伸直,两肩松平,意在右手。 节拍要求:到。	上半拍: 下肢:两胯松沉至脚底开胯窝,听心搏看涟漪;松左胯沉至脚底,开两胯❹②倒骑沉至脚底松两胯❸❶倒骑。 上肢:腕松而不懈,右腕打大圈,左腕打小圈。 下半拍: 上肢:右掌置于右胯前,掌心向下,食指正对前方;左掌继续向前顺时针前推,左手食指向上,高与左眼平,掌心斜向西南约45°,两臂伸直;两臂抻,开腋窝掤松。 下肢:两胯松沉至脚底开胯窝,两胯抻倒骑开窝松。 身:身体转至正南,松肩意开胸骨沉至脚底,意在右手。 节拍要求:到。

4.倒卷肱

预备式:左倒卷肱

左手:食指正对天花板,高与左眼平,掌心向西。

右手:掌心向上,置于右腹前。

松肩意开胸骨,两臂自然伸直,开腋窝掤松。

◇ **第一小节:左倒卷肱→右手至耳旁**

左倒卷肱→右手至耳旁节拍动作分解见表4-13。

表4-13 左倒卷肱→右手至耳旁节拍动作分解

节拍	分级技术要求		
	初级	中级	高级
第一拍	原地形不动,两胯松,肩平开胸骨,两臂抻,开腋窝掤松。节拍要求:松。	原地形不动。上半拍:两胯松沉至脚底开胯窝,听心搏,或看涟漪。下半拍:松腕指不懈,松肩意开胸骨,左臂前抻,右手肩肘腕指松,意在右手。节拍要求:松。	原地形不动。上半拍:下肢:两胯松沉至脚底开胯窝,听心搏看涟漪;松左胯沉至脚底,开胯窝❶❸②❹倒骑沉至脚底。上肢:腕松而不懈,左腕打小圈,臂前抻,右腕打大圈。下半拍:上肢:两臂抻,开腋窝掤松。下肢:两胯松沉至脚底开胯窝,两胯抻倒骑开窝松。身:松肩意开胸骨沉至脚底,意在右手。节拍要求:松。
第二拍	身体微右转,右臂开窝,右前臂顺时针旋转掌心斜向上,臂微曲向西北方向抬举至45°,掌心向南。左臂开窝松,腕微松,掌心斜向下,前抻。节拍要求:柔。	上半拍:两胯松沉至脚底开胯窝,松右胯沉至脚底,右左胯倒骑,右臂开窝肩肘腕指松,身体微右转,右前臂顺时针旋转掌心斜向上,臂微曲向西北方向抬举至45°,掌心向南。下半拍:两臂开腋窝掤松,左臂腕微松,开窝前抻,掌心斜向下,意在左手。节拍要求:柔。	上半拍:下肢:两胯松沉至脚底开胯窝,听心搏看涟漪;松右胯沉至脚底,开左胯❶❷倒骑沉至脚底松右胯④③倒骑。上肢:腕松而不懈,右腕打小圈,左腕打大圈。下半拍:上肢:右前臂顺时针旋转掌心斜向上,臂微曲向西北方向抬举至45°,掌心向南;左臂腕微松,开窝前抻,掌心斜向下;两臂抻,开腋窝掤松。下肢:两胯松沉至脚底开胯窝,两胯抻倒骑开窝松。身:身体微右转,松肩意开胸骨沉至脚底,意在左手。节拍要求:柔。

073

续表

节拍	分级技术要求		
	初级	中级	高级
第三拍	身体继续微右转，右臂继续抬举至与肩同高。左前臂逆时针旋转，掌心向西，开腋窝两臂掤抻。 节拍要求：空。	上半拍：两胯松沉至脚底开胯窝，松左胯沉至脚底，左右胯倒骑，右臂开窝肩肘腕指松，身体继续微右转，手臂抬举至与肩同高。 下半拍：松腕指不懈，松肩意开胸骨，左前臂逆时针旋转，掌心向西，两臂掤抻，意在左手。 节拍要求：空。	上半拍： 下肢：两胯松沉至脚底开胯窝，听心搏看涟漪；松左胯沉至脚底，开胯窝❸❹②①倒骑沉至脚底。 上肢：腕松而不懈，右腕打大圈，左腕打小圈。 下半拍： 上肢：右臂抬举至与肩同高；左前臂逆时针旋转，掌心向西；两臂抻，开腋窝掤松。 下肢：两胯松沉至脚底开胯窝，两胯抻倒骑开窝松。 身：身体继续微右转，松肩意开胸骨沉至脚底，意在左手。 节拍要求：空。
第四拍	右手屈臂，掌置于右耳旁，开腋窝掌心向南。左臂继续逆时针旋转，掌心斜向下。 节拍要求：到。	上半拍：两胯松沉至脚底开胯窝，听心搏，或看涟漪。松右胯沉至脚底，右左胯倒骑，右手屈臂，掌置于右耳旁，掌心向南。 下半拍：两臂开腋窝掤松，左臂开窝松继续逆时针旋转，掌心斜向下，意在左手。 节拍要求：到。	上半拍： 下肢：两胯松沉至脚底开胯窝，听心搏看涟漪；松右胯沉至脚底，开两胯❹②倒骑沉至脚底松两胯❸❶倒骑。 上肢：腕松而不懈，右腕打小圈，左腕打大圈。 下半拍： 上肢：右手屈臂，掌置于右耳旁，掌心向南；左臂开窝松继续逆时针旋转，掌心斜向下；两臂抻，开腋窝掤松。 下肢：两胯松沉至脚底开胯窝，两胯抻倒骑开窝松。 身：松肩意开胸骨沉至脚底，意在左手。 节拍要求：到。

◇ 第二小节：右手至耳旁→右倒卷肱

右手至耳旁→右倒卷肱节拍动作分解见表4-14。

表4-14 右手至耳旁→右倒卷肱节拍动作分解

节拍	分级技术要求		
	初级	中级	高级
第一拍	原地形不动，两胯松，肩平开胸骨，两臂抻，开腋窝掤松。节拍要求：松。	原地形不动。上半拍：两胯松沉至脚底开胯窝，听心搏，或看涟漪。下半拍：松腕指不懈，松肩意开胸骨，左臂前抻，右手肩肘腕指松，意在左手。节拍要求：松。	原地形不动。上半拍：下肢：两胯松沉至脚底开胯窝，听心搏看涟漪；松左胯沉至脚底，开胯窝❸❶❹❷倒骑沉至脚底。上肢：腕松而不懈，左腕打小圈，右腕打大圈。下半拍：上肢：两臂抻，开腋窝掤松。下肢：两胯松沉至脚底开胯窝，两胯抻倒骑开窝松。身：松肩意开胸骨沉至脚底，意在左手。节拍要求：松。
第二拍	身体微左转，左臂松肩沉肘微曲，右臂微前推。节拍要求：柔。	上半拍：两胯松沉至脚底开胯窝，松右胯沉至脚底，右左胯倒骑，身体微左转。下半拍：两臂开腋窝掤松，右臂开窝肩肘腕指松微前推，左臂松肩沉肘微曲，意在左手。节拍要求：柔。	上半拍：下肢：两胯松沉至脚底开胯窝，听心搏看涟漪；松右胯沉至脚底，开右胯❸❹倒骑沉至脚底松左胯②①倒骑。上肢：腕松而不懈，右腕打小圈，左腕打大圈。下半拍：上肢：右臂开窝微前推，左臂松肩沉肘微曲；两臂抻，开腋窝掤松。下肢：两胯松沉至脚底开胯窝，两胯抻倒骑开窝松。身：身体微左转，松肩意开胸骨沉至脚底，意在左手。节拍要求：柔。

续表

节拍	分级技术要求		
	初级	中级	高级
第三拍	身体继续微左转，左臂持续松肩沉肘微曲，右臂连续微前推。 节拍要求：空。	上半拍：两胯松沉至脚底开胯窝，松左胯沉至脚底，左右胯倒骑。 下半拍：松腕指不懈，松肩意开胸骨，身体继续微左转，左臂松肩沉肘微曲，右臂微向前推，意在左手。 节拍要求：空。	上半拍： 下肢：两胯松沉至脚底开胯窝，听心搏看涟漪；松左胯沉至脚底，开胯窝❶❷④③倒骑沉至脚底； 上肢：腕松而不懈，右腕打大圈，左腕打小圈。 下半拍： 上肢：左臂松肩沉肘微曲，右臂微向前推；两臂抻，开腋窝掤松。 下肢：两胯松沉至脚底开胯窝，两胯抻倒骑开窝松。 身：身体继续微左转，松肩意开胸骨沉至脚底，意在左手。 节拍要求：空。
第四拍	身体转至正南，右掌继续向前逆时针旋转前推，右手食指向上，高与右眼平，掌心斜向东南约45°，左掌置于左腹前，掌心斜向上；两肩松平，两臂自然弯曲；目视正南。 节拍要求：到。	上半拍：两胯松沉至脚底开胯窝，听心搏，或看涟漪；松左胯沉至脚底，左右胯倒骑；身体转至正南，右掌肩肘腕指松继续向前逆时针旋转前推，右手食指向上，高与右眼平，掌心斜向东南约45°。 下半拍：两臂开腋窝掤松，左掌置于左腹前，掌心斜向上；两肩松平，两臂自然弯曲；目视正南，意在左手。 节拍要求：到。	上半拍： 下肢：两胯松沉至脚底开胯窝，听心搏看涟漪；松左胯沉至脚底，开两胯❷④倒骑沉至脚底松两胯❶③倒骑。 上肢：腕松而不懈，右腕打小圈，左腕打大圈。 下半拍： 上肢：右掌继续向前逆时针旋转前推，食指向上，高与右眼平，掌心斜向东南约45°；左掌置于左腹前，掌心斜向上；两肩松平，两臂自然弯曲；目视正南；两臂抻，开腋窝掤松。 下肢：两胯松沉至脚底开胯窝，两胯抻倒骑开窝松。 身：身体转至正南，松肩意开胸骨沉至脚底，意在左手。 节拍要求：到。

◇ **第三小节：右倒卷肱→左手至耳旁**

右倒卷肱→左手至耳旁节拍动作分解见表 4-15。

表 4-15　右倒卷肱→左手至耳旁节拍动作分解

节拍	分级技术要求		
	初级	中级	高级
第一拍	原地形不动，两胯松，肩平开胸骨，两臂抻，开腋窝掤松。节拍要求：松。	原地形不动。上半拍：两胯松沉至脚底开胯窝，听心搏，或看涟漪。下半拍：松腕指不懈，松肩意开胸骨，右臂前抻，左手肩肘腕指松，意在下手。节拍要求：松。	原地形不动。上半拍：下肢：两胯松沉至脚底开胯窝，听心搏看涟漪；松右胯沉至脚底，开胯窝❸❶❹❷倒骑沉至脚底。上肢：腕松而不懈，右腕打小圈，臂前抻，左腕打大圈。下半拍：上肢：两臂抻，开腋窝掤松。下肢：两胯松沉至脚底开胯窝，两胯抻倒骑开窝松。身：松肩意开胸骨沉至脚底，意在下手。节拍要求：松。
第二拍	身体微左转，左臂开窝，左前臂逆时针旋转掌心斜向上，左臂微曲向东南方向抬举至 45°，掌心向南。右臂开窝松，腕微松，掌心斜向下，前抻。节拍要求：柔。	上半拍：两胯松沉至脚底意开胯窝，松左胯沉至脚底，左右胯倒骑，左臂开窝肩肘腕指松，身体微左转，左前臂逆时针旋转掌心斜向上，左臂微曲向东南方向抬举至 45°，掌心向南。下半拍：两臂开腋窝掤松，右臂腕微松，开窝前抻，掌心斜向下，意在右手。节拍要求：柔。	上半拍：下肢：两胯松沉至脚底意开胯窝，听心搏看涟漪；松左胯沉至脚底，开右胯❸❹倒骑沉至脚底松左胯❷❶倒骑。上肢：腕松而不懈，左腕打小圈，右腕打大圈。下半拍：上肢：左前臂逆时针旋转掌心斜向上，左臂微曲向东南方向抬举至 45°，掌心向南；右臂腕微松，开窝前抻，掌心斜向下；两臂抻，开腋窝掤松。下肢：两胯松沉至脚底开胯窝，两胯抻倒骑开窝松。身：身体微左转，松肩意开胸骨沉至脚底，意在右手。节拍要求：柔。

续表

节拍	分级技术要求		
	初级	中级	高级
第三拍	身体继续微左转，左臂继续抬举至与肩同高。右前臂顺时针旋转，掌心向东，开腋窝两臂掤抻。 节拍要求：空。	上半拍：两胯松沉至脚底开胯窝，松右胯沉至脚底，右左胯倒骑，左臂开窝肩肘腕指松，身体继续微左转，手臂抬举至与肩同高。 下半拍：松腕指不懈，松肩意开胸骨，右前臂顺时针旋转，掌心向东，两臂掤抻，意在右手。 节拍要求：空。	上半拍： 下肢：两胯松沉至脚底开胯窝，听心搏看涟漪；松右胯沉至脚底，开胯窝❶❷④③倒骑沉至脚底。 上肢：腕松而不懈，左腕打大圈，右腕打小圈。 下半拍： 上肢：左臂抬举至与肩同高；右前臂顺时针旋转，掌心向东，两臂抻，开腋窝掤松。 下肢：两胯松沉至脚底开胯窝，两胯抻倒骑开窝松。 身：身体继续微左转，松肩意开胸骨沉至脚底，意在右手。 节拍要求：空。
第四拍	左手屈臂，掌置于左耳旁，开腋窝掌心斜向下。右臂继续顺时针旋转，掌心斜向上。 节拍要求：到。	上半拍：两胯松沉至脚底开胯窝，听心搏，或看涟漪。松左胯沉至脚底，左右胯倒骑，左手屈臂，掌置于左耳旁，掌心斜向下。 下半拍：两臂开腋窝掤松，右臂开窝松继续顺时针旋转，掌心斜向上。意在右手。 节拍要求：到。	上半拍： 下肢：两胯松沉至脚底开胯窝，听心搏看涟漪；松左胯沉至脚底，开两胯❷④倒骑沉至脚底松两胯❶❸倒骑。 上肢：腕松而不懈，左腕打小圈，右腕打大圈。 下半拍： 上肢：左手屈臂，掌置于左耳旁，掌心斜向下；右臂开窝松继续顺时针旋转，掌心斜向上；两臂抻，开腋窝掤松。 下肢：两胯松沉至脚底开胯窝，两胯抻倒骑开窝松。 身：松肩意开胸骨沉至脚底，意在右手。 节拍要求：到。

◇ **第四小节：左手至耳旁→左倒卷肱**

左手至耳旁→左倒卷肱节拍动作分解见表4-16。

表4-16 左手至耳旁→左倒卷肱节拍动作分解

节拍	分级技术要求		
	初级	中级	高级
第一拍	原地形不动，两胯松，肩平开胸骨，两臂抻，开腋窝掤松。节拍要求：松。	原地形不动。上半拍：两胯松沉至脚底开胯窝，听心搏，或看涟漪。下半拍：松腕指不懈，松肩意开胸骨，右臂前抻，左手肩肘腕指松，意在右手。节拍要求：松。	原地形不动。上半拍：下肢：两胯松沉至脚底开胯窝，听心搏看涟漪；松右胯沉至脚底，开胯窝❶③❷④倒骑沉至脚底。上肢：腕松而不懈，右腕打小圈，左腕打大圈。下半拍：上肢：两臂抻，开腋窝掤松。下肢：两胯松沉至脚底开胯窝，两胯抻倒骑开窝松。身：松肩意开胸骨沉至脚底，意在右手。节拍要求：松。
第二拍	身体微右转，右臂松肩沉肘微曲，左臂微前推。节拍要求：柔。	上半拍：两胯松沉至脚底开胯窝，松左胯沉至脚底，右左胯倒骑，身体微右转。下半拍：两臂开腋窝掤松，左臂开窝肩肘腕指松微前推，右臂松肩沉肘微曲，意在右手。节拍要求：柔。	上半拍：下肢：两胯松沉至脚底开胯窝，听心搏看涟漪；松左胯沉至脚底，开左胯❶❷倒骑沉至脚底松右胯④③倒骑。上肢：腕松而不懈，左腕打小圈，右腕打大圈。下半拍：上肢：左臂开窝微前推，右臂松肩沉肘微曲；两臂抻，开腋窝掤松。下肢：两胯松沉至脚底开胯窝，两胯抻倒骑开窝松。身：身体微右转，松肩意开胸骨沉至脚底，意在右手。节拍要求：柔。

续表

节拍	分级技术要求		
	初级	中级	高级
第三拍	身体继续微右转,右臂持续松肩沉肘微曲,左臂顺时针微旋转继续前推。节拍要求:空。	上半拍:两胯松沉至脚底开胯窝,松右胯沉至脚底,右左胯倒骑。下半拍:松腕指不僵,松肩意开胸骨,身体继续微右转,右臂持续松肩沉肘微曲,左臂顺时针微旋转继续前推,意在右手。节拍要求:空。	上半拍: 下肢:两胯松沉至脚底开胯窝,听心搏看涟漪;松右胯沉至脚底,开胯窝❸❹②①倒骑沉至脚底。 上肢:腕松而不僵,左腕打大圈,右腕打小圈。 下半拍: 上肢:右臂持续松肩沉肘微曲,左臂顺时针微旋转继续前推;两臂抻,开腋窝掤松。 下肢:两胯松沉至脚底开胯窝,两胯抻倒骑开窝松。 身:身体继续微右转,松肩意开胸骨沉至脚底,意在右手。 节拍要求:空。
第四拍	身体转至正南,左掌继续向前顺时针旋转前推,左手食指向上,高与左眼平,掌心斜向西南约45°,右掌置于右腹前,掌心向上;两肩松平,两臂自然弯曲;目视正南。节拍要求:到。	上半拍:两胯松沉至脚底开胯窝,听心搏,或看涟漪。松右胯沉至脚底,右左胯倒骑;身体转至正南,左掌继续向前顺时针旋转前推,左手食指向上,高与左眼平,掌心斜向西南约45°。下半拍:两臂开腋窝掤松,右掌置于右腹前,掌心向上;两肩松平,两臂自然弯曲;目视正南,意在右手。节拍要求:到。	上半拍: 下肢:两胯松沉至脚底开胯窝,听心搏看涟漪;松右胯沉至脚底,开两胯❹②倒骑沉至脚底松两胯❶❸倒骑。 上肢:腕松而不僵,左腕打小圈,右腕打大圈。 下半拍: 上肢:左掌继续向前顺时针旋转前推,食指向上,高与左眼平,掌心斜向西南约45°;右掌置于右腹前,掌心向上,两臂自然弯曲,目视正南;两臂抻,开腋窝掤松。 下肢:两胯松沉至脚底开胯窝,两胯抻倒骑开窝松。 身:身体转至正南,松肩意开胸骨沉至脚底,意在右手。 节拍要求:到。

5. 云手

预备式：左云手

左手：左臂向东南45°侧举，腕与肩平，掌心向南。

右手：右掌置于左腹前，掌心斜向上。

松肩意开胸骨，两臂自然伸直，开腋窝掤松。

◇ **第一小节：预备式→右云手**

预备式→右云手节拍动作分解见表4-17。

表 4-17 预备式→右云手节拍动作分解

节拍	分级技术要求		
	初级	中级	高级
第一拍	原地形不动，两胯松，肩平开胸骨，两臂抻，开腋窝掤松。节拍要求：松。	原地形不动。上半拍：两胯松沉至脚底开胯窝，听心搏，或看涟漪；下半拍：松腕指不懈，松肩意开胸骨，左臂前抻，右臂肩肘腕指松开窝，意在左手。节拍要求：松。	原地形不动。上半拍：下肢：两胯松沉至脚底开胯窝，听心搏看涟漪；松右胯沉至脚底，开胯窝❶③②❹倒骑沉至脚底。上肢：腕松而不懈，左腕打大小圈，右腕打小大圈。下半拍：上肢：左臂前抻，右臂开窝；两臂抻，开腋窝掤松。下肢：两胯松沉至脚底开胯窝，两胯抻倒骑开窝松。身：松肩意开胸骨沉至脚底，意在左手。节拍要求：松。
第二拍	右臂微曲向上抬举至左胸前，左臂松肩沉肘，略低于肩，身体微右转。节拍要求：柔。	上半拍：两胯松沉至脚底开胯窝，松左胯沉至脚底，左右胯倒骑，右臂开窝肩肘腕指松，右臂微曲向上抬举至左胸前，身体微右转。下半拍：两臂开腋窝掤松，左臂松肩沉肘，略低于肩，意在左手。节拍要求：柔。	上半拍：下肢：两胯松沉至脚底开胯窝，听心搏看涟漪；松左胯沉至脚底，开左胯❶②倒骑沉至脚底松右胯④③倒骑。上肢：腕松而不懈，右腕打大小圈，左腕打小大圈。下半拍：上肢：右臂微曲向上抬举至左胸前，左臂松肩沉肘，略低于肩；两臂抻，开腋窝掤松。下肢：两胯松沉至脚底开胯窝，两胯抻倒骑开窝松。身：身体微右转；松肩意开胸骨沉至脚底，意在左手。节拍要求：柔。

续表

节拍	分级技术要求		
	初级	中级	高级
第三拍	身体继续右转至西南 15°～20°，右臂随身抬举至右眼前。左臂继续下沉，置于左胯外侧，掌心向下。 节拍要求：空。	上半拍：两胯松沉至脚底开胯窝，松左胯沉至脚底，左右胯倒骑；身体继续右转至西南 15°～20°，右臂随身抬举至右眼前。 下半拍：松腕指不懈，松肩意开胸骨，左臂继续下沉，置于左胯外侧，掌心向下，意在下手。 节拍要求：空。	上半拍： 下肢：两胯松沉至脚底开胯窝，听心搏看涟漪；松左胯沉至脚底，开胯窝❸❹②①倒骑沉至脚底。 上肢：腕松而不懈，左腕打大小圈，右腕打小大圈。 下半拍： 上肢：右臂随身抬举至右眼前；左臂继续下沉，置于左胯外侧，掌心向下；两臂抻，开腋窝掤松。 下肢：两胯松沉至脚底开胯窝，两胯抻倒骑开窝松。 身：身体继续右转至西南 15°～20°，松肩意开胸骨沉至脚底，意在下手。 节拍要求：空。
第四拍	身体继续右转至西南 45°，右臂向西南 45° 侧举，腕与肩平，掌心向南；左掌置于右腹前，掌心斜向上。肩平开胸骨，两臂自然伸直。 节拍要求：到。	上半拍：两胯松沉至脚底开胯窝，听心搏，或看涟漪。松左胯沉至脚底，左右胯倒骑；身体继续右转至西南 45°，右臂向西南 45° 侧举，腕与肩平，掌心向南。 下半拍：两臂开腋窝掤松，左掌置于右腹前，掌心斜向上，意在右手。 节拍要求：到。	上半拍： 下肢：两胯松沉至脚底开胯窝，听心搏看涟漪；松左胯沉至脚底，开两胯❹❷倒骑沉至脚底松两胯❸❶倒骑。 上肢：腕松而不懈，左腕打小大圈，右腕打大小圈。 下半拍： 上肢：右臂向西南 45° 侧举，腕与肩平，掌心向南；左掌置于右腹前，掌心斜向上；两臂抻，开腋窝掤松。 下肢：两胯松沉至脚底开胯窝，两胯抻倒骑开窝松。 身：身体继续右转至西南 45°；松肩意开胸骨沉至脚底，意在右手。 节拍要求：到。

◇ **第二小节：右云手→左云手**

右云手→左云手节拍动作分解见表4-18。

表4-18 右云手→左云手节拍动作分解

节拍	分级技术要求		
	初级	中级	高级
第一拍	原地形不动,两胯松,肩平开胸骨,两臂抻,开腋窝掤松。 节拍要求:松。	原地形不动。 上半拍:两胯松沉至脚底开胯窝,听心搏,或看涟漪。 下半拍:松腕指不懈,松肩意开胸骨;右臂前抻,左臂肩肘腕指松开窝,意在右手。 节拍要求:松。	原地形不动。 上半拍: 下肢:两胯松沉至脚底开胯窝,听心搏看涟漪;松左胯沉至脚底,开胯窝❸❶❹❷倒骑沉至脚底。 上肢:腕松而不懈,右腕打大小圈,左腕打小大圈。 下半拍: 上肢:右臂前抻,左臂开窝;两臂抻,开腋窝掤松。 下肢:两胯松沉至脚底开胯窝,两胯抻倒骑开窝松。 身:松肩意开胸骨沉至脚底,意在右手。 节拍要求:松。
第二拍	左臂微曲向上抬举至右胸前,右臂松肩沉肘,略低于肩,身体微左转。 节拍要求:柔。	上半拍:两胯松沉至脚底开胯窝,松右胯沉至脚底,右左胯倒骑,左臂开窝肩肘腕指松,微曲向上抬举至右胸前,身体微左转。 下半拍:两臂开腋窝掤松,右臂松肩沉肘,略低于肩,意在右手。 节拍要求:柔。	上半拍: 下肢:两胯松沉至脚底开胯窝,听心搏看涟漪;松右胯沉至脚底,开右胯❸❹倒骑沉至脚底松左胯②①倒骑。 上肢:腕松而不懈,左腕打大小圈,右腕打小大圈。 下半拍: 上肢:左臂微曲向上抬举至右胸前;右臂松肩沉肘,略低于肩,身体微左转;两臂抻,开腋窝掤松。 下肢:两胯松沉至脚底开胯窝,两胯抻倒骑开窝松。 身:松肩意开胸骨沉至脚底,意在右手。 节拍要求:柔。

续表

节拍	分级技术要求		
	初级	中级	高级
第三拍	身体继续左转至东南15°~20°，左臂随身抬举至左眼前。右臂继续下沉，置于右胯外侧，掌心向下。 节拍要求：空。	上半拍：两胯松沉至脚底开胯窝，松右胯沉至脚底，右左胯倒骑；身体继续左转至东南15°~20°，左臂随身抬举至左眼前。 下半拍：松肩意开胸骨，左臂继续下沉，置于左胯外侧，掌心向下，意在右手。 节拍要求：空。	上半拍： 下肢：两胯松沉至脚底开胯窝，听心搏看涟漪；松右胯沉至脚底，开胯窝❶❷❹③倒骑沉至脚底。 上肢：腕松而不懈，右腕打大小圈，左腕打小大圈。 下半拍： 上肢：左臂随身抬举至左眼前；右臂继续下沉，置于右胯外侧，掌心向下；两臂抻，开腋窝掤松。 下肢：两胯松沉至脚底开胯窝，两胯抻倒骑开窝松。 身：身体继续左转至东南15°~20°，松肩意开胸骨沉至脚底，意在右手。 节拍要求：空。
第四拍	身体继续左转至东南45°，左臂向东南45°侧举，腕与肩平，掌心向南。右掌置于左腹前，掌心斜向上。肩平开胸骨，两臂自然伸直。 节拍要求：到。	上半拍：两胯松沉至脚底开胯窝，听心搏，或看涟漪，松右胯沉至脚底，右左胯倒骑；身体继续左转至东南45°，左臂向南45°侧举，腕与肩平，掌心向东南。 下半拍：两臂开腋窝掤松，右掌置于左腹前，掌心斜向上，意在左手。 节拍要求：到。	上半拍： 下肢：两胯松沉至脚底开胯窝，听心搏看涟漪；松右胯沉至脚底，开两胯❷❹倒骑沉至脚底松两胯❶③倒骑。 上肢：腕松而不懈，右腕打小大圈，左腕打大小圈。 下半拍： 上肢：左臂向东南45°侧举，腕与肩平，掌心向南。右掌置于左腹前，掌心斜向上；两臂抻，开腋窝掤松。 下肢：两胯松沉至脚底开胯窝，两胯抻倒骑开窝松。 身：身体继续左转至东南45°，松肩意开胸骨沉至脚底，意在左手。 节拍要求：到。

6. 反云手

预备式:左反云手

左手:左臂向东南45°侧举,腕与肩平,掌心斜向上。

右手:右掌置于左腹前,掌心斜向下。

松肩意开胸骨,两臂自然伸直,开腋窝掤松。

◇ **第一小节:预备式→右反云手**

预备式→右反云手节拍动作分解见表4-19。

表4-19 预备式→右反云手节拍动作分解

节拍	分级技术要求		
	初级	中级	高级
第一拍	原地形不动,两胯松,肩平开胸骨,两臂掤,开腋窝掤松。节拍要求:松。	原地形不动。上半拍:两胯松沉至脚底开胯窝,听心搏,或看涟漪。下半拍:松腕指不懈,松肩意开胸骨;左臂前掤,右臂肩肘腕指松开窝,意在右手。节拍要求:松。	原地形不动。上半拍:下肢:两胯松沉至脚底开胯窝,听心搏看涟漪;松右胯沉至脚底,开胯窝❶❸❷❹倒骑沉至脚底。上肢:腕松而不懈,左腕打大小圈,右腕打小大圈。下半拍:上肢:左臂前掤,右臂开;两臂掤,开腋窝掤松。下肢:两胯松沉至脚底开胯窝,两胯掤倒骑开窝松。身:松肩意开胸骨沉至脚底,意在右手。节拍要求:松。
第二拍	左臂微松,左前臂逆时针旋转,掌心向西;右臂开腋窝松沉,身体微右转。节拍要求:柔。	上半拍:两胯松沉至脚底开胯窝,松左胯沉至脚底,左右胯倒骑,左臂微松,左前臂逆时针旋转,掌心向西;右臂肩肘腕指松,身体微转。下半拍:两臂开腋窝掤松;右臂松肩沉肘,意在右手。节拍要求:柔。	上半拍:下肢:两胯松沉至脚底开胯窝,听心搏看涟漪;松左胯沉至脚底,开左胯❶❷倒骑沉至脚底松右胯④③倒骑。上肢:腕松而不懈,左腕打小大圈,右腕打大小圈。下半拍:上肢:左臂微松,左前臂逆时针旋转,掌心向西;右臂开腋窝松沉;两臂掤,开腋窝掤松。下肢:两胯松沉至脚底开胯窝,两胯掤倒骑开窝松。身:身体微转,松肩意开胸骨沉至脚底,意在右手。节拍要求:柔。

续表

节拍	分级技术要求		
	初级	中级	高级
第三拍	身体继续右转至西南15°~20°，左臂继续下沉至右胸前，掌心斜向下；右臂随身向西南抬举至45°高。 节拍要求：空。	上半拍：两胯松沉至脚底开胯窝，松左胯沉至脚底，左右胯倒骑。 下半拍：松腕指不懈，松肩意开胸骨；身体继续右转至西南15°~20°，左臂继续下沉至右胸前，掌心斜向下；右臂随身向西南抬举至45°高，意在左手。 节拍要求：空。	上半拍： 下肢：两胯松沉至脚底开胯窝，听心搏看涟漪；松左胯沉至脚底，开胯窝❸❹②①倒骑沉至脚底。 上肢：腕松而不懈，左腕打大小圈，右腕打小大圈。 下半拍： 上肢：左臂继续下沉至右胸前，掌心斜向下；右臂随身向西南抬举至45°高；两臂抻，开腋窝掤松。 下肢：两胯松沉至脚底开胯窝，两胯抻倒骑开窝松。 身：身体继续右转至西南15°~20°，松肩意开胸骨沉至脚底，意在左手。 节拍要求：空。
第四拍	身体继续右转至西南45°，左掌置于右腹前，掌心向下。右臂向西南45°，继续抬举至腕与肩平，右掌心斜向上。肩平开胸骨，两臂开腋窝掤松。 节拍要求：到。	上半拍：两胯松沉至脚底开胯窝，听心搏，或看涟漪。松左胯沉至脚底，左右胯倒骑。 下半拍：两臂开腋窝掤松；身体继续右转至西南45°，左掌置于右腹前，掌心向下；右臂向西南45°，继续抬举至腕与肩平，右掌心斜向上，意在左手。 节拍要求：到。	上半拍： 下肢：两胯松沉至脚底开胯窝，听心搏看涟漪；松左胯沉至脚底，开两胯❹②倒骑沉至脚底松两胯❸①倒骑。 上肢：腕松而不懈，左腕打小大圈，右腕打大小圈。 下半拍： 上肢：左掌置于右腹前，掌心向下；右臂向西南45°继续抬举至腕与肩平，右掌心斜向上；两臂抻，开腋窝掤松。 下肢：两胯松沉至脚底开胯窝，两胯抻倒骑开窝松。 身：身体继续右转至西南45°；松肩意开胸骨沉至脚底，意在左手。 节拍要求：到。

◇ **第二小节：右反云手→左云手**

右反云手→左云手节拍动作分解见表4-20。

表4-20　右反云手→左云手节拍动作分解

节拍	分级技术要求		
	初级	中级	高级
第一拍	原地形不动，两胯松，肩平开胸骨，两臂抻，开腋窝掤松。节拍要求：松。	原地形不动。上半拍：两胯松沉至脚底开胯窝，听心搏，或看涟漪。下半拍：松腕指不懈，松肩意开胸骨；右臂前抻，左臂肩肘腕指松开窝，意在左手。节拍要求：松。	原地形不动。上半拍：下肢：两胯松沉至脚底开胯窝，听心搏看涟漪；松左胯沉至脚底，开胯窝❸❶❹❷倒骑沉至脚底。上肢：腕松而不懈，左腕打小大圈，右腕打大小圈。下半拍：上肢：右臂前抻，左臂开窝掤松；两臂抻，开腋窝掤松。下肢：两胯松沉至脚底开胯窝，两胯抻倒骑开窝松。身：松肩意开胸骨沉至脚底，意在左手。节拍要求：松。
第二拍	右臂微松，前臂逆时针旋转，掌心向东；左臂开腋窝松沉，身体微左转。节拍要求：柔。	上半拍：两胯松沉至脚底开胯窝，松右胯沉至脚底，右左胯倒骑，右臂微松，前臂逆时针旋转，掌心向东；左臂开腋窝松沉，身体微左转。下半拍：两臂开腋窝掤松；右臂松肩沉肘，意在左手。节拍要求：柔。	上半拍：下肢：两胯松沉至脚底开胯窝，听心搏看涟漪；松右胯沉至脚底，开右胯❸❹倒骑沉至脚底松左胯❷❶倒骑。上肢：腕松而不懈，右腕打小大圈，左腕打大小圈。下半拍：上肢：右臂微松，前臂逆时针旋转，掌心向东；左臂开腋窝松沉，两臂抻，开腋窝掤松。下肢：松右胯沉至脚底，两胯抻倒骑开窝松。身：身体微左转；松肩意开胸骨沉至脚底，意在左手。节拍要求：柔。

续表

节拍	分级技术要求		
	初级	中级	高级
第三拍	身体继续左转至东南15°~20°，右臂继续下沉至左胸前，掌心斜向下；左臂随身向东南抬举至45°高。 节拍要求：空。	上半拍：两胯松沉至脚底开胯窝，松右胯沉至脚底，右左胯倒骑； 下半拍：松腕指不懈，松肩意开胸骨；身体继续左转至东南15°~20°，右臂继续下沉至左胸前，掌心斜向下；左臂随身向东南抬举至45°高；意在右手。 节拍要求：空。	上半拍： 下肢：两胯松沉至脚底开胯窝，听心搏看涟漪；松右胯沉至脚底，开胯窝❶❷④③倒骑沉至脚底。 上肢：腕松而不懈，右腕打大小圈，左腕打小大圈。 下半拍： 上肢：右臂继续下沉至左胸前，掌心斜向下；左臂随身向东南抬举至45°高；两臂抻，开胯窝掤松。 下肢：两胯松沉至脚底开胯窝，两胯抻倒骑开窝松。 身：身体继续左转至东南15°~20°，松肩意开胸骨沉至脚底，意在右手。 节拍要求：空。
第四拍	身体继续左转至东南45°，右掌置于左腹前，掌心向下；左臂向东南45°继续抬举至腕与肩平，掌心向西南。肩平开胸骨，两臂开腋窝掤松。 节拍要求：到。	上半拍：两胯松沉至脚底开胯窝，听心搏，或看涟漪；松右胯沉至脚底，右左胯倒骑。 下半拍：两臂开腋窝掤松；身体继续左转至东南45°，右掌置于左腹前，掌心向下；左臂向东南45°继续抬举至腕与肩平，掌心向西南，意在右手。 节拍要求：到。	上半拍： 下肢：两胯松沉至脚底开胯窝，听心搏看涟漪；松右胯沉至脚底，开两胯❷❹倒骑沉至脚底松两胯❶❸倒骑。 上肢：腕松而不懈，右腕打小大圈，左腕打大小圈。 下半拍： 上肢：右掌置于左腹前，掌心向下；左臂向东南45°继续抬举至腕与肩平，掌心向西南；两臂抻，开腋窝掤松。 下肢：两胯松沉至脚底开胯窝，两胯抻倒骑开窝松。 身：身体继续左转至东南45°；松肩意开胸骨沉至脚底，意在右手。 节拍要求：到。

7. 单鞭

预备式：左单鞭

①左手：左臂向东平举，高与肩平，竖掌坐腕，掌心向东南；

②右手：右臂向西南45°抬举，腕略高于肩，右掌大拇指与中指指尖相合，余三指自然下垂靠拢成勾手；

③松肩意开胸骨，两臂自然伸直，开腋窝掤松。

◇ **第一小节：预备式→左掌至右胸，右手形不动**

预备式→左掌至右胸，右手形不动节拍动作分解见表4-21。

表4-21 预备式→左掌至右胸，右手形不动节拍动作分解

节拍	分级技术要求		
	初级	中级	高级
第一拍	原地形不动，两胯松，肩平开胸骨，两臂抻，开腋窝掤松。节拍要求：松。	原地形不动。上半拍：两胯松沉至脚底开胯窝，听心搏，或看涟漪。下半拍：松腕指不懈，松肩意开胸骨；左臂开腋窝前抻，右臂肩肘腕指松，意在右手。节拍要求：松。	原地形不动。上半拍：下肢：两胯松沉至脚底开胯窝，听心搏看涟漪；松右胯沉至脚底，开胯窝❶③②❹倒骑沉至脚底。上肢：腕松而不懈，左腕打大小圈，右腕打小大圈。下半拍：上肢：左臂前抻，右臂开窝；两臂抻，开腋窝掤松。下肢：两胯松沉至脚底开胯窝，两胯抻倒骑开窝松。身：松肩意开胸骨沉至脚底，意在右手。节拍要求：松。
第二拍	左手腕指微松，掌心斜向下，松肩沉肘，略低于肩，右臂形不动。肩平开胸骨，两臂抻，开腋窝掤松。节拍要求：柔。	上半拍：两胯松沉至脚底开胯窝，松左胯沉至脚底，左右胯倒骑，左手腕指微松，掌心斜向下，松肩沉肘，略低于肩。下半拍：两臂抻，开腋窝掤松，右臂形不动，开窝肩肘腕指松，意在右手。节拍要求：柔。	上半拍：下肢：两胯松沉至脚底开胯窝，听心搏看涟漪；松左胯沉至脚底，开左胯❶②倒骑沉至脚底松右胯④③倒骑。上肢：腕松而不懈，左腕打小大圈，右腕打大小圈。下半拍：上肢：左手腕指微松，掌心斜向下，松肩沉肘，略低于肩；右形不动；两臂抻，开腋窝掤松。下肢：两胯松沉至脚底开胯窝，两胯抻倒骑开窝松。身：松肩意开胸骨沉至脚底，意在右手。节拍要求：柔。

续表

节拍	分级技术要求		
	初级	中级	高级
第三拍	左臂松肩沉肘，左掌置于右胯前，掌心向内；右臂形不动。肩平开胸骨，两臂抻，开腋窝掤松。 节拍要求：空。	上半拍：两胯松沉至脚底开胯窝，松右胯沉至脚底，右左胯倒骑。 下半拍：松腕指不懈，松肩意开胸骨，左臂松肩沉肘，左掌置于右胯前，掌心向内；右臂形不动，肩肘腕指松，意在右手。 节拍要求：空。	上半拍： 下肢：两胯松沉至脚底开胯窝，听心搏看涟漪；松右胯沉至脚底，开胯窝❸❹②①倒骑沉至脚底。 上肢：腕松而不懈，左腕打大小圈，右腕打小大圈。 下半拍： 上肢：左臂松肩沉肘，左掌置于右胯前，掌心向内；右臂形不动；两臂抻，开腋窝掤松。 下肢：两胯松沉至脚底开胯窝，两胯抻倒骑开窝松。 身：松肩意开胸骨沉至脚底，意在右手。 节拍要求：空。
第四拍	左臂开腋窝掤松，曲肘左掌置于右腹前，掌心向内；右臂形不动。肩平开胸骨，右臂抻，开腋窝掤松。 节拍要求：到。	上半拍：两胯松沉至脚底开胯窝，听心搏，或看涟漪；松左胯沉至脚底，左右胯倒骑。 下半拍：左臂开腋窝掤松，曲肘左掌置于右腹前，掌心向内；右臂形不动，肩肘腕指松，意在右手。 节拍要求：到。	上半拍： 下肢：两胯松沉至脚底开胯窝，听心搏看涟漪，松左胯沉至脚底，开两胯❹❷倒骑沉至脚底松两胯❸①倒骑。 上肢：腕松而不懈，左腕打小大圈，右腕打大小圈。 下半拍： 上肢：左臂开腋窝掤松，曲肘左掌置于右腹前，掌心向内；右臂形不动，右臂抻，开腋窝掤松。 下肢：两胯松沉至脚底开胯窝，两胯抻倒骑开窝松。 身：松肩意开胸骨沉至脚底，意在右手。 节拍要求：到。

◇ **第二小节：左掌至右腹，右手形不动→左单鞭**

左掌至右腹，右手形不动→左单鞭节拍动作分解见表4-22。

表4-22 左掌至右腹，右手形不动→左单鞭节拍动作分解

节拍	分级技术要求		
	初级	中级	高级
第一拍	原地形不动，两胯松，肩平开胸骨，右臂抻，开腋窝掤松。节拍要求：松。	原地形不动。上半拍：两胯松沉至脚底开胯窝，听心搏，或看涟漪。下半拍：松腕指不懈，松肩意开胸骨；左臂开腋窝掤松，右臂开腋窝肩肘腕指松掤抻，意在右手。节拍要求：松。	原地形不动。上半拍：下肢：两胯松沉至脚底开胯窝，听心搏看涟漪；松左胯沉至脚底，开胯窝❸❶❹❷倒骑沉至脚底。上肢：腕松而不懈，左腕打大小圈，右腕打小大圈。下半拍：上肢：左臂开腋窝掤松，右臂开腋窝肩肘腕指松掤抻；两臂抻，开腋窝掤松。下肢：两胯松沉至脚底开胯窝，两胯抻倒骑开窝松。身：松肩意开胸骨沉至脚底，意在右手。节拍要求：松。
第二拍	左手腕指微松，前臂抬举至脸前，略低于眼，掌心向内；右臂形不动。肩平开胸骨，两臂抻，开腋窝掤松。节拍要求：柔。	上半拍：两胯松沉至脚底开胯窝，松右胯沉至脚底，右左胯倒骑。下半拍：左手腕指微松，前臂抬举至脸前，略低于眼，掌心向内；两臂抻，开腋窝掤松，右臂形不动，开窝肩肘腕指松，意在右手。节拍要求：柔。	上半拍：下肢：两胯松沉至脚底开胯窝，听心搏看涟漪；松右胯沉至脚底，开右胯❸❹倒骑沉至脚底松左胯❷❶倒骑。上肢：腕松而不懈，左腕打小大圈，右腕打大小圈。下半拍：上肢：左手腕指微松，前臂抬举至脸前，略低于眼，掌心向内；右臂形不动；两臂抻，开腋窝掤松。下肢：两胯松沉至脚底开胯窝，两胯抻倒骑开窝松。身：松肩意开胸骨沉至脚底，意在右手。节拍要求：柔。

续表

节拍	分级技术要求		
	初级	中级	高级
第三拍	左臂开腋窝松肩沉肘，左掌移至脸左侧，掌心向西；右臂形不动。肩平开胸骨，两臂抑，开腋窝掤松。 节拍要求：空。	上半拍：两胯松沉至脚底开胯窝，松左胯沉至脚底，左右胯倒骑。 下半拍：松腕指不懈，松肩意开胸骨，左臂开腋窝松肩沉肘，左掌移至脸左侧，掌心向西；右臂形不动，肩肘腕指松；两臂抑，开腋窝掤松，意在右手。 节拍要求：空。	上半拍： 下肢：两胯松沉至脚底开胯窝，听心搏看涟漪；松左胯沉至脚底，开胯窝❶❷④③倒骑沉至脚底。 上肢：腕松而不懈，左腕打大小圈，右腕打小大圈。 下半拍： 上肢：左臂开腋窝松肩沉肘，左掌移至脸左侧，掌心向西；右臂形不动；两臂抑，开腋窝掤松。 下肢：两胯松沉至脚底开胯窝，两胯抑倒骑开窝松。 身：松肩意开胸骨沉至脚底，意在右手。 节拍要求：空。
第四拍	左手前臂顺时针翻转，竖掌坐腕，掌心向南；右臂形不动。肩平开胸骨，两臂似曲非曲，开腋窝掤抻。 节拍要求：到。	上半拍：两胯松沉至脚底开胯窝，听心搏，或看涟漪；松右胯沉至脚底，右左胯倒骑。 下半拍：两臂似曲非曲，开腋窝掤抻；左手前臂顺时针翻转，肩肘腕指松，竖掌坐腕，掌心向南；右臂形不动，意在右手。 节拍要求：到。	上半拍： 下肢：两胯松沉至脚底开胯窝，听心搏看涟漪；松右胯沉至脚底，开两胯❷④倒骑沉至脚底松两胯❶③倒骑。 上肢：腕松而不懈，左腕打小大圈，右腕打大小圈。 下半拍： 上肢：左手前臂顺时针翻转，肩肘腕指松，竖掌坐腕，掌心向南；右臂形不动；两臂抑，开腋窝掤松。 下肢：两胯松沉至脚底开胯窝，两胯抑倒骑开窝松。 身：松肩意开胸骨沉至脚底，意在右手。 节拍要求：到。

◇ **第三小节：左单鞭→右单鞭**

左单鞭→右单鞭节拍动作分解见表4-23。

表4-23 左单鞭→右单鞭节拍动作分解

节拍	分级技术要求		
	初级	中级	高级
第一拍	原地形不动，两胯松，肩平开胸骨，两臂抻，开腋窝掤松。节拍要求：松。	原地形不动。上半拍：两胯松沉至脚底开胯窝，听心搏，或看涟漪。下半拍：松腕指不懈，松肩意开胸骨；左臂肩肘腕指松，右臂开腋窝掤抻，意在右手。节拍要求：松。	原地形不动。上半拍：下肢：两胯松沉至脚底开胯窝，听心搏看涟漪，松右胯沉到脚底，开胯窝❶❸❷❹倒骑沉至脚底。上肢：腕松而不懈，左腕打大小圈，右腕打小大圈。下半拍：上肢：左臂肩肘腕指松，右臂开腋窝掤抻；两臂抻，开腋窝掤松。下肢：两胯松沉至脚底开胯窝，两胯抻倒骑开窝松。身：松肩意开胸骨沉至脚底，意在右手。节拍要求：松。
第二拍	左掌腕指松，掌心斜向下；右臂勾手五指微松。肩平开胸骨，两臂抻，开腋窝掤松。节拍要求：柔。	上半拍：两胯松沉至脚底开胯窝，听心搏，或看涟漪。下半拍：松腕指不懈，松肩意开胸骨；左掌腕指松，掌心斜向下；右臂肩肘腕指松，勾手五指微松；两臂抻，开腋窝掤松，意在右手。节拍要求：柔。	上半拍：下肢：两胯松沉至脚底开胯窝，听心搏看涟漪；松左胯沉到脚底，开左胯❶❷倒骑沉至脚底松右胯④③倒骑。上肢：腕松而不懈，左腕打小大圈，右腕打大小圈。下半拍：上肢：左掌腕指松，掌心斜向下；右臂勾手五指微松；两臂抻，开腋窝掤松。下肢：两胯松沉至脚底开胯窝，两胯抻倒骑开窝松。身：松肩意开胸骨沉至脚底，意在右手。节拍要求：柔。

续表

节拍	分级技术要求		
	初级	中级	高级
第三拍	左掌继续腕指松，掌心向下；右掌五指自然松开。肩平开胸骨，两臂抻，开腋窝掤松。 节拍要求：空。	上半拍：两胯松沉至脚底开胯窝，松右胯沉至脚底，右左胯倒骑。 下半拍：松腕指不懈，松肩意开胸骨，左臂肩肘腕指松，掌心向下；右掌五指自然伸开；两臂抻，开腋窝掤松，意在左手。 节拍要求：空。	上半拍： 下肢：两胯松沉至脚底开胯窝，听心搏看涟漪；松右胯沉至脚底，开胯窝❸❹②①倒骑沉至脚底。 上肢：腕松而不懈，左腕打大小圈，右腕打小大圈。 下半拍： 上肢：左手掌心向下，右掌五指自然伸开；两臂抻，开腋窝掤松。 下肢：两胯松沉至脚底开胯窝，两胯抻倒骑开窝松。 身：松肩意开胸骨沉至脚底，意在左手。 节拍要求：空。
第四拍	左掌成勾手，右手竖掌坐腕，两臂似曲非曲。肩平开胸骨，两臂抻，开腋窝掤松成右单鞭。 节拍要求：到。	上半拍：两胯松沉至脚底开胯窝，听心搏，或看涟漪；松左胯沉至脚底，左右胯倒骑。 下半拍：两臂抻，开腋窝掤抻；左掌成勾手，右手肩肘腕指松竖掌坐腕成右单鞭，意在左手。 节拍要求：到。	上半拍： 下肢：两胯松沉至脚底开胯窝，听心搏看涟漪；松左胯沉至脚底，开两胯❹❷倒骑沉至脚底松两胯❸❶倒骑。 上肢：腕松而不懈，左腕打小大圈，右腕打大小圈。 下半拍： 上肢：左掌成勾手，右手肩肘腕指竖掌坐腕成右单鞭；两臂抻，开腋窝掤松。 下肢：两胯松沉至脚底开胯窝，两胯抻倒骑开窝松。 身：松肩意开胸骨沉至脚底，意在左手。 节拍要求：到。

◇ **第四小节：右单鞭→右掌至左腹，左手形不动**

右单鞭→右掌至左腹，左手形不动节拍动作分解见表4-24。

表4-24 右单鞭→右掌至左腹，左手形不动节拍动作分解

节拍	分级技术要求		
	初级	中级	高级
第一拍	原地形不动，两胯松，肩平开胸骨，两臂抻，开腋窝掤松。节拍要求：松。	原地形不动。上半拍：两胯松沉至脚底开胯窝，听心搏，或看涟漪。下半拍：松腕指不懈，松肩意开胸骨；右臂开腋窝前抻，左臂肩肘腕指松，意在左手。节拍要求：松。	原地形不动。上半拍：下肢：两胯松沉至脚底开胯窝，听心搏看涟漪；松左胯沉至脚底，开胯窝❸❶❹❷倒骑沉至脚底。上肢：腕松而不懈，右腕打大小圈，左腕打小大圈。下半拍：上肢：右臂前抻，左臂开窝；两臂抻，开腋窝掤松。下肢：两胯松沉至脚底开胯窝，两胯抻倒骑开窝松。身：松肩意开胸骨沉至脚底，意在左手。节拍要求：松。
第二拍	右手腕指微松，掌心斜向下，松肩沉肘，略低于肩；左臂形不动。肩平开胸骨，两臂抻，开腋窝掤松。节拍要求：柔。	上半拍：两胯松沉至脚底开胯窝，松右胯沉至脚底，右左胯倒骑，右手腕指微松，掌心斜向下，松肩沉肘，略低于肩。下半拍：两臂抻，开腋窝掤松，左臂形不动，开窝肩肘腕指松，意在左手。节拍要求：柔。	上半拍：下肢：两胯松沉至脚底开胯窝，听心搏看涟漪；松右胯沉至脚底，松右胯沉至脚底，开右胯❸❹倒骑沉至脚底松左胯②①倒骑。上肢：腕松而不懈，右腕打小大圈，左腕打大小圈。下半拍：上肢：右手腕指微松，掌心斜向下，松肩沉肘，略低于肩；左臂形不动；两臂抻，开腋窝掤松。下肢：两胯松沉至脚底开胯窝，两胯抻倒骑开窝松。身：松肩意开胸骨沉至脚底，意在左手。节拍要求：柔。

续表

节拍	分级技术要求		
	初级	中级	高级
第三拍	右臂松肩沉肘,右掌置于左胯前,掌心向内;左臂形不动。肩平开胸骨,两臂抻,开腋窝掤松。 节拍要求:空。	上半拍:两胯松沉至脚底开胯窝,松左胯沉至脚底,左右胯倒骑。 下半拍:松腕指不懈,松肩意开胸骨,右臂松肩沉肘,右掌置于左胯前,掌心向内;左臂形不动,肩肘腕指松,意在左手。 节拍要求:空。	上半拍: 下肢:两胯松沉至脚底开胯窝,听心搏看涟漪;松左胯沉至脚底,开胯窝❶❷④③倒骑沉至脚底。 上肢:腕松而不懈,右腕打大小圈,左腕打小大圈。 下半拍: 上肢:右臂松肩沉肘,右掌置于左胯前,掌心向内;左臂形不动,两臂抻,开腋窝掤松。 下肢:两胯松沉至脚底开胯窝,两胯抻倒骑开窝松。 身:松肩意开胸骨沉至脚底,意在左手。 节拍要求:空。
第四拍	右臂开腋窝掤松,曲肘右掌置于左腹前,掌心向内;左臂形不动。肩平开胸骨,左臂抻,开腋窝掤松。 节拍要求:到。	上半拍:两胯松沉至脚底开胯窝,听心搏,或看涟漪。松右胯沉至脚底,右左胯倒骑。 下半拍:右臂开腋窝掤松,曲肘右掌置于左腹前,掌心向内;左臂形不动,肩肘腕指松,意在左手。 节拍要求:到。	上半拍: 下肢:两胯松沉至脚底开胯窝,听心搏看涟漪;松右胯沉至脚底,开两胯❷④倒骑沉至脚底松两胯❶③倒骑。 上肢:腕松而不懈,右腕打小大圈,左腕打大小圈。 下半拍: 上肢:右臂开腋窝掤松,曲肘右掌置于左腹前,掌心向内;左臂形不动;左臂抻、开腋窝掤松。 下肢:两胯松沉至脚底开胯窝,两胯抻倒骑开窝松。 身:松肩意开胸骨沉至脚底,意在左手。 节拍要求:到。

◎ **第五小节：右掌至左胸，左手形不动→右单鞭**

右掌至左胸,左手形不动→右单鞭节拍动作分解见表4-25。

表 4-25　右掌至左胸,左手形不动→右单鞭节拍动作分解

节拍	分级技术要求		
	初级	中级	高级
第一拍	原地形不动,两胯松,肩平开胸骨,左臂抻,开腋窝掤松。节拍要求:松。	原地形不动。上半拍:两胯松沉至脚底开胯窝,听心搏,或看涟漪。下半拍:松腕指不懈,松肩意开胸骨；右臂开腋窝掤松,左臂开腋窝肩肘腕指松掤抻,意在左手。节拍要求:松。	原地形不动。上半拍：下肢:两胯松沉至脚底开胯窝,听心搏看涟漪；松右胯沉至脚底,开胯窝❶③❷④倒骑沉至脚底。上肢:腕松而不懈,右腕打大小圈,左腕打小大圈。下半拍：上肢:右臂开腋窝掤松,左臂开腋窝肩肘腕指松掤抻；两臂抻,开腋窝掤松。下肢:两胯松沉至脚底开胯窝,两胯抻倒骑开窝松。身:松肩意开胸骨沉至脚底,意在左手。节拍要求:松。
第二拍	右手腕指微松,前臂抬举至脸前,略低于眼,掌心向内；左臂形不动。肩平开胸骨,两臂抻,开腋窝掤松。节拍要求:柔。	上半拍:两胯松沉至脚底开胯窝,松左胯沉至脚底,左右胯倒骑。下半拍:右手腕指微松,前臂抬举至脸前,略低于眼,掌心向内；两臂抻,开腋窝掤松,左臂形不动,开窝肩肘腕指松,意在左手。节拍要求:柔。	上半拍：下肢:两胯松沉至脚底开胯窝,听心搏看涟漪；松左胯沉至脚底,开左胯❶❷倒骑沉至脚底松右胯④③倒骑。上肢:腕松而不懈,右腕打大小圈,左腕打小大圈。下半拍：上肢:右手腕指微松,前臂抬举至脸前,略低于眼,掌心向内；左臂形不动；两臂抻,开腋窝掤松；下肢:两胯松沉至脚底开胯窝,两胯抻倒骑开窝松。身:松肩意开胸骨沉至脚底,意在左手。节拍要求:柔。

续表

节拍	分级技术要求		
	初级	中级	高级
第三拍	右臂开腋窝松肩沉肘,右掌移至脸右侧,掌心向东;左臂形不动。肩平开胸骨,两臂抻,开腋窝掤松。 节拍要求:空。	上半拍:两胯松沉至脚底开胯窝,松右胯沉至脚底,右左胯倒骑。 下半拍:松腕指不懈,松肩意开胸骨,右臂开腋窝松肩沉肘,右掌移至脸右侧,掌心向东;左臂形不动,肩肘腕指松;两臂抻,开腋窝掤松,意在左手。 节拍要求:空。	上半拍: 下肢:两胯松沉至脚底开胯窝,听心搏看涟漪;松右胯沉至脚底,开胯窝❸❹②①倒骑沉至脚底。 上肢:腕松而不懈,右腕打小大圈,左腕打大小圈。 下半拍: 上肢:右臂开腋窝松肩沉肘,右掌移至脸右侧,掌心向东;左臂形不动;两臂抻,开腋窝掤松。 下肢:两胯松沉至脚底开胯窝,两胯抻倒骑开窝松。 身:松肩意开胸骨沉至脚底,意在左手。 节拍要求:空。
第四拍	右手前臂逆时针翻转,竖掌坐腕,掌心向西南;左臂形不动。肩平开胸骨,两臂似曲非曲,开腋窝掤抻。 节拍要求:到。	上半拍:两胯松沉至脚底开胯窝,听心搏,或看涟漪;松左胯沉至脚底,左右胯倒骑。 下半拍:两臂似曲非曲,开腋窝掤抻;右手前臂逆时针翻转,肩肘腕指松,竖掌坐腕,掌心向西南;左臂形不动,意在左手。 节拍要求:到。	上半拍: 下肢:两胯松沉至脚底开胯窝,听心搏看涟漪;松左胯沉至脚底,开两胯❹❷倒骑沉至脚底松两胯❸❶倒骑。 上肢:腕松而不懈,右腕打大小圈,左腕打小大圈。 下半拍: 上肢:右手前臂逆时针翻转,肩肘腕指松,竖掌坐腕,掌心向西南;左臂形不动;两臂抻,开腋窝掤松。 下肢:两胯松沉至脚底开胯窝,两胯抻倒骑开窝松。 身:松肩意开胸骨沉至脚底,意在左手。 节拍要求:到。

◈ **第六小节：右单鞭→左单鞭**

右单鞭→左单鞭节拍动作分解见表4-26。

表4-26 右单鞭→左单鞭节拍动作分解

节拍	分级技术要求		
	初级	中级	高级
第一拍	原地形不动，两胯松，肩平开胸骨，两臂抻，开腋窝掤松。节拍要求：松。	原地形不动。上半拍：两胯松沉至脚底开胯窝，听心搏，或看涟漪。下半拍：松腕指不懈，松肩意开胸骨；右臂肩肘腕指松，左臂开腋窝掤抻，意在左手。节拍要求：松。	原地形不动。上半拍：下肢：两胯松沉至脚底开胯窝，听心搏看涟漪；松左胯沉至脚底，开胯窝❸❶❹❷倒骑沉至脚底。上肢：腕松而不懈，右腕打大小圈，左腕打小大圈。下半拍：上肢：右臂肩肘腕指松，左臂开腋窝掤抻；两臂抻，开腋窝掤松。下肢：两胯松沉至脚底开胯窝，两胯抻倒骑开窝松。身：松肩意开胸骨沉至脚底，意在左手。节拍要求：松。
第二拍	右掌腕指松，掌心斜向下；左臂勾手五指微松。肩平开胸骨，两臂抻，开腋窝掤松。节拍要求：柔。	上半拍：两胯松沉至脚底开胯窝，听心搏，或看涟漪。下半拍：松腕指不懈，松肩意开胸骨；右掌腕指松，掌心斜向下；左臂肩肘腕指松，勾手五指微松；两臂抻，开腋窝掤松，意在左手。节拍要求：柔。	上半拍：下肢：两胯松沉至脚底开胯窝，听心搏看涟漪；松右胯沉至脚底，开右胯❸❹倒骑沉至脚底松左胯❷❶倒骑。上肢：腕松而不懈，右腕打小大圈，左腕打大小圈。下半拍：上肢：右掌腕指松，掌心斜向下；左臂勾手五指微松；两臂抻，开腋窝掤松。下肢：两胯松沉至脚底开胯窝，两胯抻倒骑开窝松。身：松肩意开胸骨沉至脚底，意在左手。节拍要求：柔。

续表

节拍	分级技术要求		
	初级	中级	高级
第三拍	右掌继续腕指松,掌心向下;左掌五指自然松开。肩平开胸骨,两臂抻,开腋窝掤松。 节拍要求:空。	上半拍:两胯松沉至脚底开胯窝,松左胯沉至脚底,左右胯倒骑。 下半拍:松腕指不懈,松肩意开胸骨,右臂肩肘腕指松,掌心向下;左掌五指自然伸开;两臂抻,开腋窝掤松,意在右手。 节拍要求:空。	上半拍: 下肢:两胯松沉至脚底开胯窝,听心搏看涟漪;松左胯沉至脚底,开胯窝❶❷④③倒骑沉至脚底。 上肢:腕松而不懈,右腕打大小圈,左腕打小大圈。 下半拍: 上肢:右手掌心向下;左掌五指自然伸开;两臂抻,开腋窝掤松。 下肢:两胯松沉至脚底开胯窝,两胯抻倒骑开窝松。 身:松肩意开胸骨沉至脚底,意在右手。 节拍要求:空。
第四拍	右掌成勾手,左手竖掌坐腕,两臂似曲非曲。肩平开胸骨,两臂抻,开腋窝掤松成左单鞭。 节拍要求:到。	上半拍:两胯松沉至脚底开胯窝,听心搏,或看涟漪;松右胯沉至脚底,右左胯倒骑。 下半拍:两臂抻,开腋窝掤抻;右掌成勾手,左手肩肘腕指松竖掌坐腕成左单鞭,意在右手。 节拍要求:到。	上半拍: 下肢:两胯松沉至脚底开胯窝,听心搏看涟漪;松右胯沉至脚底,开两胯❷④倒骑沉至脚底松两胯❶❸倒骑。 上肢:腕松而不懈,右腕打小大圈,左腕打大小圈。 下半拍: 上肢:右掌成勾手,左手竖掌坐腕成右单鞭;两臂抻,开腋窝掤松。 下肢:两胯松沉至脚底开胯窝,两胯抻倒骑开窝松。 身:松肩意开胸骨沉至脚底,意在右手。 节拍要求:到。

◇ 第七小节：左单鞭→两臂平举

左单鞭→两臂平举节拍动作分解见表4-27。

表4-27 左单鞭→两臂平举节拍动作分解

节拍	分级技术要求		
	初级	中级	高级
第一拍	原地形不动，两胯松，肩平开胸骨，两臂抻，开腋窝掤松。节拍要求：松。	原地形不动。上半拍：两胯松沉至脚底，听心搏，或看涟漪。下半拍：松腕指不懈，松肩意开胸骨，两臂开窝意抻掤，意在两臂。节拍要求：松。	原地形不动。上半拍：下肢：两胯松沉至脚底开胯窝，听心搏看涟漪；松右胯沉至脚底，两胯松❶③②❹倒骑沉至脚底。上肢：腕松而不懈，两腕打小大圈。下半拍：上肢：两臂抻，开腋窝掤松。下肢：两胯松沉至脚底开胯窝，两胯抻倒骑开窝松。身：松肩意开胸骨沉至脚底，意在两臂。节拍要求：松。
第二拍	左手腕指微松，掌心斜向下，松肩沉肘；右臂勾手五指微松。肩平开胸骨，两臂抻，开腋窝掤松。节拍要求：柔。	上半拍：两胯松沉至脚底开胯窝，松左胯沉至脚底，左右胯倒骑，两臂抻，开腋窝掤松。下半拍：左手腕指微松，掌心斜向下；右臂勾手五指微松；两臂开窝肩肘腕指松，意在双手。节拍要求：柔。	上半拍：下肢：两胯松沉至脚底开胯窝，听心搏看涟漪；松左胯沉至脚底，开左胯❶②倒骑沉至脚底松右胯④③倒骑。上肢：腕松而不懈，左右腕打大小圈。下半拍：上肢：左手腕指微松，掌心斜向下；右臂勾手五指微松；两臂抻，开腋窝掤松。下肢：两胯松沉至脚底开胯窝，两胯抻倒骑开窝松。身：松肩意开胸骨沉至脚底，意在双手。节拍要求：柔。

续表

节拍	分级技术要求		
	初级	中级	高级
第三拍	两手掌心向下,两臂相合,略宽于肩。肩平开胸骨,两臂抻,开腋窝掤松。节拍要求:空。	上半拍:两胯松沉至脚底开胯窝,松右胯沉至脚底,右左胯倒骑。下半拍:松腕指不懈,松肩意开胸骨,两手掌心向下,两臂相合,略宽于肩,意在双手。节拍要求:空。	上半拍:下肢:两胯松沉至脚底开胯窝,听心搏看涟漪;松右胯沉至脚底,开胯窝❸❹②①倒骑沉至脚底。上肢:腕松而不懈,左右腕打大小圈。下半拍:上肢:两手掌心向下,两臂相合,略宽于肩;两臂抻,开腋窝掤松。下肢:两胯松沉至脚底开胯窝,两胯抻倒骑开窝松。身:松肩意开胸骨沉至脚底,意在双手。节拍要求:空。
第四拍	两臂继续相合至与肩同宽,手背与手臂呈一条直线、与肩同高。肩平开胸骨,两臂抻,开腋窝掤松。节拍要求:到。	上半拍:两胯松沉至脚底开胯窝,听心搏,或看涟漪;松左胯沉至脚底,左右胯倒骑。下半拍:两臂继续相合至与肩同宽,手背与手臂呈一条直线、与肩同高。两臂肩肘腕指松,意在双手。节拍要求:到。	上半拍:下肢:两胯松沉至脚底开胯窝,听心搏看涟漪;松左胯沉至脚底,开两胯❹②倒骑沉至脚底松两胯❸❶倒骑。上肢:腕松而不懈,左右腕打大小圈。下半拍:上肢:两臂继续相合至与肩同宽,手背与手臂呈一条直线、与肩同高;两臂抻,开腋窝掤松。下肢:两胯松沉至脚底开胯窝,两胯抻倒骑开窝松。身:松肩意开胸骨沉至脚底,意在双手。节拍要求:到。

◎ **第八小节：两臂平举→两臂下按**

两臂平举→两臂下按节拍动作分解见表4-28。

表4-28 两臂平举→两臂下按节拍动作分解

节拍	分级技术要求		
	初级	中级	高级
第一拍	原地形不动，两胯松，肩平开胸骨，两臂押，开腋窝掤松。节拍要求：松。	原地形不动。上半拍：两胯松沉至脚底，听心搏，或看涟漪。下半拍：松腕指不懈，松肩意开胸骨，两臂开窝意押掤，意在两臂。节拍要求：松。	原地形不动。上半拍：下肢：两胯松沉至脚底开胯窝，听心搏看涟漪；两胯松❸❶❹❷倒骑沉至脚底。上肢：腕松而不懈，两腕打大小圈。下半拍：上肢：两臂押，开腋窝掤松。下肢：两胯松沉至脚底开胯窝，两胯押倒骑开窝松。身：松肩意开胸骨沉至脚底，意在两臂。节拍要求：松。
第二拍	两肘松沉微曲，手指高度不变，手背与手臂呈一条直线。节拍要求：柔	上半拍：松肩柔臂，两胯松沉至脚底，听心搏，或看涟漪。下半拍：两臂开腋窝掤松，两肘松沉微曲，手指高度不变，手背与手臂呈一条直线，松而不懈，意在左臂。节拍要求：柔。	上半拍：下肢：两胯松沉至脚底开胯窝，听心搏看涟漪；两胯松❸❹②①倒骑沉至脚底。上肢：松肩柔臂，腕松而不懈，两腕打大小圈。下半拍：上肢：两肘松沉微曲，手指高度不变，手背与手臂呈一条直线；两臂押，开腋窝掤松。下肢：两胯松沉至脚底开胯窝，两胯押倒骑开窝松。身：松肩意开胸骨沉至脚底，意在左臂。节拍要求：柔

续表

节拍	分级技术要求		
	初级	中级	高级
第三拍	上臂松沉,前臂下按,手型不变。节拍要求:空。	上半拍:松肩柔臂,两胯松沉至脚底。下半拍:松腕指不懈,松肩意开胸骨,上臂松沉,前臂下按,手型不变,肩肘腕指依次松,开胯窝掤松,意在右臂。节拍要求:空。	上半拍: 下肢:两胯松沉至脚底开胯窝,听心搏看涟漪;两胯松❶❷④③倒骑沉至脚底。 上肢:松肩柔臂,腕松而不懈,两腕打大小圈。 下半拍: 上肢:上臂松沉,前臂下按,手型不变;两臂抻,开腋窝掤松; 下肢:两胯松沉至脚底开胯窝,两胯抻倒骑开窝松。 身:松肩意开胸骨沉至脚底,意在右臂。 节拍要求:空。
第四拍	上臂不动,前臂松沉坐腕,食指正对前方,掌心向下。节拍要求:到。	上半拍:肩松臂柔,两胯松沉至脚底,听心搏,或看涟漪。下半拍:两臂开腋窝掤松,上臂不动,前臂松沉坐腕,食指正对前方,掌心向下,意在两臂。节拍要求:到。	上半拍: 下肢:两胯松沉至脚底开胯窝,听心搏看涟漪;两胯松❷④❶③倒骑沉至脚底。 上肢:肩松臂柔,腕松而不懈,两腕打大小圈。 下半拍: 上肢:上臂不动,前臂松沉坐腕,食指正对前方,掌心向下;两臂抻,开腋窝掤松。 下肢:两胯松沉至脚底开胯窝,两胯抻倒骑开窝松。 身:松肩意开胸骨沉至脚底,意在两臂。 节拍要求:到。

◎ 第九小节：两臂下按→还原预备式

两臂下按→还原预备式节拍动作分解见表4-29。

表 4-29 两臂下按→还原预备式节拍动作分解

节拍	分级技术要求		
	初级	中级	高级
第一拍	原地形不动，两胯松，肩平开胸骨，两臂抻，开腋窝掤松。节拍要求：松。	原地形不动。上半拍：两胯松沉至脚底，听心搏，或看涟漪。下半拍：松腕指不懈，松肩意开胸骨，肩肘腕指依次松，两臂抻，开腋窝，意在两臂。节拍要求：松。	原地形不动。上半拍：下肢：两胯松沉至脚底开胯窝，听心搏看涟漪；开左胯沉至脚底，两胯松❸❶❹❷倒骑沉至脚底。上肢：腕松而不懈，两腕打大小圈。下半拍：上肢：两臂抻，开腋窝掤松。下肢：两胯松沉至脚底开胯窝，两胯抻倒骑开窝松。身：松肩意开胸骨沉至脚底，意在两臂。节拍要求：松。
第二拍	重心移至右脚，左脚跟微离地。节拍要求：柔。	上半拍：两胯松沉至脚底，开右胯沉至脚底，左胯松右左胯倒骑，重心移至右脚，左脚跟微离地，肩胯平。下半拍：两臂开腋窝掤松，意在左臂。节拍要求：柔。	上半拍：下肢：两胯松沉至脚底倒骑听心搏看涟漪；开右胯沉至脚底，开右胯❸❹倒骑沉至右脚底松左胯❷❶倒骑，右左胯倒骑重心移至右脚，左脚跟微离地。上肢：腕松而不懈，两腕打小大圈。下半拍：上肢：两臂抻，开腋窝掤松。下肢：两胯松沉至脚底开胯窝，两胯抻倒骑开窝松。身：松肩意开胸骨沉至脚底，意在左臂。节拍要求：柔。

续表

节拍	分级技术要求		
	初级	中级	高级
第三拍	提左膝向右侧收脚,脚尖着地。节拍要求:空。	上半拍:松肩意开胸骨,右左倒骑,开右胯,提左膝向右侧收脚,脚尖着地,开腋窝。下半拍:松腕指不懈,松肩意开胸骨,意在右臂。节拍要求:空。	上半拍: 下肢:两胯松沉至脚底,听心搏看涟漪。松肩意开胸骨,开左胯❶❷倒骑沉至右脚底松右胯④③提左膝向右侧收脚,脚尖着地。 上肢:腕松而不懈,两腕打小大圈。 下半拍: 上肢:两臂抻,开腋窝掤松。 下肢:两胯松沉至脚底开腋窝,两胯抻倒骑开窝松。 身:松肩意开胸骨沉至脚底,意在右臂。 节拍要求:空。
第四拍	脚跟着地,还原预备式。节拍要求:到。	上半拍:脚跟着地,还原预备式,两胯松沉至脚底,听心搏,或看涟漪。下半拍:两臂开腋窝掤松,意在两臂。节拍要求:到。	上半拍: 下肢:脚跟着地,还原预备式,两胯松沉至脚底倒骑,听心搏看涟漪;两胯松❷④❶❸倒骑沉至脚底。 上肢:腕松而不懈,两腕打小大圈。 下半拍: 上肢:两臂抻,开腋窝掤松。 下肢:两胯松沉至脚底开腋窝,两胯抻倒骑开窝松。 身:松肩意开胸骨沉至脚底,意在两臂。 节拍要求:到。

六、猫步

步型:弓步、坐步、开胯弓步、出脚坐步。

手型:两臂提至胸前成抱球状,掌指相对,指距3~5厘米。两臂抱球姿态保持到练习结束。

(一) 形体五技术

身:一胸骨,身正直,意开胸骨。

肩:两个肩,肩外押,形要平正。

线:三条线,人居中,切忌偏斜。

窝:四个窝,意撑开,上下打圈。

胯:六个点,坐凳子,肩胯垂直。

(二) 线路

猫步行径方向:正东。

①预备式→②两臂平举→③屈膝下蹲→④出脚右坐步→⑤左弓步→⑥右坐步→⑦开胯左弓步→⑧出脚左坐步→⑨右弓步→⑩左坐步→⑪开胯右弓步→⑫出脚右坐步→⑬左弓步→⑭收势

注:

⑤→⑬可重复练习。

(三) 听拍原则

技法练习,皆为意行。意在体内,意在体外,意在内外。

1. 重心移动

左移到右,四拍。

右移到左,四拍。

前移到后,四拍。(弓步转坐步)

后移到前,四拍。(坐步转弓步)

2. 步法移动

腿向前迈一步,四拍。

收脚两拍,出脚两拍。

腿向后退一步,四拍。

收脚两拍,后撤两拍。

跟步一次,四拍。

腿提一次,四拍。

(四)节拍技术

1. 听拍

第一拍:原地松。

第二拍:中定。

第三拍:原地似动非动,似松非松。

第四拍:到位。

2. 初级松胯

第一拍:两胯松。

第二拍:虚胯松。

第三拍:两胯松。

第四拍:虚胯松。

3. 中级松胯

预备式左弓步:两胯松(双)→左右胯松(左右)→两胯松(双)→右左胯松(右左)。

预备式右弓步:两胯松(双)→右左胯松(右左)→两胯松(双)→左右胯松(左右)。

4. 高级松胯

左弓步:两胯松(双)→双左右胯松(双左右)→两胯松(双)→双右左胯松(双右左)。

右弓步:两胯松(双)→双右左胯松(双右左)→两胯松(双)→双左右胯松(双左右)。

5. 胯倒骑

位置编号:1为左胯胯窝,2为左胯外胯;3为右胯胯窝,4为右胯外胯。(见图4-1)

意在体内:❶❷❸❹(黑底白字)

意在体外:①②③④(白底黑字)

6. 步法转换

胯窝始终均开50%,使膝尖、脚尖两尖方向保持一致。

7.腋窝打圈

(1)圈大小

①由小到大　　　　　（掤松）

②由大到中　　　　　（柔）

③由中到无　　　　　（空）

④由无到夼　　　　　（松掤）

(2)圈速度

①由快到慢　　　　　（掤松）

②由慢到滞　　　　　（柔）

③由滞到停　　　　　（空）

④由慢到快　　　　　（松掤）

(3)圈形意

①形小意大

②形大意小

③形小意大

④形大意小

8.四拍韵动

第一拍:韵味的酝酿和创造。

第二拍:韵味的展示。

第三拍:似动非动、似停非停,中定再创韵味。

第四拍:形意到位,意犹未尽,欲言又止。

(五)节拍与技术要求

初级:为动作线路和形体五要求。

中级:在初级基础上,上拍、下拍意在体内。

高级:在中级基础上,上拍、下拍意在体内体外,或反之。

> 注:
>
> 为便于掌握猫步初、中、高三级技术,特制作猫步技术系列视频供参考之。

预备式：

两脚并拢，面向东南自然站立，脚尖正对前方；两手放于大腿两侧，松腕指不懈，松肩意开胸骨；脚底意在外听心搏，或看涟漪；眼视正前方。

◎ 第一小节

步法：预备式→左开步。

上体：身体正直，松弛自然。

预备式→左开步节拍动作分解见表4-30。

表4-30　预备式→左开步节拍动作分解

节拍	分级技术要求		
	初级	中级	高级
第一拍	原地形不动，两胯松沉至脚底开胯窝掤松；松肩意开胸骨，开腋窝掤松。节拍要求：松。	原地形不动。上半拍：两胯松沉至脚底倒骑听心搏，或看涟漪。下半拍：松腕指不懈，均开四窝掤松，松肩意开胸骨，两胯掤倒骑开窝松沉至脚底。节拍要求：松。	原地形不动。上半拍：下肢：两胯松平❶❸❷④倒骑沉至脚底；两胯倒骑沉至脚底看涟漪，脚底反弹力至踝听心搏。上肢：松肩柔臂，两臂掤，开腋窝掤松，意在两腋。下半拍：上肢：腋窝意打圈，由小到大，由快到慢，形小意大。下肢：两胯松沉至脚底开胯窝，两胯掤倒骑开窝松。身：松肩意开胸骨沉至脚底，圆裆开胯。节拍要求：松。
第二拍	两胯平，开左胯松右胯，移重心至右脚，左脚跟微离地；松肩意开胸骨。节拍要求：倒。	上半拍：松肩柔臂，两胯松平；开左胯松右胯，右左胯倒骑重心移至右脚，左脚跟微离地。下半拍：松肩意开胸骨，均开四窝掤松；两胯掤倒骑开窝松沉至脚底，肩、肘、腕、指松，意在左臂。节拍要求：倒。	上半拍：下肢：两胯松倒骑沉至脚底看涟漪，脚底反弹力至踝听心搏；开左胯❶❷倒骑沉至脚底，松右胯④③倒骑，重心移至右脚，左脚跟微离地。上肢：松肩柔臂，两臂掤，开腋窝掤松，意在两臂。下半拍：上肢：腋窝意打圈，由大到中，由慢到滞，形大意小。下肢：两胯松沉至脚底开胯窝，两胯掤倒骑开窝松。身：松肩意开胸骨沉至脚底，圆裆开胯。节拍要求：柔。

续表

节拍	分级技术要求		
	初级	中级	高级
第三拍	开右胯松左胯,提左膝小腿与地面垂直。向左侧开步,与肩同宽,脚尖点地,脚跟微外撑,脚尖正对前方;两臂开腋窝掤松。 节拍要求:定。	上半拍:开左胯松右胯沉至脚底,右左胯倒骑提左膝,小腿与地面垂直。 下半拍:向左侧开步,与肩同宽,脚尖点地,左右胯倒骑,脚跟微外撑,脚尖正对前方。均开四窝掤松,意在右臂。 节拍要求:定。	上半拍: 下肢:开右胯❸❹倒骑沉至脚底,松左胯②①倒骑;两胯倒骑沉至脚底看涟漪,脚底反弹力至踝听心搏。 上肢:松肩柔臂,两臂抻,开腋窝掤松,意在两腋。 下半拍: 上肢:腋窝意打圈,由中到无,由滞到停,形小意大。 下肢:两胯松沉至脚底开胯窝,两胯抻倒骑开窝松。右左胯倒骑提左膝开胯向左侧开步,与肩同宽,脚尖点地,脚跟微外撑,脚尖正对前方。 身:松肩意开胸骨沉至脚底,圆裆开胯。 节拍要求:定。
第四拍	脚跟着地,重心移到两脚中间,两胯松,均开胯窝;松肩意开胸骨,意在两臂。 节拍要求:磨。	上半拍:脚跟着地,重心移到两脚中间;两胯松沉倒骑至脚底,听心脏搏动,或看涟漪。 下半拍:两胯平抻倒骑开窝松,松肩意开胸骨,均开四窝,意在两臂。 节拍要求:磨。	上半拍: 下肢:脚跟着地,重心移到两脚中间;两胯松倒骑沉至脚底看涟漪,脚底反弹力至踝听心搏;两胯平松❹②❸❶倒骑沉至脚底。 上肢:松肩柔臂,两臂抻,开腋窝掤松,意在两臂。 下半拍: 上肢:腋窝意打圈,由无到杰,由慢到快,形大意小。 下肢:两胯松沉至脚底开胯窝,两胯抻倒骑开窝松。 身:松肩意开胸骨沉至脚底,圆裆开胯。 节拍要求:磨。

111

◇ **第二小节**

步法：左开步→两臂平举。

上体：身体正直，两臂松柔自然。

左开步→两臂平举节拍动作分解见表4-31。

表4-31 左开步→两臂平举节拍动作分解

节拍	分级技术要求		
	初级	中级	高级
第一拍	原地形不动，两胯松沉至脚底开胯窝掤松；松肩意开胸骨，开腋窝掤松，意在两臂。节拍要求：松。	原地形不动。上半拍：两胯松沉至脚底倒骑听心搏，或看涟漪。下半拍：松腕指不懈，均开四窝掤松，松肩意开胸骨；两虎口意微合，掌形不变；两胯抻倒骑开窝松沉至脚底，意在两臂。节拍要求：松。	原地形不动。上半拍：下肢：两胯平松❶③②④倒骑沉至脚底；两胯倒骑沉至脚底看涟漪，脚底反弹力至踝听心搏。上肢：虎口意微合，掌形不变；两臂抻，开腋窝掤松，意在两腋。下半拍：上肢：腋窝意打圈，由小到大，由快到慢，形小意大。下肢：两胯松沉至脚底开胯窝，两胯抻倒骑开窝松。身：松肩意开胸骨沉至脚底，圆裆开胯。节拍要求：松。
第二拍	松肩柔臂，两胯平，掤松沉至脚底产生反弹力，带动两手腕向前向上抬举约30°；松肩意开胸骨，意在左臂。节拍要求：倒。	上半拍：松肩柔臂，两胯松沉倒骑至脚底，左右胯倒骑产生反弹力开腋窝掤松，两腕带动手臂向前向上抬举约30°。下半拍：两胯抻倒骑开窝松沉至脚底，均开四窝掤松；肩、肘、腕、指松，意在左臂。节拍要求：倒。	上半拍：下肢：两胯松倒骑沉至脚底看涟漪，脚底反弹力至踝听心搏；两胯平松❶②④③倒骑沉至脚底。上肢：两臂抻，开腋窝掤松，两腕带动手臂向前向上抬举约30°，意在两臂。下半拍：上肢：腋窝意打圈，由大到中，由慢到滞，形大意小。下肢：两胯松沉至脚底产生反弹力开胯窝，两胯抻倒骑开窝松。身：脚底反弹力继续向上开腋窝掤松，松肩意开胸骨沉至脚底。节拍要求：倒柔。

续表

节拍	分级技术要求		
	初级	中级	高级
第三拍	两胯松沉至脚底，开胯窝掤松再次产生反弹力，带动两臂手腕向前向上抬举约至75°；松腕指不懈；两臂开腋窝掤松，意在右臂。 节拍要求：定。	上半拍：两胯松沉倒骑至脚底，右左胯产生反弹力开腋窝掤松，两腕带动手臂向前向上抬举约至75°。 下半拍：松腕指不懈，两臂开腋窝掤松，两胯抻倒骑开窝松沉至脚底；意在右臂。 节拍要求：定。	上半拍： 下肢：两胯平松❸❹②①倒骑沉至脚底；两胯倒骑沉至脚底看涟漪，脚底反弹力至踝听心搏。 上肢：松肩柔臂，两臂抻，开腋窝掤松，两腕带动手臂向前向上抬举约至75°，意在两腋。 下半拍： 上肢：腋窝意打圈，由中到无，由滞到停，形小意大。 下肢：两胯松沉至脚底产生反弹力开腋窝，两胯抻倒骑开窝松。 身：脚底反弹力继续向上开腋窝掤松，松肩意开胸骨沉至脚底。 节拍要求：定。
第四拍	两胯掤，松沉至脚底再次产生反弹力，带动两臂手腕向前向上抬举至与肩平，手背与手臂呈一条直线；松肩意开胸骨，意在两臂。 节拍要求：磨。	上半拍：松肩柔臂，两胯松沉倒骑至脚底，两胯抻倒骑开窝松产生反弹力，开腋窝掤松，两腕带动手臂向前向上抬举至与肩平，手背与手臂呈一条直线。 下半拍：腕松掌不懈，松肩意开胸骨，意在两臂。 节拍要求：磨。	上半拍： 下肢：两胯松倒骑沉至脚底看涟漪，脚底反弹力至踝听心搏；两胯平松❹②❸❶倒骑沉至脚底。 上肢：两腕带动手臂向前向上抬举至与肩平；两臂抻，开腋窝掤松，意在两臂。 下半拍： 上肢：腋窝意打圈，由无到夼，由慢到快，形大意小。 下肢：两胯松沉至脚底产生反弹力开腋窝，两胯抻倒骑开窝松。 身：脚底反弹力继续向上开腋窝掤松，松肩意开胸骨沉至脚底。 节拍要求：磨。

◇ 第三小节

步法:两臂平举→两臂下按,屈膝下蹲。

上体:身体正直,两臂松弛下按。

两臂平举→两臂下按,屈膝下蹲节拍动作分解见表4-32。

表4-32　两臂平举→两臂下按,屈膝下蹲节拍动作分解

节拍	分级技术要求		
	初级	中级	高级
第一拍	原地形不动,两胯松沉至脚底开胯窝掤松;松肩意开胸骨,开腋窝掤松,意在两臂。节拍要求:松。	原地形不动。上半拍:两胯松沉至脚底倒骑听心搏,或看涟漪。下半拍:松腕指不懈,均开四窝掤松,松肩意开胸骨,两胯掤倒骑开窝松沉至脚底;两臂开窝意抻掤,意在两臂。节拍要求:松。	原地形不动。上半拍:下肢:两胯抻❸❶❹❷倒骑沉至脚底;两胯倒骑沉至脚底看涟漪,脚底反弹力至踝听心搏。上肢:松肩柔臂,两臂抻,开腋窝掤松,意在两腋。下半拍:上肢:腋窝意打圈,由小到大,由快到慢,形小意大。下肢:两胯松沉至脚底产生反弹力开胯窝,两胯抻倒骑开窝松。身:脚底反弹力继续向上开腋窝掤松,松肩意开胸骨沉至脚底。节拍要求:松。
第二拍	松肩柔臂,两胯平,松沉至脚底;两肘松沉微曲,手指高度不变,手背与手臂呈一条直线;松肩意开胸骨;两胯松,微屈下蹲,上体保持正直,意在左臂。节拍要求:倒。	上半拍:松肩柔臂,两胯平,两胯松沉至脚底倒骑听心搏,或看涟漪。下半拍:均开四窝掤松,两胯抻倒骑开窝松沉至脚底;松腕指不懈,松肩意开胸骨;肩、肘、腕、指松,两肘松沉微曲,手指高度不变,手背与手臂呈一条直线;两胯松,屈微下蹲,上体保持正直,意在左臂。节拍要求:倒。	上半拍:下肢:两胯松倒骑沉至脚底看涟漪,脚底反弹力至踝听心搏;两胯抻❸❹❷❶倒骑沉至脚底。上肢:两肘松沉微曲,手指高度不变,手背与手臂呈一条直线;两臂抻,开腋窝掤松,意在两臂。下半拍:上肢:腋窝意打圈,由大到中,由慢到滞,形大意小。下肢:两胯松沉至脚底开胯窝,两胯平抻倒骑开窝松,两胯膝松屈微下蹲。身:松肩意开胸骨沉至脚底,圆裆开胯。节拍要求:倒柔。

续表

节拍	分级技术要求		
	初级	中级	高级
第三拍	松肩柔臂，两胯松沉至脚底；上臂松沉，前臂下按，手型不变，肩肘腕指依次松，两臂开腋窝掤松，两胯松，继续屈蹲，意在右臂。节拍要求：定。	上半拍：松肩柔臂，两胯平，两胯松沉至脚底倒骑听心搏，或看涟漪。下半拍：均开四窝掤松，两胯抻倒骑开窝松沉至脚底；松腕指不懈，松肩意开胸骨；肩、肘、腕、指松，两肘松沉微曲，手指高度不变，手背与手臂呈一条直线；两胯松，屈膝继续下蹲，上体保持正直，意在右臂。节拍要求：定。	上半拍：下肢：两胯抻❶❷④③倒骑沉至脚底；两胯倒骑沉至脚底看涟漪，脚底反弹力至踝听心搏。上肢：上臂松沉，前臂下按，手型不变；两臂抻，开腋窝掤松，意在两腋。下半拍：上肢：腋窝意打圈，由中到无，由滞到停，形小意大。下肢：两胯松沉至脚底开腋窝，两胯平抻倒骑开窝松，两胯膝松屈继续下蹲。身：松肩意开胸骨沉至脚底，圆裆开胯。节拍要求：定。
第四拍	肩松臂柔，两胯松沉至脚底；上臂不动，前臂松沉坐腕，食指正对前方，掌心向下，两胯松，屈至半蹲；均开四窝掤松，松肩意开胸骨，意在两手。节拍要求：磨。	上半拍：肩松臂柔，两胯松沉至脚底倒骑听心搏，或看涟漪。下半拍：均开四窝掤松，两胯抻倒骑开窝松沉至脚底；松腕指不懈，松肩意开胸骨；上臂不动，前臂松沉坐腕，食指正对前方，掌心向下；两胯松，屈至半蹲，意在两手。节拍要求：磨。	上半拍：下肢：两胯松倒骑沉至脚底看涟漪，脚底反弹力至踝听心搏；两胯抻❷④❶❸倒骑沉至脚底。上肢：上臂不动，前臂松沉坐腕，食指正对前方，掌心向下；松肩柔臂，两臂抻，开腋窝掤松，意在两臂。下半拍：上肢：腋窝意打圈，由无到杂，由慢到快，形大意小。下肢：两胯松沉至脚底开腋窝，两胯平抻倒骑开窝松，两胯膝松屈至半蹲。身：松肩意开胸骨沉至脚底，圆裆开胯。节拍要求：磨。

◇ 第四小节

步法：屈膝下蹲→出左脚成右坐步。

上体：东南45°，两臂提至胸前环臂抱球。

屈膝下蹲→出左脚成右坐步节拍动作分解见表4-33。

表4-33 屈膝下蹲→出左脚成右坐步节拍动作分解

节拍	分级技术要求		
	初级	中级	高级
第一拍	原地形不动，两胯松沉至脚底开胯窝掤松；松肩意开胸骨，开腋窝掤松，意在两腕。节拍要求：松。	原地形不动。上半拍：两胯松沉至脚底倒骑听心搏，或看涟漪。下半拍：松腕指不解，均开四窝掤松，松肩意开胸骨，两胯掤倒骑开窝松沉至脚底；两臂开窝意掤掤，意在两腕。节拍要求：松。	原地形不动。上半拍：下肢：两胯掤❸❶❹❷倒骑沉至脚底；两胯倒骑沉至脚底看涟漪，脚底反弹力至踝听心搏。上肢：松肩柔臂，两胯掤，开腋窝掤松，意在两胯。下半拍：上肢：腋窝意打圈，由小到大，由快到慢，形小意大。下肢：两胯松沉至脚底开胯窝，两胯掤倒骑开窝松。身：松肩意开胸骨沉至脚底，圆裆开胯。节拍要求：松。
第二拍	两胯平，开左胯松右胯，重心微移右脚，左脚跟离地。两臂开腋窝提至胸前成抱球状，掌指相对，指距约5厘米；松肩意开胸骨。节拍要求：倒。	上半拍：松肩柔臂，两胯平，两胯松沉至脚底倒骑听心搏，或看涟漪。下半拍：两胯平掤倒骑开窝松，开左胯松右胯，重心微移右脚，左脚跟离地。两臂开腋窝提至胸前成抱球状，掌指相对，指距约5厘米；松肩意开胸骨，均开四窝掤松。节拍要求：倒。	上半拍：下肢：两胯松倒骑沉至脚底看涟漪，脚底反弹力至踝听心搏；两胯掤❸❹❷❶倒骑沉至脚底。上肢：两臂开腋窝提至胸前成抱球状，掌指相对，指距约5厘米，意在两臂。下半拍：上肢：腋窝意打圈，由大到中，由慢到滞，形大意小。下肢：两胯松沉至脚底开胯窝，两胯平掤倒骑开窝松，两胯膝松屈微下蹲，左脚跟离地。身：松肩意开胸骨沉至脚底，圆裆开胯。节拍要求：倒柔。

续表

节拍	分级技术要求		
	初级	中级	高级
第三拍	开右胯松左胯,左脚向正东方向提膝,高不过胯,小腿与地面垂直,开窝成右单腿中定;两臂开腋窝掤松。节拍要求:定。	上半拍:松肩柔臂,两胯平,两胯松沉至脚底倒骑听心搏,或看涟漪。下半拍:两胯抻倒骑开窝松开右胯松左胯,左脚向正东方向提膝,高不过胯,小腿与地面垂直,开窝成右单腿中定;松肩意开胸骨,均开四窝掤松。节拍要求:定。	上半拍: 下肢:两胯抻❶❷④③倒骑沉至脚底;两胯倒骑沉至脚底看涟漪,脚底反弹力至踝听心搏。 上肢:松肩柔臂,两臂抻,开腋窝掤松,意在两腋。 下半拍: 上肢:腋窝意打圈,由中到无,由滞到停,形小意大。 下肢:两胯抻倒骑,开窝松倒骑开右胯松左胯,左脚向正东方向倒骑提膝,高不过胯,小腿与地面垂直,开两窝成右单腿中定。 身:松肩意开胸骨沉至脚底,圆裆开胯。节拍要求:定。
第四拍	重心不动,左胯松开窝伸小腿,脚跟着地,松左右胯成右坐步,均开胯窝松,意坐凳子;松肩意开胸骨。上体:东南45°不变。节拍要求:磨。	上半拍:松肩柔臂,两胯平,两胯松沉至脚底倒骑听心搏,或看涟漪。下半拍:重心不动,两胯松倒骑,开右左胯倒骑伸小腿,膝关节自然伸直,脚掌滞空离地5~10厘米,意坐凳子成右坐步;松肩意开胸骨,均开四窝掤松。上体:东南45°不变。节拍要求:磨。	上半拍: 下肢:两胯松倒骑沉至脚底看涟漪,脚底反弹力至踝听心搏;两胯平松❷④❶③倒骑沉至脚底。 上肢:松肩柔臂,两臂抻,开腋窝掤松,意在两臂。 下半拍: 上肢:腋窝意打圈,由无到尒,由慢到快,形大意小。 下肢:重心不动,开右左胯倒骑,松小腿自然摆伸,至左腿似直非直,似曲非曲,脚掌滞空离地5~10厘米,两胯平圆裆意坐凳子成右坐步。 身:东南45°不变;松肩意开胸骨沉至脚底,圆裆开胯。节拍要求:磨。

◈ 第五小节

步法：右坐步→左弓步。

上体：东南45°→转正东方向。

右坐步→左弓步节拍动作分解见表4-34。

表4-34 右坐步→左弓步节拍动作分解

节拍	分级技术要求		
	初级	中级	高级
第一拍	原地形不动，两胯松沉至脚底开胯窝掤松；松肩意开胸骨，开腋窝掤松。节拍要求：松。	原地形不动。上半拍：松肩柔臂，两胯平，两胯松沉至脚底倒骑听心搏，或看涟漪。下半拍：两胯松倒骑，膝关节伸直，脚跟滞空前抻；松肩意开胸骨，均开四窝掤松。节拍要求：松。	原地形不动。上半拍：下肢：右左胯倒骑，脚掌滞空，大脚趾前抻使膝关节伸直，脚掌离地5~10厘米。上肢：两臂抻，开腋窝掤松，意在两腋。下半拍：上肢：腋窝意打圈，由小到大，由快到慢，形小意大。下肢：左脚跟着地，两胯平松沉至脚底；两胯平松❸①❹②倒骑沉至脚底，两胯倒骑沉至脚底看涟漪，脚底反弹力至踝听心搏。两胯抻倒骑开窝松。身：松肩意开胸骨沉至脚底，圆裆开胯。节拍要求：松。
第二拍	两胯平，开左胯松沉至脚底，松左右胯成中定；均开四窝松，松肩意开胸骨。节拍要求：倒。	上半拍：松肩柔臂，两胯平，两胯松沉至脚底倒骑听心搏，或看涟漪。下半拍：两胯平抻倒骑开窝松，开左胯松沉至脚底，松左右胯成中定；松肩意开胸骨，均开四窝掤松。节拍要求：倒。	上半拍：下肢：左脚掌、趾依次着地，两胯松倒骑沉至脚底看涟漪，脚底反弹力至踝听心搏；两胯平松❸❹②①倒骑沉至脚底。上肢：松肩柔臂，两臂抻，开腋窝掤松，意在两臂。下半拍：上肢：腋窝意打圈，由大到中，由慢到滞，形大意小。下肢：开左胯松沉至脚底，松左右胯倒骑成中定，两胯松沉至脚底，听心搏看涟漪。身：松肩意开胸骨沉至脚底，圆裆开胯。节拍要求：倒柔。

续表

节拍	分级技术要求		
	初级	中级	高级
第三拍	开窝两胯松,松右左胯,重心似移非移,似动非动;两臂开腋窝掤松。 节拍要求:定。	上半拍:松肩柔臂,两胯平,两胯松沉至脚底倒骑听心搏,或看涟漪。 下半拍:两胯平抻倒骑开窝松,松右左胯,重心似移非移,似动非动;松肩意开胸骨,均开四窝掤松。 节拍要求:定。	上半拍: 下肢:两胯松❶❷④③倒骑沉至脚底;两胯倒骑沉至脚底看涟漪,脚底反弹力至踝听心搏。 上肢:松肩柔臂,两臂抻,开腋窝掤松,意在两腋。 下半拍: 上肢:腋窝意打圈,由中到无,由滞到停,形小意大。 下肢:中定两胯平抻倒骑开窝松,松右左胯,重心似移非移,似动非动。 身:松肩意开胸骨沉至脚底,圆裆开胯。 节拍要求:定。
第四拍	两胯松沉至脚底,左右胯松,右胯逆时针平磨成左弓步;两胯均开胯窝松;身由东南45°转正东方向;松肩意开胸骨。 节拍要求:磨。	上半拍:松肩柔臂,两胯平,两胯松沉至脚底倒骑听心搏,或看涟漪。 下半拍:两胯平抻倒骑开窝松,左右胯松,右胯逆时针平磨成左弓步;身体由东南45°转正东方向;松肩意开胸骨,均开四窝掤松。 节拍要求:磨。	上半拍: 下肢:两胯松倒骑沉至脚底看涟漪,脚底反弹力至踝听心搏;两胯抻❷④❶③倒骑沉至脚底。 上肢:松肩柔臂,两臂抻,开腋窝掤松,意在两臂。 下半拍: 上肢:腋窝意打圈,由无到夯,由慢到快,形大意小。 下肢:两胯平抻倒骑开窝松,开左胯松沉至脚底,右胯顺时针平磨,左胯倒骑成左弓步。 身:身体由东南45°转正东方向;松肩意开胸骨沉至脚底。 节拍要求:磨。

◇ **第六小节**

步法:左弓步→右坐步。

上体:正东方向不变。

左弓步→右坐步节拍动作分解见表 4-35。

表 4-35 左弓步→右坐步节拍动作分解

节拍	分级技术要求		
	初级	中级	高级
第一拍	原地形不动,两胯松沉至脚底开胯窝掤松;松肩意开胸骨,开腋窝掤松。节拍要求:松。	原地形不动。上半拍:松肩柔臂,两胯平,两胯松沉至脚底倒骑听心搏,或看涟漪。下半拍:两胯平抻倒骑开窝松,开左胯松右胯;松肩意开胸骨,均开四窝掤松。节拍要求:松。	原地形不动。上半拍:下肢:两胯抻❶❸②④倒骑沉至脚底;两胯倒骑沉至脚底看涟漪,脚底反弹力至踝听心搏。上肢:松肩柔臂,两臂抻,开腋窝掤松,意在两腋。下半拍:上肢:腋窝意打圈,由小到大,由快到慢,形小意大。下肢:两胯平抻倒骑开窝松,开左胯松右胯。身:松肩意开胸骨沉至脚底,圆裆开胯。节拍要求:松。
第二拍	两胯平,松沉至脚底,松左右胯成中定,均开四窝松,松肩意开胸骨。节拍要求:倒。	上半拍:松肩柔臂,两胯平,两胯松沉至脚底倒骑听心搏,或看涟漪。下半拍:两胯平抻倒骑开窝松,松左右胯成中定;松肩意开胸骨,均开四窝掤松。节拍要求:倒。	上半拍:下肢:两胯松倒骑沉至脚底看涟漪,脚底反弹力至踝听心搏;两胯抻❶❷④③倒骑沉至脚底。上肢:松肩柔臂,两臂抻,开腋窝掤松,意在两腋。下半拍:上肢:腋窝意打圈,由大到中,由慢到滞,形大意小。下肢:两胯平抻倒骑开窝松,松左右胯倒骑成中定。身:松肩意开胸骨沉至脚底。节拍要求:倒柔

续表

节拍	分级技术要求		
	初级	中级	高级
第三拍	两胯松开窝,松右左胯,重心似移非移,似动非动;两臂开腋窝掤松。 节拍要求:定。	上半拍:松肩柔臂,两胯平,两胯松沉至脚底倒骑听心搏,或看涟漪。 下半拍:两胯平抻倒骑开窝松,松右左胯,重心似移非移,似动非动;松肩意开胸骨,均开四窝掤松。 节拍要求:定。	上半拍: 下肢:两胯❸❹②①倒骑沉至脚底;两胯倒骑沉至脚底看涟漪,脚底反弹力至踝听心搏。 上肢:松肩柔臂,两臂抻,开腋窝掤松,意在两腋。 下半拍: 上肢:腋窝意打圈,由中到无,由滞到停,形小意大。 下肢:中定两胯平抻倒骑开窝松,松右左胯,重心似移非移,似动非动。 身:松肩意开胸骨沉至脚底。 节拍要求:定。
第四拍	两胯松沉至脚底,左右胯松,左胯逆时针平磨成右坐步,均开胯窝松,意坐凳子;松肩意开胸骨。 节拍要求:磨。	上半拍:松肩柔臂,两胯平,两胯松沉至脚底倒骑听心搏,或看涟漪。 下半拍:两胯平抻倒骑开窝松,左右胯松,左胯逆时针平磨成右坐步,意坐凳子;松肩意开胸骨,均开四窝掤松。 节拍要求:磨。	上半拍: 下肢:两胯松倒骑沉至脚底看涟漪,脚底反弹力至踝听心搏;两胯❹❷❸❶倒骑沉至脚底。 上肢:松肩柔臂,两臂抻,开腋窝掤松,意在两腋。 下半拍: 上肢:腋窝意打圈,由无到杂,由慢到快,形大意小。 下肢:两胯平抻倒骑开窝松,左右胯松,左胯逆时针平磨成右坐步,两胯平意坐凳子。 身:松肩意开胸骨沉至脚底。 节拍要求:磨。

◎ 第七小节

步法：右坐步→左弓步。

上体：正东→转东北45°。

右坐步→左弓步节拍动作分解见表4-36。

表4-36 右坐步→左弓步节拍动作分解

节拍	分级技术要求		
	初级	中级	高级
第一拍	原地形不动，两胯松沉至脚底开胯窝掤松；松肩意开胸骨，开腋窝掤松。 节拍要求：松。	原地形不动。 上半拍：松肩柔臂，两胯平，两胯松沉至脚底倒骑听心搏，或看涟漪。 下半拍：两胯抻倒骑开窝松沉至脚底；松肩意开胸骨，均开四窝掤松。 节拍要求：松。	原地形不动。 上半拍： 下肢：两胯❸❶❹❷倒骑沉至脚底；两胯倒骑沉至脚底看涟漪，脚底反弹力至踝听心搏。 上肢：松肩柔臂，两臂抻，开腋窝掤松，意在两腋。 下半拍： 上肢：腋窝意打圈，由小到大，由快到慢，形小意大。 下肢：两胯松沉至脚底，两胯抻倒骑开窝松。 身：松肩意开胸骨沉至脚底。 节拍要求：松。
第二拍	两胯平松沉至脚底，左右胯松，开左胯逆时针旋转至东北45°成中定；松肩意开胸骨。 上体：正东→转东北45°。 节拍要求：倒。	上半拍：松肩柔臂，两胯平，两胯松沉至脚底倒骑听心搏，或看涟漪。 下半拍：两胯平抻倒骑开窝松，左右胯松，开左胯逆时针旋转至东北45°成中定；松肩意开胸骨，均开四窝掤松。 上体：正东→转东北45°。 节拍要求：倒。	上半拍： 下肢：两胯松倒骑沉至脚底看涟漪，脚底反弹力至踝听心搏；两胯❸❹❷❶倒骑沉至脚底。 上肢：松肩柔臂，两臂抻，开腋窝掤松，意在两腋。 下半拍： 上肢：腋窝意打圈，由大到中，由慢到滞，形大意小。 下肢：两胯松沉至脚底，两胯平抻倒骑开窝松，左右胯松，倒骑开左胯逆时针旋转至东北45°成中定。 身：松肩意开胸骨沉至脚底。 节拍要求：倒柔。

续表

节拍	分级技术要求		
	初级	中级	高级
第三拍	两胯松开窝,松右左胯,重心似移非移,似动非动;两臂开腋窝掤松。节拍要求:定。	上半拍:松肩柔臂,两胯平,两胯松沉至脚底倒骑听心搏,或看涟漪。下半拍:两胯平抻倒骑开窝松,松右左胯,重心似移非移,似动非动;松肩意开胸骨,均开四窝掤松。节拍要求:定。	上半拍:下肢:两胯❶❷④③倒骑沉至脚底;两胯倒骑沉至脚底看涟漪,脚底反弹力至踝听心搏。上肢:松肩柔臂,两臂抻,开腋窝掤松,意在两腋。下半拍:上肢:腋窝意打圈,由中到无,由滞到停,形小意大。下肢:两胯平抻倒骑开窝松,松右左胯,重心似移非移,似动非动。身:松肩意开胸骨沉至脚底。节拍要求:定。
第四拍	两胯松沉至脚底,左右胯松,右胯逆时针平磨成左弓步,两胯均开胯窝松;松肩意开胸骨。上体:方向不变。节拍要求:磨。	上半拍:松肩柔臂,两胯平,两胯松沉至脚底倒骑听心搏,或看涟漪。下半拍:两胯平抻倒骑开窝松,左右胯松,右胯逆时针平磨成左弓步;松肩意开胸骨,均开四窝掤松。上体:方向不变。节拍要求:磨。	上半拍:下肢:两胯松倒骑沉至脚底看涟漪,脚底反弹力至踝听心搏;两胯❷❶❸倒骑沉至脚底。上肢:松肩柔臂,两臂抻,开腋窝掤松,意在两腋。下半拍:上肢:腋窝意打圈,由无到有,由慢到快,形大意小。下肢:两胯平抻倒骑开窝松,左右胯松,右胯顺时针平磨,左胯倒骑成左弓步。身:松肩意开胸骨沉至脚底;方向不变。节拍要求:磨。

◇ **第八小节**

步法：左弓步→出右脚成左坐步

上体：东北45°方向不变

左弓步→出右脚成左坐步节拍动作分解见表4-37。

表4-37 左弓步→出右脚成左坐步节拍动作分解

节拍	分级技术要求		
	初级	中级	高级
第一拍	原地形不动，两胯平松沉至脚底，开右胯窝松；松肩意开胸骨，开腋窝掤。节拍要求：松。	原地形不动。上半拍：松肩柔臂，两胯松沉至脚底倒骑听心搏，或看涟漪。下半拍：两胯抻倒骑开窝松沉至脚底，开左胯松右胯至两胯平；松肩意开胸骨，均开四窝掤松。节拍要求：松。	原地形不动。上半拍：下肢：两胯❶❸❷❹倒骑沉至脚底；两胯倒骑沉至脚底看涟漪，脚底反弹力至踝听心搏。上肢：松肩柔臂，两臂抻，开腋窝掤松，意在两腋。下半拍：上肢：腋窝意打圈，由小到大，由快到慢，形小意大。下肢：两胯平抻倒骑开窝松沉至脚底，开左胯松右胯倒骑使至两胯平。身：松肩意开胸骨沉至脚底。节拍要求：松。
第二拍	两胯平，开左胯松右胯，重心微移左脚，开左胯松右胯，右脚跟离地；松肩意开胸骨。节拍要求：倒。	上半拍：松肩柔臂，两胯平，两胯松沉至脚底倒骑听心搏，或看涟漪。下半拍：两胯平抻倒骑开窝松，开左胯松右胯，重心微移左脚，右脚跟离地。松肩意开胸骨，均开四窝掤松。节拍要求：倒。	上半拍：下肢：两胯松倒骑沉至脚底看涟漪，脚底反弹力至踝听心搏；两胯❶❷❹❸倒骑沉至脚底。上肢：松肩柔臂，两臂抻，开腋窝掤松，意在两腋。下半拍：上肢：腋窝意打圈，由大到中，由慢到滞，形大意小。下肢：两胯平抻倒骑开窝松，开左胯松右胯，重心微移左脚，倒骑右脚跟离地。身：松肩意开胸骨沉至脚底。节拍要求：倒柔。

续表

节拍	分级技术要求		
	初级	中级	高级
第三拍	开左胯松右胯沉至脚底;两胯松,开左胯松右胯沉至脚底,右脚向正东方向提膝,高不过胯,小腿与地面垂直,开窝成左单腿中定;两臂开腋窝掤松。 节拍要求:定。	上半拍:松肩柔臂,两胯平,两胯松沉至脚底倒骑听心搏,或看涟漪。 下半拍:两胯抻倒骑开窝松沉至脚底,开左胯松右胯,倒骑右脚向正东方向提膝,高不过胯,小腿与地面垂直,开窝成左单腿中定;松肩意开胸骨,均开四窝掤松。 节拍要求:定。	上半拍: 下肢:两胯❸❹②①倒骑沉至脚底;两胯倒骑沉至脚底看涟漪,脚底反弹力至踝听心搏。 上肢:松肩柔臂,两臂抻,开腋窝掤松,意在两腋。 下半拍: 上肢:腋窝意打圈,由中到无,由滞到停,形小意大。 下肢:两胯平抻倒骑开窝松沉至脚底,开左胯松右胯,两胯松倒骑右脚向正东方向提膝,高不过胯,小腿与地面垂直,开窝成左单腿中定。 身:上身纹丝不动,松肩意开胸骨沉至脚底。 节拍要求:定。
第四拍	重心不动,右胯松开窝伸小腿,脚跟着地,松右左胯成左坐步,均开胯窝松,意坐凳子;松肩意开胸骨。 上体:东北45°方向不变。 节拍要求:磨。	上半拍:松肩柔臂,两胯平,两胯松沉至脚底倒骑听心搏,或看涟漪。 下半拍:重心不动,两胯松倒骑,开右胯倒骑伸小腿,膝关节自然伸直,脚跟滞空离地5~10厘米,意坐凳子成左坐步;松肩意开胸骨,均开四窝掤松。 上体:东北45°方向不变。 节拍要求:磨。	上半拍: 下肢:两胯松倒骑沉至脚底看涟漪,脚底反弹力至踝听心搏;两胯❹❷❸❶倒骑沉至脚底。 上肢:松肩柔臂,两臂抻,开腋窝掤松,意在两腋。 下半拍: 上肢:腋窝意打圈,由无到杰,由慢到快,形大意小。 下肢:重心不动,开左右胯倒骑,松小腿自然摆伸,至右腿似直非直,似曲非曲,脚掌滞空离地5~10厘米,两胯平圆裆意坐凳子成左坐步。 身:松肩意开胸骨沉至脚底。 节拍要求:磨。

◈ 第九小节

步法:左坐步→右弓步。

上体:东北45°→转正东方向。

左坐步→右弓步节拍动作分解见表4-38。

表4-38 左坐步→右弓步节拍动作分解

节拍	分级技术要求		
	初级	中级	高级
第一拍	原地形不动,两胯松沉至脚底开胯窝掤松;松肩意开胸骨,开腋窝掤松。节拍要求:松。	上半拍:松肩柔臂,两胯平,两胯松沉至脚底倒骑听心搏,或看涟漪。下半拍:两胯松倒骑,膝关节伸直,脚跟滞空前抻;松肩意开胸骨,均开四窝掤松。节拍要求:松。	原地形不动。上半拍:下肢:左右胯倒骑,脚掌滞空,大脚趾前抻使膝关节伸直,脚掌离地5~10厘米。上肢:两臂抻,开腋窝掤松,意在两腋。下半拍:上肢:腋窝意打圈,由小到大,由快到慢,形小意大。下肢:两胯平松沉至脚底;两胯平松❶③❷❹倒骑沉至脚底,两胯倒骑沉至脚底看涟漪,脚底反弹力至踝听心搏;两胯抻倒骑开窝松。身:松肩意开胸骨沉至脚底,圆裆开胯。节拍要求:松。
第二拍	两胯平,开右胯松沉至脚底,松右左胯成中定;均开四窝松,松肩意开胸骨。节拍要求:倒。	上半拍:松肩柔臂,两胯松沉至脚底,听心搏,或看涟漪。下半拍:两胯平抻倒骑开窝松,开右胯松沉至脚底,松右左胯成中定;松肩意开胸骨,均开四窝掤松。节拍要求:倒。	上半拍:下肢:右脚掌、趾依次着地,两胯松倒骑沉至脚底看涟漪,脚底反弹力至踝听心搏;两胯平松❶❷④③倒骑沉至脚底。上肢:松肩柔臂,两臂抻,开腋窝掤松,意在两臂。下半拍:上肢:腋窝意打圈,由大到中,由慢到滞,形大意小。下肢:开右胯松沉至脚底,松右左胯倒骑成中定。两胯松沉至脚底,听心搏看涟漪。身:松肩意开胸骨沉至脚底,圆裆开胯。节拍要求:倒柔。

续表

节拍	分级技术要求		
	初级	中级	高级
第三拍	两胯松开窝,松左右胯,重心似移非移,似动非动;两臂开腋窝掤松。 节拍要求:定。	上半拍:松肩柔臂,两胯平,两胯松沉至脚底倒骑听心搏,或看涟漪。 下半拍:两胯平抻倒骑开窝松,松左右胯,重心似移非移,似动非动;松肩意开胸骨,均开四窝掤松。 节拍要求:定。	上半拍: 下肢:两胯松❸❹❷❶倒骑沉至脚底;两胯倒骑沉至脚底看涟漪,脚底反弹力至踝听心搏。 上肢:松肩柔臂,两臂抻,开腋窝掤松,意在两腋。 下半拍: 上肢:腋窝意打圈,由中到无,由滞到停,形小意大。 下肢:中定两胯平抻倒骑开窝松,松左右胯,重心似移非移,似动非动。 身:松肩意开胸骨沉至脚底,圆裆开胯。 节拍要求:定。
第四拍	两胯松沉至脚底,右左胯松,左胯顺时针平磨成右弓步;两胯均开胯窝松;面向正东方向;松肩意开胸骨。 节拍要求:磨。	上半拍:松肩柔臂,两胯平,两胯松沉至脚底倒骑听心搏,或看涟漪。 下半拍:两胯平抻倒骑开窝松,右左胯松,左胯顺时针平磨成右弓步;面向正东方向;松肩意开胸骨,均开四窝掤松。 节拍要求:磨。	上半拍: 下肢:两胯松倒骑沉至脚底看涟漪,脚底反弹力至踝听心搏;两胯抻❹❷❸❶倒骑沉至脚底。 上肢:松肩柔臂,两臂抻,开腋窝掤松,意在两臂。 下半拍: 上肢:腋窝意打圈,由无到大,由慢到快,形大意小。 下肢:两胯平抻倒骑开窝松,开右胯松沉至脚底,左胯逆时针平磨,右胯倒骑成右弓步。 身:身体由东北45°转正东方向;松肩意开胸骨沉至脚底。 节拍要求:磨。

127

◇ 第十小节

步法：右弓步→左坐步。

上体：正东方向不变。

右弓步→左坐步节拍动作分解见表4-39。

表4-39 右弓步→左坐步节拍动作分解

节拍	分级技术要求		
	初级	中级	高级
第一拍	原地形不动，两胯松沉至脚底开胯窝掤松；松肩意开胸骨，开腋窝掤松。节拍要求：松。	上半拍：原地形不动，松肩柔臂，两胯平，两胯松沉至脚底倒骑听心搏，或看涟漪。下半拍：两胯平抻倒骑开窝松，开右胯松左胯；松肩意开胸骨，均开四窝掤松。节拍要求：松。	原地形不动。上半拍：下肢：两胯抻❸①④❷倒骑沉至脚底；两胯倒骑沉至脚底看涟漪，脚底反弹力至踝听心搏。上肢：松肩柔臂，两臂抻，开腋窝掤松，意在两腋。下半拍：上肢：腋窝意打圈，由小到大，由快到慢，形小意大。下肢：两胯平抻倒骑开窝松，开右胯松左胯。身：松肩意开胸骨沉至脚底，圆裆开胯。节拍要求：松。
第二拍	两胯平松沉至脚底，松右左胯成中定，均开四窝松，松肩意开胸骨。节拍要求：倒。	上半拍：松肩柔臂，两胯平，两胯松沉至脚底倒骑听心搏，或看涟漪。下半拍：两胯平抻倒骑开窝松，松右左胯成中定；松肩意开胸骨，均开四窝掤松。节拍要求：倒。	上半拍：下肢：两胯松倒骑沉至脚底看涟漪，脚底反弹力至踝听心搏；两胯抻❸④②①倒骑沉至脚底。上肢：松肩柔臂，两臂抻，开腋窝掤松，意在两腋。下半拍：上肢：腋窝意打圈，由大到中，由慢到滞，形大意小。下肢：两胯平抻倒骑开窝松，松右左胯倒骑成中定。身：松肩意开胸骨沉至脚底。节拍要求：倒柔。

续表

节拍	分级技术要求		
	初级	中级	高级
第三拍	两胯松开窝,松左右胯,重心似移非移,似动非动;两臂开腋窝掤松。 节拍要求:定。	上半拍:松肩柔臂,两胯平,两胯松沉至脚底倒骑听心搏,或看涟漪。 下半拍:两胯平抻倒骑开窝松,松左右胯,重心似移非移,似动非动;松肩意开胸骨,均开四窝掤松。 节拍要求:定。	上半拍: 下肢:两胯❶❷④③倒骑沉至脚底;两胯倒骑沉至脚底看涟漪,脚底反弹力至踝听心搏。 上肢:松肩柔臂,两臂抻,开腋窝掤松,意在两腋。 下半拍: 上肢:腋窝意打圈,由中到无,由滞到停,形小意大。 下肢:中定两胯平抻倒骑开窝松,松左右胯,重心似移非移,似动非动。 身:松肩意开胸骨沉至脚底。 节拍要求:定。
第四拍	两胯松沉至脚底,右左胯松,右胯顺时针平磨成左坐步,均开胯窝松,意坐凳子,面向正东方向;松肩意开胸骨。 节拍要求:磨。	上半拍:松肩柔臂,两胯平,两胯松沉至脚底倒骑听心搏,或看涟漪。 下半拍:两胯平抻倒骑开窝松,右左胯松,右胯顺时针平磨成左坐步,意坐凳子;松肩意开胸骨,均开四窝掤松。 节拍要求:磨。	上半拍: 下肢:两胯松倒骑沉至脚底看涟漪,脚底反弹力至踝听心搏;两胯❷❹❶❸倒骑沉至脚底。 上肢:松肩柔臂,两臂抻,开腋窝掤松,意在两腋。 下半拍: 上肢:腋窝意打圈,由无到杰,由慢到快,形大意小。 下肢:两胯平抻倒骑开窝松,右左胯松,右胯顺时针平磨成左坐步,两胯平意坐凳子。 身:松肩意开胸骨沉至脚底。 节拍要求:磨。

◎ 第十一小节

步法:左坐步→右弓步。

上体:正东→转东南45°方向。

左坐步→右弓步节拍动作分解见表4-40。

表4-40 左坐步→右弓步节拍动作分解

节拍	分级技术要求		
	初级	中级	高级
第一拍	原地形不动,两胯松沉至脚底开腋窝掤松;松肩意开胸骨,开腋窝掤松。节拍要求:松。	上半拍:原地形不动,松肩柔臂,两胯平,两胯松沉至脚底倒骑听心搏,或看涟漪。下半拍:两胯抻倒骑开窝松沉至脚底;松肩意开胸骨,均开四窝掤松。节拍要求:松。	原地形不动。上半拍:下肢:两胯❶❸②④倒骑沉至脚底;两胯倒骑沉至脚底看涟漪,脚底反弹力至踝听心搏。上肢:松肩柔臂,两臂抻,开腋窝掤松,意在两腋。下半拍:上肢:腋窝意打圈,由小到大,由快到慢,形小意大。下肢:两胯松沉至脚底,两胯抻倒骑开窝松。身:松肩意开胸骨沉至脚底。节拍要求:松。
第二拍	两胯平,松沉至脚底,右左胯松,右胯顺时针旋转开窝至东南45°成中定;松肩意开胸骨。节拍要求:倒。	上半拍:松肩柔臂,两胯平,两胯松沉至脚底倒骑听心搏,或看涟漪。下半拍:两胯平抻倒骑开窝松,右左胯松,开右胯顺时针旋转至东南45°成中定;松肩意开胸骨,均开四窝掤松。上体:正东→转东南45°。节拍要求:倒。	上半拍:下肢:两胯松倒骑沉至脚底看涟漪,脚底反弹力至踝听心搏;两胯❶❷④③倒骑沉至脚底。上肢:松肩柔臂,两臂抻,开腋窝掤松,意在两腋。下半拍:上肢:腋窝意打圈,由大到中,由慢到滞,形大意小。下肢:两胯松沉至脚底,两胯平抻倒骑开窝松,右左胯松,倒骑开右胯顺时针旋转至东南45°成中定。身:松肩意开胸骨沉至脚底。节拍要求:倒柔。

续表

节拍	分级技术要求		
	初级	中级	高级
第三拍	两胯松开窝,松左右胯,重心似移非移,似动非动;两臂开腋窝掤松。 节拍要求:定。	上半拍:松肩柔臂,两胯平,两胯松沉至脚底倒骑听心搏,或看涟漪。 下半拍:两胯平抻倒骑开窝松,松左右胯,重心似移非移,似动非动;松肩意开胸骨,均开四窝掤松。 节拍要求:定。	上半拍: 下肢:两胯❸❹❷❶倒骑沉至脚底;两胯倒骑沉至脚底看涟漪,脚底反弹力至踝听心搏。 上肢:松肩柔臂,两臂抻,开腋窝掤松,意在两腋。 下半拍: 上肢:腋窝意打圈,由中到无,由滞到停,形小意大。 下肢:两胯平抻倒骑开窝松,松左右胯,重心似移非移,似动非动。 身:松肩意开胸骨沉至脚底。 节拍要求:空。
第四拍	两胯松沉至脚底,右左胯松,左胯顺时针平磨成右弓步,两胯均开胯窝松;松肩意开胸骨,上体方向不变。 节拍要求:磨。	上半拍:松肩柔臂,两胯平,两胯松沉至脚底倒骑听心搏,或看涟漪。 下半拍:两胯平抻倒骑开窝松,右左胯松,左胯顺时针平磨成右弓步;松肩意开胸骨,均开四窝掤松。 上体:方向不变。 节拍要求:磨。	上半拍: 下肢:两胯松倒骑沉至脚底看涟漪,脚底反弹力至踝听心搏;两胯❹❷❸❶倒骑沉至脚底。 上肢:松肩柔臂,两臂抻,开腋窝掤松,意在两腋。 下半拍: 上肢:腋窝意打圈,由无到杂,由慢到快,形大意小。 下肢:两胯平抻倒骑开窝松,右左胯松,左胯逆时针平磨,右胯倒骑成右弓步。 身:松肩意开胸骨沉至脚底。方向不变。 节拍要求:到。

◇ **第十二小节**

步法:右弓步→出左脚右坐步。

上体:东南45°方向不变。

右弓步→出左脚右坐步节拍动作分解见表4-41。

表4-41 右弓步→出左脚右坐步节拍动作分解

节拍	分级技术要求		
	初级	中级	高级
第一拍	原地形不动,两胯平松沉至脚底,开左胯窝松;松肩意开胸骨,开腋窝掤。节拍要求:松。	上半拍:原地形不动,松肩柔臂,两胯松沉至脚底倒骑听心搏,或看涟漪。下半拍:两胯抻倒骑开窝松沉至脚底,开右胯松左胯至两胯平;松肩意开胸骨,均开四窝掤松。节拍要求:松。	原地形不动。上半拍:下肢:两胯❸①❹❷倒骑沉至脚底;两胯倒骑沉至脚底看涟漪,脚底反弹力至踝听心搏。上肢:松肩柔臂,两臂抻,开腋窝掤松,意在两腋。下半拍:上肢:腋窝意打圈,由小到大,由快到慢,形小意大。下肢:两胯平抻倒骑开窝松沉至脚底,开右胯松左胯倒骑使至两胯平。身:松肩意开胸骨沉至脚底。节拍要求:松。
第二拍	两胯平,开右胯松左胯,重心微移右脚;开右胯松左胯,左脚跟离地;松肩意开胸骨。节拍要求:倒。	上半拍:松肩柔臂,两胯平,两胯松沉至脚底倒骑听心搏,或看涟漪。下半拍:两胯平抻倒骑开窝松,开右胯松左胯,重心微移右脚,左脚跟离地。松肩意开胸骨,均开四窝掤松。节拍要求:倒。	上半拍:下肢:两胯松倒骑沉至脚底看涟漪,脚底反弹力至踝听心搏;两胯❸❹②①倒骑沉至脚底。上肢:松肩柔臂,两臂抻,开腋窝掤松,意在两腋。下半拍:上肢:腋窝意打圈,由大到中,由慢到滞,形大意小。下肢:两胯平抻倒骑开窝松,开右胯松左胯,重心微移右脚,倒骑左脚跟离地。身:松肩意开胸骨沉至脚底。节拍要求:倒柔。

续表

节拍	分级技术要求		
	初级	中级	高级
第三拍	开右胯松左胯沉至脚底；两胯松，开右胯松左胯沉至脚底，左脚向正东方向提膝，高不过胯，小腿与地面垂直；开窝成右单腿中定；两臂开腋窝掤松。 节拍要求：定。	上半拍：松肩柔臂，两胯平，两胯松沉至脚底倒骑听心搏，或看涟漪。 下半拍：两胯抻倒骑开窝松沉至脚底，开右胯松左胯，倒骑左脚向正东方向提膝，高不过胯，小腿与地面垂直，开窝成右单腿中定；松肩意开胸骨，均开四窝掤松。 节拍要求：定。	上半拍： 下肢：两胯❶❷④③倒骑沉至脚底；两胯倒骑沉至脚底看涟漪，脚底反弹力至踝听心搏。 上肢：松肩柔臂，两臂抻，开腋窝掤松，意在两腋。 下半拍： 上肢：腋窝意打圈，由中到无，由滞到停，形小意大。 下肢：两胯平抻倒骑开窝松沉至脚底，开右胯松左胯，两胯松倒骑左脚向正东方向提膝，高不过胯，小腿与地面垂直，开窝成右单腿中定。 身：上身纹丝不动，松肩意开胸骨沉至脚底。 节拍要求：定。
第四拍	重心不动，左胯松开窝伸小腿，脚跟着地，松左右胯成右坐步，均开胯窝松，意坐凳子；松肩意开胸骨。 上体：东南45°方向不变。 节拍要求：磨。	上半拍：松肩柔臂，两胯平，两胯松沉至脚底倒骑听心搏，或看涟漪。 下半拍：重心不动，两胯松倒骑，开左胯倒骑伸小腿，膝关节自然伸直，脚跟滞空离地5~10厘米，意坐凳子成右坐步；松肩意开胸骨，均开四窝掤松。 上体：东南45°方向不变。 节拍要求：磨。	上半拍： 下肢：两胯松倒骑沉至脚底看涟漪，脚底反弹力至踝听心搏，两胯❷④❶❸倒骑沉至脚底。 上肢：松肩柔臂，两臂抻，开腋窝掤松，意在两腋。 下半拍： 上肢：腋窝意打圈，由无到杰，由慢到快，形大意小。 下肢：重心不动，开右左胯倒骑，松小腿自然摆伸，至左腿似直非直，似曲非曲，脚掌滞空离地5~10厘米，两胯平圆裆意坐凳子成右坐步。 身：松肩意开胸骨沉至脚底。 节拍要求：磨。

◎ 第十三小节

步法：右坐步→左弓步。

上体：东南45°→转正东方向。

右坐步→左弓步节拍动作分解见表4-42。

表4-42 右坐步→左弓步节拍动作分解

节拍	分级技术要求		
	初级	中级	高级
第一拍	原地形不动，两胯松沉至脚底开胯窝掤松；松肩意开胸骨，开腋窝掤松。 节拍要求：松。	上半拍：松肩柔臂，两胯平，两胯松沉至脚底倒骑听心搏，或看涟漪。 下半拍：两胯松倒骑，膝关节伸直，脚跟滞空前押；松肩意开胸骨，均开四窝掤松。 节拍要求：松。	原地形不动。 上半拍： 下肢：右左胯倒骑，脚掌滞空，大脚趾前押使膝关节伸直，脚掌离地5~10厘米。 上肢：两臂押，开腋窝掤松，意在两腋。 下半拍： 上肢：腋窝意打圈，由小到大，由快到慢，形小意大。 下肢：左脚跟着地，两胯平松沉至脚底；两胯平松❸❶④②倒骑沉至脚底，两胯倒骑沉至脚底看涟漪，脚底反弹力至踝听心搏；两胯押倒骑开窝松。 身：松肩意开胸骨沉至脚底，圆裆开胯。 节拍要求：松。
第二拍	两胯平，开左胯松沉至脚底，松左右胯成中定；均开四窝松，松肩意开胸骨。 节拍要求：倒。	上半拍：松肩柔臂，两胯松沉至脚底，听心搏，或看涟漪。 下半拍：两胯平押倒骑开窝松，开左胯松沉至脚底，松左右胯成中定；松肩意开胸骨，均开四窝掤松。 节拍要求：倒。	上半拍： 下肢：左脚掌、趾依次着地，两胯松倒骑沉至脚底看涟漪，脚底反弹力至踝听心搏；两胯平松❸❹②①倒骑沉至脚底。 上肢：松肩柔臂，两臂押，开腋窝掤松，意在两臂。 下半拍： 上肢：腋窝意打圈，由大到中，由慢到滞，形大意小。 下肢：开左胯松沉至脚底，松左右胯倒骑成中定。两胯松沉至脚底，听心搏看涟漪。 身：松肩意开胸骨沉至脚底，圆裆开胯。 节拍要求：倒柔。

续表

节拍	分级技术要求		
	初级	中级	高级
第三拍	两胯松开窝,松右左胯,重心似移非移,似动非动;两臂开腋窝掤松。 节拍要求:定。	上半拍:松肩柔臂,两胯平,两胯松沉至脚底倒骑听心搏,或看涟漪。 下半拍:两胯平抻倒骑开窝松,松右左胯,重心似移非移,似动非动;松肩意开胸骨,均开四窝掤松。 节拍要求:定。	上半拍: 下肢:两胯松❶❷④③倒骑沉至脚底;两胯倒骑沉至脚底看涟漪,脚底反弹力至踝听心搏。 上肢:松肩柔臂,两臂抻,开腋窝掤松,意在两腋。 下半拍: 上肢:腋窝意打圈,由中到无,由滞到停,形小意大。 下肢:中定两胯平抻倒骑开窝松,松右左胯,重心似移非移,似动非动。 身:松肩意开胸骨沉至脚底,圆裆开胯。 节拍要求:定。
第四拍	两胯松沉至脚底,左右胯松,右胯逆时针平磨成左弓步;两胯均开胯窝松;面向正东方向;松肩意开胸骨。 节拍要求:磨。	上半拍:松肩柔臂,两胯平,两胯松沉至脚底倒骑听心搏,或看涟漪。 下半拍:两胯平抻倒骑开窝松,左右胯松,右胯逆时针平磨成左弓步;面向正东方向;松肩意开胸骨,均开四窝掤松。 节拍要求:磨。	上半拍: 下肢:两胯松倒骑沉至脚底看涟漪,脚底反弹力至踝听心搏;两胯抻❷④①❸倒骑沉至脚底。 上肢:松肩柔臂,两臂抻,开腋窝掤松,意在两臂。 下半拍: 上肢:腋窝意打圈,由无到尒,由慢到快,形大意小。 下肢:两胯平抻倒骑开窝松,开左胯松沉至脚底,右胯顺时针平磨,左胯倒骑成左弓步。 身:身体由东南45°转正东方向;松肩意开胸骨沉至脚底。 节拍要求:磨。

◇ **第十四小节　收势**

步法：左弓步→并步。

上体：身体正直，松弛自然。

左弓步→并步节拍动作分解见表4-43。

表4-43　左弓步→并步节拍动作分解

节拍	分级技术要求		
	初级	中级	高级
第一拍	上体正直，两胯松开胯窝，松肩意开胸骨，开腋窝掤松。节拍要求：松。	原地形不动。上半拍：松肩柔臂，两胯平，两胯松沉至脚底倒骑听心搏，或看涟漪。下半拍：两胯平抻倒骑开窝松，上体正直，两胯松开胯窝倒骑，松肩意开胸骨，均开四窝掤松。节拍要求：松。	原地形不动。上半拍：下肢：两胯❶③❷④松沉至脚底，两胯倒骑沉至脚底看涟漪，脚底反弹力至踝听心搏。上肢：松肩柔臂，两臂抻，开腋窝掤松，意在两腋。下半拍：上肢：腋窝意打圈，由小到大，由快到慢，形小意大。下肢：两胯平抻倒骑开窝松，两胯松开胯窝倒骑。身：上体正直，松肩意开胸骨沉至脚底。节拍要求：松。
第二拍	两胯平，开左胯松右胯；两胯松，右脚向前收回，两脚相距20厘米，重心落于两脚中间，身体自然站立；两臂由抱球状伸直成平举状态；松肩意开胸骨。节拍要求：倒。	上半拍：松肩柔臂，两胯平，两胯松沉至脚底倒骑听心搏，或看涟漪。下半拍：两胯平抻倒骑开窝松，开左胯松右胯；两胯松倒骑右脚向前收回，两脚相距20厘米，重心落于两脚中间，身体自然站立；两臂由抱球状伸直成平举状态；松肩意开胸骨，均开四窝掤松。节拍要求：倒。	上半拍：下肢：两胯松倒骑沉至脚底看涟漪，脚底反弹力至踝听心搏；两胯❶②④③松沉至脚底。上肢：松肩柔臂，两臂由抱球状伸直成平举状态；两臂抻，开腋窝掤松，意在两腋。下半拍：上肢：腋窝意打圈，由大到中，由慢到滞，形大意小。下肢：两胯平抻倒骑开窝松，开左胯松右胯；两胯松倒骑右脚向前收回，两脚相距20厘米，重心落于两脚中间。身：身体自然站立，松肩意开胸骨沉至脚底。节拍要求：倒柔。

续表

节拍	分级技术要求		
	初级	中级	高级
第三拍	上臂松沉,前臂下按,松沉坐腕至两胯前,食指正对前方,掌心向下;两臂抻开腋窝掤松。 节拍要求:定。	上半拍:松肩柔臂,两胯平,两胯松沉至脚底倒骑听心搏,或看涟漪;意在左手。 下半拍:两胯抻倒骑开窝松沉至脚底;上臂松沉,前臂下按,松沉坐腕至两胯前,食指正对前方,掌心向下;松肩意开胸骨,均开四窝掤松;意在右手。 节拍要求:定。	上半拍: 下肢:两胯❸❹②①松沉至脚底;两胯倒骑沉至脚底看涟漪,脚底反弹力至踝听心搏。 上肢:松肩柔臂,上臂松沉,前臂下按,松沉坐腕至两胯前,食指正对前方,掌心向下;两臂抻,开腋窝掤松,意在两胯。 下半拍: 上肢:腋窝意打圈,由中到无,由滞到停,形小意大。 下肢:两胯松沉至脚底,两胯抻倒骑开窝松沉至脚底。 身:松肩意开胸骨沉至脚底。 节拍要求:定。
第四拍	两胯松,开左胯松右胯,收右脚并步结束;两手还原至大腿两侧,松肩意开胸骨。 节拍要求:磨。	上半拍:松肩柔臂,两胯平,两胯松沉至脚底倒骑听心搏,或看涟漪。 下半拍:两胯抻倒骑开窝松沉至脚底;两胯松沉至脚底,开左胯松右胯,收右脚并步结束;两手还原至大腿两侧;松肩意开胸骨,均开四窝掤松,意在两手。 节拍要求:磨。	上半拍: 下肢:两胯松倒骑沉至脚底看涟漪,脚底反弹力至踝听心搏;两胯❹②③❶松沉至脚底。 上肢:松肩柔臂,两手还原至大腿两侧;两臂抻,开腋窝掤松,意在两胯。 下半拍: 上肢:腋窝意打圈,由无到夼,由慢到快,形大意小。 下肢:两胯抻倒骑开窝松沉至脚底;两胯松沉至脚底,开左胯松右胯,收右脚并步结束;两胯松沉至脚底,两胯抻倒骑开窝松。 身:松肩意开胸骨沉至脚底。 节拍要求:磨。

七、猫步打手

猫步打手是在猫步、原地打手两项技术基础上进行组合的一种特有的节拍训练方法。

猫步打手技术要求：技法练习，皆为意行。意在体内，意在体外，意在内外。

(一) 节拍技术要求

猫步打手节拍技术要求见表4-44。

表4-44 猫步打手节拍技术要求

项目	节拍技术要求			
	第一拍	第二拍	第三拍	第四拍
猫步	原地松胯	以意倒骑	中定松胯	倒骑平磨
打手	意松形掤	松柔缓动	柔顺至空	意形到位
动作气韵	韵味酝酿和创造	韵味的展示	似动非动、似停非停，中定再创韵味	形意到位，意犹未尽，欲言又止

(二) 练习

1. 眼神练习

第一拍：看到水窝。

第二拍：看到小圈。

第三拍：看到大圈。

第四拍：看到圈消失。

2. 意形练习

打手无手，猫步无步；手跟脚拍，手随脚走；以意领先，化繁为简。

3. 等级练习

初级：为动作线路和形体要求。

中级：在初级基础上，上拍、下拍意在体内。

高级：在中级基础上，上拍、下拍意在体内体外，或反之。

猫步、打手的初、中、高三级技术在猫步打手练习中可交叉组合进行。

4. 练习方法

练习1：野马分鬃。

练习2：搂膝拗步。

练习3：倒卷肱。

练习4：单鞭云手。

第五章 太极拳套路节拍应用

为方便读者掌握节拍教学法在套路中的应用,特制作了以下国家竞赛套路节拍分解及演绎视频。

①24式简化太极拳　　　　　　　　　　　　　　（节拍分解+视频）

②42式太极拳　　　　　　　　　　　　　　　　（节拍分解+视频）

③杨式太极拳40式竞赛套路　　　　　　　　　　（节拍分解+视频）

④吴式太极拳45式竞赛套路　　　　　　　　　　（节拍分解+视频）

⑤孙式太极拳73式竞赛套路　　　　　　　　　　（节拍分解+视频）

⑥武式太极拳46式竞赛套路　　　　　　　　　　（节拍分解+视频）

⑦32式太极剑　　　　　　　　　　　　　　　　（节拍分解+视频）

⑧42式太极剑　　　　　　　　　　　　　　　　（节拍分解+视频）

⑨陈式49式太极剑　　　　　　　　　　　　　　（视频）

⑩陈式太极拳56式竞赛套路　　　　　　　　　　（视频）

⑪传统杨式85式太极拳　　　　　　　　　　　　（视频）

套路动作节拍分解原则如下:

①节拍教学法节拍分解规律:重心每一次转换四拍完成,收出脚四拍完成,每四拍为一小节。

②每小节四拍技术要领:第一拍原地松,第二拍中定,第三拍原地松,第四拍到位。

③松胯技术:双,指双胯松;左或右,指单胯松。

④步法、起落:每小节四拍技术中第一拍、第三拍是原地松,后续动作节拍分解中不再注解;第二拍、第四拍注解。

⑤方位:起势方向为南,左东右西背向为北。

> 注:
> ①套路动作节拍分解原则为四拍一小节,数字1、2、3、4指的是小节拍数。
> ②在各式套路节拍分解中,强调松胯技术在动作中的应用。
> ③在视频演绎中,考虑到比赛时间因素,套路动作个别小节在拍摄中作灵活变化。

一、24式简化太极拳节拍分解

(一)起势(3小节)

起势节拍动作分解见表5-1。

表5-1 起势

节拍	节拍分解	松胯技术	步法、起落
第一节	提脚开步	双 左 左 双	3起 4落
第二节	两臂上掤	双 右 左 双	
第三节	沉胯下按	双 左 右 双	两手下按于腹前

定势方位:正南。

(二)左右野马分鬃(8小节)

左右野马分鬃节拍动作分解见表5-2。

表5-2 左右野马分鬃

节拍	节拍分解	松胯技术	步法、起落
第一节	转体上步	双 左 双 左	1原地松 2倒骑中定 3起 4控
第二节	弓步分掌	双 左 双 右	1落 2中定 4弓步
第三节	转腰撇脚	双 右 双 右	2回坐 3双撇脚 4平磨弓步
第四节	抱球上步	双 右 双 右	2倒骑中定 3起 4控
第五节	弓步分掌	双 右 双 左	1落 2中定 4弓步
第六节	转腰撇脚	双 左 双 左	2回坐 3双撇脚 4平磨弓步
第七节	抱球上步	双 左 双 左	2倒骑中定 3起 4控
第八节	弓步分掌	双 左 双 右	1落 2中定 4弓步

定势方位:正东。

(三) 白鹤亮翅(2 小节)

白鹤亮翅节拍动作分解见表5-3。

表5-3 白鹤亮翅

节拍	节拍分解	松胯技术	步法、起落
第一节	跟步抱手	双右 双右	2 倒骑中定 3 起 4 落
第二节	虚步亮掌	双右 双左	2 倒骑中定 4 虚步

定势方位：正东。

(四) 搂膝拗步(8 小节)

搂膝拗步节拍动作分解见表5-4。

表5-4 搂膝拗步

节拍	节拍分解	松胯技术	步法、起落
第一节	上步屈臂	双左 双左	2 转腰摆臂倒骑 3 起 4 控
第二节	弓步搂推	双左 双右	1 落脚 2 中定 4 弓步
第三节	转腰撇脚	双右 双右	2 回坐 3 撇脚 4 弓步
第四节	上步屈臂	双右 双右	2 倒骑 3 起 4 控
第五节	弓步搂推	双右 双左	1 落脚 2 中定 4 弓步
第六节	转腰撇脚	双左 双左	2 回坐 3 撇脚 4 弓步
第七节	上步屈臂	双左 双左	2 倒骑 3 起 4 控
第八节	弓步搂推	双左 双右	1 落脚 2 中定 4 弓步

定势方位：正东。

(五) 手挥琵琶(2 小节)

手挥琵琶节拍动作分解见表5-5。

表5-5 手挥琵琶

节拍	节拍分解	松胯技术	步法、起落
第一节	跟步带臂	双右 双右	2 中定 3 起右脚 4 控
第二节	虚步合手	双右 双左	1 落 2 中定 3 起左脚 4 落虚步

定势方位：正东。

(六)左右倒卷肱(8小节)

左右倒卷肱节拍动作分解见表5-6。

表5-6 左右倒卷肱

节拍	节拍分解	松胯技术	步法、起落
第一节	退步屈臂	双 左 双 左	2 倒骑中定　3 起　4 控
第二节	虚步推掌	双 左 双 右	1 落　2 中定　4 虚步
第三节	退步屈臂	双 右 双 右	2 倒骑中定　3 起　4 控
第四节	虚步推掌	双 右 双 左	1 落　2 中定　4 虚步
第五节	退步屈臂	双 左 双 左	2 倒骑中定　3 起　4 控
第六节	虚步推掌	双 左 双 右	1 落　2 中定　4 虚步
第七节	退步屈臂	双 右 双 右	2 倒骑中定　3 起　4 控
第八节	虚步推掌	双 右 双 左	1 落　2 中定　4 虚步

定势方位:正东。

(七)左揽雀尾(6小节)

左揽雀尾节拍动作分解见表5-7。

表5-7 左揽雀尾

节拍	节拍分解	松胯技术	步法、起落
第一节	抱球上步	双 左 双 左	2 倒骑中定　3 起　4 控
第二节	弓步前掤	双 左 双 右	1 落　2 中定　4 弓步
第三节	坐腿后捋	双 右 双 左	2 倒骑中定　4 坐步
第四节	弓步前挤	双 左 双 右	2 倒骑中定　4 弓步
第五节	坐腿回引	双 右 双 左	2 倒骑中定　4 坐步
第六节	弓步前按	双 左 双 右	2 倒骑中定　4 弓步

定势方位:正东。

(八)右揽雀尾(8小节)

右揽雀尾节拍动作分解见表5-8。

表5-8 右揽雀尾

节拍	节拍分解	松胯技术	步法、起落
第一节	转体分掌	双 右 双 左	2 倒骑中定　4 弓步

续表

节拍	节拍分解	松胯技术	步法、起落
第二节	坐腿合抱	双 左 双 右	2 倒骑中定　4 虚步
第三节	抱球上步	双 右 双 右	2 倒骑中定　3 起　4 控
第四节	弓步前掤	双 右 双 左	1 落　2 中定　4 弓步
第五节	坐腿后捋	双 左 双 右	2 倒骑中定　4 虚步
第六节	弓步前挤	双 右 双 左	2 倒骑中定　4 弓步
第七节	坐腿回引	双 左 双 右	2 倒骑中定　4 虚步
第八节	弓步前按	双 右 双 左	2 倒骑中定　4 弓步

定势方位：正西。

（九）单鞭（4 小节）

单鞭节拍动作分解见表 5-9。

表 5-9　单鞭

节拍	节拍分解	松胯技术	步法、起落
第一节	左转平捋	双 左 双 右	2 倒骑中定　4 弓步
第二节	右转旋臂	双 右 双 左	2 倒骑中定　4 弓步
第三节	上步勾手	双 左 双 右	2 中定　3 起　4 控
第四节	弓步推掌	双 左 双 右	1 落　2 中定　4 弓步

定势方位：弓步方向正东，胸向东偏南约 30°。

（十）云手（6 小节）

云手节拍动作分解见表 5-10。

表 5-10　云手

节拍	节拍分解	松胯技术	步法、起落
第一节	坐腿合臂	双 右 双 左	2 中定　4 弓步
第二节	左云并步	双 左 双 右	2 倒骑中定　3 收右脚 4 并步
第三节	右云开步	双 右 双 左	2 倒骑中定　3 起左脚 4 落侧行步
推掌方向西偏南约 45°			

续表

节拍	节拍分解	松胯技术	步法、起落
第四节	左云并步	双 左 双 右	2 中定　3 起右脚 4 落并步
推掌方向东偏南约45°			
第五节	右云开步	双 右 双 左	2 倒骑中定　3 起左脚 4 落侧行步
推掌方向西偏南约45°			
第六节	左云并步	双 左 双 右	2 中定　3 起右脚 4 落并步

定势方位：推掌方向东偏南约45°。

(十一) 单鞭(2小节)

单鞭节拍动作分解见表5-11。

表5-11　单鞭

节拍	节拍分解	松胯技术	步法、起落
第一节	勾手上步	双 右 双 左	2 中定　3 起　4 控
第二节	弓步推掌	双 左 双 右	1 落　2 中定　4 弓步

定势方位：弓步方向正东，胸向东偏南约30°。

(十二) 高探马(2小节)

高探马节拍动作分解见表5-12。

表5-12　高探马

节拍	节拍分解	松胯技术	步法、起落
第一节	跟步翻掌	双右双右	2 中定　3 起　4 脚掌点地
第二节	虚步推掌	双右双左	1 落脚　2 倒骑中定 4 虚步

定势方位：正东。

(十三) 右蹬脚 (4 小节)

右蹬脚节拍动作分解见表 5-13。

表 5-13 右蹬脚

节拍	节拍分解	松胯技术	步法、起落
第一节	上步翻掌	双 左 双 左	3 起 4 控
第二节	弓步分掌	双 左 双 右	1 落 2 中定 4 弓步
第三节	提膝合手	双 右 双 右	3 起 4 提膝独立
第四节	蹬脚分掌	双 右 双 右	4 蹬脚 控

定势方位：蹬脚方向东偏南约 30°。

(十四) 双峰贯耳 (3 小节)

双峰贯耳节拍动作分解见表 5-14。

表 5-14 双峰贯耳

节拍	节拍分解	松胯技术	步法、起落
第一节	收脚并手	双 右 双 右	1、2 控 3 垂脚提膝
第二节	落脚沉手	双 右 双 右	2 沉 4 落
第三节	弓步贯拳	双 右 双 左	2 中定 4 弓步（两拳眼斜相对）

定势方位：东偏南约 30°。

(十五) 转身左蹬脚 (3 小节)

转身左蹬脚节拍动作分解见表 5-15。

表 5-15 转身左蹬脚

节拍	节拍分解	松胯技术	步法、起落
第一节	转身分掌	双 左 双 右	2 中定 4 扣右脚 弓步
第二节	提膝合抱	双 右 双 左	2 回坐 3 起 4 提膝独立
第三节	蹬脚分掌	双 左 双 左	4 蹬脚 控

定势方位：西偏北约 30°。

(十六) 左下势独立(4小节)

左下势独立节拍动作分解见表5-16。

表5-16 左下势独立

节拍	节拍分解	松胯技术	步法、起落
第一节	收脚提勾	双 左 双 左	1、2控 4收脚
第二节	仆步穿掌	双 左 双 左	2落脚 4穿掌
第三节	弓腿挑手	双 左 双 右	2中定 4弓步
第四节	独立挑掌	双 右 双 右	2倒骑 3收脚 4提膝独立

定势方位：正西。

(十七) 右下势独立(4小节)

右下势独立节拍动作分解见表5-17。

表5-17 右下势独立

节拍	节拍分解	松胯技术	步法、起落
第一节	落脚转体	双 右 双 右	2落 3双碾左脚 4丁步
第二节	仆步穿掌	双 右 双 右	2落 4穿掌
第三节	弓腿挑手	双 右 双 左	2中定 4弓步
第四节	独立挑掌	双 左 双 左	2倒骑 3收脚 4提膝独立

定势方向：正西。

(十八) 左右穿梭(7小节)

左右穿梭节拍动作分解见表5-18。

表5-18 左右穿梭

节拍	节拍分解	松胯技术	步法、起落
第一节	落脚翻掌	双 左 双 左	2沉 4落
第二节	弓腿抱球	双 左 双 右	2中定 4弓步
第三节	上步分手	双 右 双 右	2中定 3起 4控

续表

节拍	节拍分解	松胯技术	步法、起落
第四节	弓步架推	双 右 双 左	1 落　2 中定 4 左弓（西偏北 30°）
第五节	转腰撇脚	双 左 双 左	2 回坐　3 撇脚　4 弓步
第六节	上步分手	双 左 双 左	2 倒骑中定　3 起　4 控
第七节	弓步架推	双 左 双 右	1 落　2 中定 4 弓步（西偏南 30°）

定势方位：西偏南 30°。

（十九）海底针（2 小节）

海底针节拍动作分解见表 5-19。

表 5-19　海底针

节拍	节拍分解	松胯技术	步法、起落
第一节	转体跟步	双 右 双 右	3 起右脚　4 落
第二节	虚步插掌	双 右 双 左	2 倒骑中定　3 提左脚 4 落虚步

定势方位：正西。

（二十）闪通臂（2 小节）

闪通臂节拍动作分解见表 5-20。

表 5-20　闪通臂

节拍	节拍分解	松胯技术	步法、起落
第一节	上步翻掌	双 左 双 左	2 中定　3 起　4 落
第二节	弓步推掌	双 左 双 右	2 中定　4 弓步

定势方位：正西。

（二十一）转身搬拦捶（5 小节）

转身搬拦捶节拍动作分解见表 5-21。

表 5-21　转身搬拦捶

节拍	节拍分解	松胯技术	步法、起落
第一节	转身摆手	双 右 双 左	2 中定　4 弓步

续表

节拍	节拍分解	松胯技术	步法、起落
第二节	坐腿握拳	双 左 双 右	2 中定　4 虚步
第三节	上步搬拳	双 右 双 左	3 起　4 落　撇脚弓步
第四节	上步拦掌	双 左 双 左	3 起　4 控
第五节	弓步打拳	双 左 双 右	1 落　2 中定　4 弓步

定势方位：正东弓腿收拳，双右双左　2 中定 4 弓步。

(二十二) 如封似闭 (2 小节)

如封似闭节拍动作分解见表5-22。

表5-22　如封似闭

节拍	节拍分解	松胯技术	步法、起落
第一节	坐腿收引	双 右 双 左	2 中定　4 虚步
第二节	弓步推按	双 左 双 右	2 中定　4 弓步

定势方位：正东。

(二十三) 十字手 (3 小节)

十字手节拍动作分解见表5-23。

表5-23　十字手

节拍	节拍分解	松胯技术	步法、起落
第一节	转身分手	双 右 双 左	2 扣左脚中定 4 弓步摆右脚
第二节	回转合手	双 左 双 右	2 中定　4 弓步　扣右脚
第三节	收脚并立	双 右 双 右	3 起　4 落　收右脚

定势方位：正南。

(二十四) 收势 (2 小节)

收势节拍动作分解见表5-24。

表5-24　收势

节拍	节拍分解	松胯技术	步法、起落
第一节	分掌落臂	双 右 双 左	
第二节	并步还原	双 左 双 左	3 起　4 落　收左脚

定势方位：正南。

> 个人演绎者：严淼淼
>
> 2023年全国太极拳公开赛东部赛区集体42式太极拳一等奖(队员)
>
> 2024年第三届全球太极拳网络大赛集体陈式太极剑一等奖(队员)
>
> 第十五届全运会群众展演太极拳比赛选拔赛暨2024年全国太极拳公开赛总决赛集体24太极拳一等奖(队员)

二、42式太极拳节拍分解

(一)起势(3小节)

起势节拍动作分解见表5-25。

表5-25　起势

节拍	节拍分解	松胯技术	步法、起落
第一节	提脚开步	双　左　双　左	3起　4落
第二节	双臂上掤	双　右　双　左	
第三节	沉胯下按	双　左　双　右	

定势方位：正南，目视前方。

(二)右揽雀尾(10小节)

右揽雀尾节拍动作分解见表5-26。

表5-26　右揽雀尾

节拍	节拍分解	松胯技术	步法、起落
第一节	转身撇脚	双　右　双　左	2摆脚
第二节	抱球上步	双　左　双　左	2起　4落
第三节	弓步左掤	双　双　双　右	2中定　4弓步
第四节	转腰上步	双　双　双　左	2起　4落
第五节	弓步右掤	双　双　双　左	2中定　4弓步
第六节	坐腿回捋	双　左　双　右	2中定　4虚步
第七节	弓步前挤	双　右　双　左	2中定　4弓步
第八节	坐腿平云(吴式)双	左　双　右	2中定　4虚步

续表

节拍	节拍分解	松胯技术	步法、起落
第九节	扣脚前按(吴式)双	右 双 右	2 中定 4 扣脚正南
第十节	丁步斜按(吴式)双	右 双 左	3 起 4 落

定势方位：南偏西30°，目视右掌。

(三) 左单鞭(2 小节)

左单鞭节拍动作分解见表5-27。

表5-27 左单鞭

节拍	节拍分解	松胯技术	步法、起落
第一节	勾手开步	双 左 双 左	2 起 4 落
第二节	弓步推掌	双 左 双 右	2 中定 4 弓步

定势方位：正东稍偏北，目视左掌。

(四) 提手上势(3 小节)

提手上势节拍动作分解见表5-28。

表5-28 提手上势

节拍	节拍分解	松胯技术	步法、起落
第一节	坐腿摆臂	双 右 双 左	2 中定 4 弓步
第二节	回坐带臂	双 左 双 右	2 中定 4 弓步
第三节	虚步合手	双 右 双 右	3 起 4 落

定势方位：南偏西30°，目视右掌。

(五) 白鹤亮翅(2 小节)

白鹤亮翅节拍动作分解见表5-29。

表5-29 白鹤亮翅

节拍	节拍分解	松胯技术	步法、起落
第一节	撤步抱手	双 右 双 右	2 转腰倒骑中定 3 起 4 落右脚掌
第二节	虚步亮掌	双 右 双 左	2 倒骑中定 3 活步 4 落

定势方位：正东，目平视前方。

(六) 搂膝拗步 (6小节)

搂膝拗步节拍动作分解见表5-30。

表5-30 搂膝拗步

节拍	节拍分解	松胯技术	步法、起落
第一节	转腰摆臂	双 左 双 左	2 中定 4 虚步
第二节	上步屈臂	双 左 双 左	2 起 4 落
第三节	弓步搂推	双 左 双 右	2 中定 4 弓步
第四节	转腰撇脚	双 右 双 右	2 回坐 3 双胯松撇脚 4 弓步
第五节	上步屈臂	双 右 双 右	2 起 4 落
第六节	弓步搂推	双 右 双 左	2 中定 4 弓步

定势方位：正东，目视左掌。

(七) 撇身锤 (3小节)

撇身锤节拍动作分解见表5-31。

表5-31 撇身锤

节拍	节拍分解	松胯技术	步法、起落
第一节	撇脚分手	双 左 双 左	2 回坐 3 双胯松撇脚 4 弓步
第二节	上步提拳	双 左 双 左	2 起 4 落
第三节	弓步撇打	双 左 双 右	2 中定 4 弓步

定势方位：东北，目视左拳。

(八) 捋挤势 (8小节)

捋挤势节拍动作分解见表5-32。

表5-32 捋挤势

节拍	节拍分解	松胯技术	步法、起落
第一节	坐腿收掌	双 右 双 左	2 中定 4 虚步
第二节	弓步穿抹	双 左 双 右	2 中定 4 弓步
第三节	上步捋搭	双 右 双 左	2 起 4 落
第四节	弓步前挤	双 右 双 左	2 中定 4 弓步 东南
第五节	坐腿收掌	双 左 双 右	2 中定 4 虚步

续表

节拍	节拍分解	松胯技术	步法、起落
第六节	弓步穿抹	双 右 双 左	2 中定　4 弓步
第七节	上步捋搭	双 左 双 左	2 起　4 落
第八节	弓步前挤	双 左 双 右	2 中定　4 弓步

定势方位：东北，目视左掌。

(九) 进步搬拦捶 (4 小节)

进步搬拦捶节拍动作分解见表 5-33。

表 5-33　进步搬拦捶

节拍	节拍分解	松胯技术	步法、起落
第一节	撤脚分手	双 右 双 右	2 回坐　3 双胯松撤脚 4 弓步
第二节	上步搬拳	双 右 双 左	3 起右脚　4 落 撤脚左弓步
第三节	上步拦掌	双 左 双 左	3 起　4 落　虚步
第四节	弓步打捶	双 左 双 右	2 中定　4 弓步

定势方位：正东，目视右拳。

(十) 如封似闭 (2 小节)

如封似闭节拍动作分解见表 5-34。

表 5-34　如封似闭

节拍	节拍分解	松胯技术	步法、起落
第一节	坐腿收掌	双 右 双 左	2 中定　4 虚步
第二节	丁步推按(孙式)	双 左 双 右	4 跟　丁步

定势方位：正东，目视两掌。

(十一) 开合手 (孙式，2 小节)

开合手(孙式)节拍动作分解见表 5-35。

表 5-35　开合手(孙式)

节拍	节拍分解	松胯技术	步法、起落
第一节	右转开手	双 右 双 左	2 碾右脚掌　4 左脚跟 并步

续表

节拍	节拍分解	松胯技术	步法、起落
第二节	提脚合手	双 左 双 右	重心移向左腿 右脚跟起

定势方位：正南，目视两掌中间。

（十二）右单鞭（孙式，2小节）

右单鞭（孙式）节拍动作分解见表5-36。

表5-36 右单鞭（孙式）

节拍	节拍分解	松胯技术	步法、起落
第一节	开步翻掌	双 右 双 右	3起 4落
第二节	弓步分掌	双 右 双 左	2中定 4侧弓步

定势方位：正南稍偏西30°，目视左掌。

（十三）肘底捶（6小节）

肘底捶节拍动作分解见表5-37。

表5-37 肘底捶

节拍	节拍分解	松胯技术	步法、起落
第一节	左弓摆臂	双 左 双 右	2中定 4弓步右脚内扣
第二节	右弓合臂	双 右 双 左	2中定 4弓步
第三节	摆脚上步	双 左 双 左	3起 4摆脚落 虚步
第四节	弓步分手	双 右 双 右	2中定 4弓步
第五节	跟步采手	双 左 双 右	3起 4落
第六节	虚步劈掌	双 右 双 左	2倒骑中定 3起左脚 4落

定势方位：正东，目视左掌。

（十四）转身推掌（孙式，4小节）

转身推掌（孙式）节拍动作分解见表5-38。

表5-38 转身推掌（孙式）

节拍	节拍分解	松胯技术	步法、起落
第一节	转身举掌	双 左 双 左	2拍左脚撤至右脚后，脚前掌着地 4拍以右脚跟、左脚掌为轴，向左转身约90°，转身，后重心在右

续表

节拍	节拍分解	松胯技术	步法、起落
第二节	跟步推掌	双 左 双 右	正北 目视右掌 2拍左脚向前偏左上步，脚跟着地 4右脚收至左脚内侧后方，脚前掌着地，成右丁步
第三节	碾脚摆掌	双 右 双 右	2拍以左脚跟、右脚掌为轴，向右后转身约90°，转身后重心在左
第四节	跟步推掌	双 右 双 左	2拍右脚向前偏右上步，脚跟落地 4拍重心前移，左脚收至右脚内侧后方，成左丁步

定势方位：正南，目视左掌。

(十五)玉女穿梭(孙式的步法，吴式的平云手法，定势是杨式架推，11小节)

玉女穿梭(孙式的步法，吴式的平云手法，定势是杨式架推)节拍动作分解见表5-39。

表5-39 玉女穿梭(孙式的步法，吴式的平云手法，定势是杨式架推)

节拍	节拍分解	松胯技术	步法、起落
第一节	撤步探掌	双 左 双 左	3起 4落撤步东探掌西
第二节	收脚后捋	双 左 双 右	3收右脚起 4落 虚步
第三节	上步跟步	双 右 双 左	2上右步 4跟左脚 丁步
第四节	上步翻掌	双 右 双 右	2倒骑中定 3起 4控
第五节	弓步架推	双 右 双 左	4落 弓步 西北
第六节	坐腿摆掌	双 左 双 右	2中定 4虚步
第七节	弓腿穿掌	双 右 双 右	2中定 4弓步
第八节	上步搭手	双 左 双 左	3起 4落
第九节	跟步平云	双 左 双 右	2中定 4跟步 丁步
第十节	上步翻掌	双 左 双 左	2倒骑 3起 4控
第十一节	弓步架推(杨式)	双 左 双 右	1落 2中定 4弓步

定势方位：西南，目视右掌。

(十六) 右左蹬脚 (8 小节)

右左蹬脚节拍动作分解见表 5-40。

表 5-40 右左蹬脚

节拍	节拍分解	松胯技术	步法、起落
第一节	坐腿收掌	双 右 双 左	2 中定 4 虚步
第二节	弓腿分掌	双 左 双 右	2 中定 4 弓步
第三节	提脚抱掌	双 右 双 右	4 起
第四节	蹬脚分掌	双 右 双 右	4 蹬 西偏北约 30
第五节	落脚收掌	双 右 双 右	1、2 控 3 沉 4 落
第六节	弓腿分掌	双 右 双 右	2 中定 4 弓步
第七节	提脚抱掌	双 左 双 左	4 起
第八节	蹬脚分掌	双 左 双 左	4 蹬

定势方位：西偏南约 30°，目视左掌。

(十七) 掩手肱捶 (陈式, 4 小节)

掩手肱捶 (陈式) 节拍动作分解见表 5-41。

表 5-41 掩手肱捶 (陈式)

节拍	节拍分解	松胯技术	步法、起落
第一节	并手收脚	双 左 双 左	1、2 控 3 沉 4 左脚垂于右踝旁
第二节	擦步压掌	双 左 双 右	2 脚跟擦地向左开步 4 弓步
第三节	马步掩手	双 右 双 左	2 中定 4 马步
第四节	弓步冲拳	双 左 双 右	2 中定 4 弓步

定势方向：弓步方向西南，冲拳方向西偏北，目视右拳。

(十八) 野马分鬃 (陈式, 8 小节)

野马分鬃 (陈式) 节拍动作分解见表 5-42。

表 5-42 野马分鬃 (陈式)

节拍	节拍分解	松胯技术	步法、起落
第一节	转腰左右缠	双 右 双 左	2 回坐 4 弓步

续表

节拍	节拍分解	松胯技术	步法、起落
第二节	马步横挒	双 左 双 右	2中 4马步
第三节	折叠摆掌	双 右 双 左	2中定 4左弓
第四节	上步托掌	双 左 双 左	3起 4控
第五节	弓步穿靠	双 左 双 右	1落 2中定 4弓步
第六节	撤脚摆掌	双 右 双 右	2撤脚 4弓步
第七节	上步托掌	双 右 双 右	3起 4控
第八节	弓步穿靠	双 右 双 左	1落 2中定 4左弓

定势方位：正西，目视右掌。

(十九)云手(10小节)

云手节拍动作分解见表5-43。

表5-43 云手

节拍	节拍分解	松胯技术	步法、起落
第一节	转腰左摆	双 左 双 右	2中定 4弓步
第二节	右转翻掌	双 右 双 左	2左定 4弓步
第三节	转腰左云	双 左 双 右	2中定 4弓步
第四节	收脚翻掌（收右脚1次）	双 右 双 右	3起 4落
第五节	右云开步	双 左 双 左	3起 4落 开左步
第六节	转腰左云	双 左 双 右	2中定 4弓步
第七节	收脚翻掌（收右脚2次）	双 右 双 右	3起 4落
第八节	右云开步	双 左 双 左	3起 4落 开左步
第九节	转腰左云	双 左 双 右	2中定 4弓步
第十节	扣脚收步（收右脚3次）	双 右 双 右	3起 4落

定势方位：东南，目视左掌。

(二十) 独立打虎(3 小节)

独立打虎节拍动作分解见表 5-44。

表 5-44 独立打虎

节拍	节拍分解	松胯技术	步法、起落
第一节	退步探掌	双 左 双 左	3 起　4 落
第二节	坐腿分手	双 左 双 右	2 中定　4 右脚尖内扣虚步
第三节	独立贯拳(吴式)	双 右 双 右	3 起　4 控　独立步

定势方位:正东,头转向右前方,目平视前方。

(二十一) 右分脚(2 小节)

右分脚节拍动作分解见表 5-45。

表 5-45 右分脚

节拍	节拍分解	松胯技术	步法、起落
第一节	垂脚抱掌	双 右 双 右	1、2 控　4 脚尖下垂独立步
第二节	分脚分掌	双 右 双 右	4 分脚　独立步

定势方位:东偏南 30°,目视右掌。

(二十二) 双峰贯耳(3 小节)

双峰贯耳节拍动作分解见表 5-46。

表 5-46 双峰贯耳

节拍	节拍分解	松胯技术	步法、起落
第一节	垂脚并手	双 右 双 右	2 沉　4 垂脚并手到位
第二节	落脚握拳	双 右 双 右	2 沉　4 落
第三节	弓步贯拳	双 右 双 左	2 中定　4 弓步　拳眼斜向下

定势方位:东偏南 30°,目视前方。

(二十三)左分脚(3小节)

左分脚节拍动作分解见表5-47。

表5-47 左分脚

节拍	节拍分解	松胯技术	步法、起落
第一节	转腰分掌	双 左 双 左	2回坐 3双胯松撇脚 4弓步
第二节	抱手收脚	双 左 双 左	3起 4控 独立步
第三节	分手分脚	双 左 双 左	4分到位 独立步

定势方位:正东,目视左掌。

(二十四)转身拍脚(3小节)

转身拍脚节拍动作分解见表5-48。

表5-48 转身拍脚

节拍	节拍分解	松胯技术	步法、起落
第一节	收脚独立	双 左 双 左	1、2控 4垂脚 独立步
第二节	转身落脚	双 左 双 右	2转身落 3转身沉 4虚步
第三节	分手拍脚	双 右 双 右	4拍

定势方位:正东,目视右掌。

(二十五)进步栽捶(3小节)

进步栽捶节拍动作分解见表5-49。

表5-49 进步栽捶

节拍	节拍分解	松胯技术	步法、起落
第一节	落脚摆掌	双 右 双 左	2落脚 4弓步
第二节	上步收拳	双 左 双 左	3起 4落
第三节	弓步栽捶	双 左 双 右	2中定 4弓步

定势方位:正东,目视右拳。

(二十六)斜飞势(吴式,3小节)

斜飞势(吴式)节拍动作分解见表5-50。

表5-50 斜飞势(吴式)

节拍	节拍分解	松胯技术	步法、起落
第一节	转腰分手	双 右 双 右	2回坐 3双胯松撇脚转腰 4弓步
第二节	开步合手	双 右 双 右	3起 4落
第三节	弓步分靠	双 右 双 左	2中定 4侧弓步

定势方位:东偏南30°,目随左掌。

(二十七)单鞭下势(2小节)

单鞭下势节拍动作分解见表5-51。

表5-51 单鞭下势

节拍	节拍分解	松胯技术	步法、起落
第一节	转腰勾手	双 左 双 右	2中定 4弓步
第二节	仆步前穿	双 右 双 右	3穿 4到位

定势方位:东偏南30°,目视右掌。

(二十八)金鸡独立(4小节)

金鸡独立节拍动作分解见表5-52。

表5-52 金鸡独立

节拍	节拍分解	松胯技术	步法、起落
第一节	弓步穿掌	双 右 双 左	2中定摆右脚尖 扣左脚尖 4弓步
第二节	提膝挑掌	双 左 双 左	2倒骑 3起 4提膝 独立步
第三节	落脚按掌	双 左 双 左	2沉 3落 4虚步
第四节	提膝挑掌	双 右 双 右	2倒骑 3起 4提膝 独立步

定势方位:正东,目视右掌。

(二十九)退步穿掌(吴式,1小节)

退步穿掌(吴式)节拍动作分解见表5-53。

表5-53 退步穿掌(吴式)

节拍	节拍分解	松胯技术	步法、起落
第一节	退步前穿	双 右 双 右	1、2控 3沉 4落

定势方位:正东,目视左掌。

(三十)虚步压掌(2小节)

虚步压掌节拍动作分解见表5-54。

表5-54 虚步压掌

节拍	节拍分解	松胯技术	步法、起落
第一节	回坐举掌	双 右 双 左	2中定 4弓步
第二节	虚步压掌(孙式)	双 左 双 右	2中定 4虚步

定势方位:正西,目视前下方。

(三十一)独立托掌(陈式,1小节)

独立托掌(陈式)节拍动作分解见表5-55。

表5-55 独立托掌(陈式)

节拍	节拍分解	松胯技术	步法、起落
第一节	提膝独立	双 右 双 右	3起 4提膝 独立步

定势方位:正西,目视右掌。

(三十二)马步靠(3小节)

马步靠节拍动作分解见表5-56。

表5-56 马步靠

节拍	节拍分解	松胯技术	步法、起落
第一节	落脚摆掌	双 右 双 左	1控 2沉 3落 4撇脚 弓步

续表

节拍	节拍分解	松胯技术	步法、起落
第二节	上步握拳	双 左 双 左	3起 4落 擦步
第三节	马步挤靠	双 左 双 左	2中定 4半马步

定势方位:西南,目视左前方。

(三十三) 转身大捋(4小节)

转身大捋节拍动作分解见表5-57。

表5-57 转身大捋

节拍	节拍分解	松胯技术	步法、起落
第一节	撤脚翻掌	双 左 双 右	2撤脚 4弓步
第二节	并步托掌	双 右 双 右	3起 4落 正南
第三节	撤步大捋	双 右 双 右	3起 4落
第四节	弓步滚肘	双 左 双 右	2中定 4弓步

定势方位:东北,目视右拳。

(三十四) 歇步擒打(3小节)

歇步擒打节拍动作分解见表5-58。

表5-58

节拍	节拍分解	松胯技术	步法、起落
第一节	转腰旋臂	双 右 双 左	2中定 4弓步
第二节	回身擒手	双 左 双 右	2中定 4弓步
第三节	歇步打拳(陈式)	双 右 双 左	3起右脚 4盖步横落

定势方位:正西,目视右拳。

(三十五) 穿掌下势(吴式,2小节)

穿掌下势节拍动作分解见表5-59。

表5-59 穿掌下势

节拍	节拍分解	松胯技术	步法、起落
第一节	开步摆掌	双 左 双 左	3起 4落
第三节	仆步穿掌	双 左 双 左	3穿 4到位

定势方位:正西,目视左掌。

（三十六）上步七星（2 小节）

上步七星节拍动作分解见表 5-60。

表 5-60　上步七星

节拍	节拍分解	松胯技术	步法、起落
第一节	弓腿挑掌	双　左　双　右	2 中定　4 弓步
第二节	虚步架拳	双　右　双　右	3 起　4 落 右脚掌着地

定势方位：正西，目视左拳。

（三十七）退步跨虎（吴式，3 小节）

退步跨虎节拍动作分解见表 5-61。

表 5-61　退步跨虎

节拍	节拍分解	松胯技术	步法、起落
第一节	退步摆掌	双　右　双　左	2 退步　4 重心后移 虚步
第二节	收脚叠手	双　左　双　左	3 收左脚转腰 4 左脚掌落
第三节	举腿分掌	双　左　双　左	4 起　左勾手右立掌

定势方位：正西稍偏北，上体左转，目视左前方。

（三十八）转身摆莲（3 小节）

转身摆莲节拍动作分解见表 5-62。

表 5-62　转身摆莲

节拍	节拍分解	松胯技术	步法、起落
第一节	扣脚落步	双　左　双　左	4 落
第二节	转身穿掌	双　左　双　右	2 转身中定　4 右脚活步 虚步
第三节	摆腿拍脚	双　右　双　右	3 起　4 拍

定势方位：正东，目视两掌。

(三十九)弯弓射虎(2小节)

弯弓射虎节拍动作分解见表5-63。

表5-63 弯弓射虎

节拍	节拍分解	松胯技术	步法、起落
第一节	落脚落手	双 右 双 右	4落
第二节	弓步打拳	双 右 双 左	2中定 4弓步

定势方位:弓步方向东偏南;冲拳方向东偏北,目视左拳。

(四十)左揽雀尾(7小节)

左揽雀尾节拍动作分解见表5-64。

表5-64 左揽雀尾

节拍	节拍分解	松胯技术	步法、起落
第一节	转腰分手	双 左 双 左	2回坐 3双胯松撇脚 4弓步
第二节	抱手上步	双 左 双 左	2起 4落
第三节	弓步左掤	双 左 双 右	2中定 4弓步
第四节	坐腿后捋	双 右 双 左	2中定 4虚步
第五节	弓步前挤	双 左 双 右	2中定 4弓步
第七节	坐腿收掌	双 右 双 左	2中定 4虚步
第八节	弓步推按	双 左 双 右	2中定 4弓步

定势方位:正东,目平视前方。

(四十一)十字手(3小节)

十字手节拍动作分解见表5-65。

表5-65 十字手

节拍	节拍分解	松胯技术	步法、起落
第一节	坐腿分手	双 右 双 左	2中定扣左脚 摆右脚 4弓步
第二节	回转合手	双 左 双 右	2中定扣右脚 4弓步
第三节	收脚并立	双 右 双 右	3起 4落

定势方位:正南,目平视前方。

(四十二) 收势(3 小节)

收势节拍动作分解见表 5-66。

表 5-66 收势

节拍	节拍分解	松胯技术	步法、起落
第一节	翻腕前探	双 左 双 右	
第二节	垂肘下按	双 右 双 左	
第三节	并步还原	双 左 双 左	3 起 4 落 收左脚

定势方位:正南,目平视前方。

> **个人演绎者:周益红**
> 2018 年全国武术运动大会女子(个人)杨式太极拳一等奖
> 2018 年全国太极拳公开赛总决赛女子 D 组规定杨式太极拳一等奖
> 2023 年全国太极拳公开赛总决赛女子甲组杨式太极拳竞赛套路一等奖
> 2024 年全国太极拳公开赛总决赛女子 D 组杨式太极拳竞赛套路一等奖
> 第十五届全运会群众展演太极拳比赛选拔赛暨 2024 年全国太极拳公开赛总决赛集体 24 太极拳一等奖(队员)

三、杨式太极拳 40 式竞赛套路节拍分解

(一) 起势(3 小节)

起势节拍动作分解见表 5-67。

表 5-67 起势

节拍	节拍分解	松胯技术	步法、起落
第一节	提脚开步	双 左 双 左	3 起脚 4 落脚
第二节	双臂上掤	双 右 双 左	
第三节	沉肩下按	双 左 双 右	两手按于胯关节两侧

定势方位:正南,眼看前方。

(二) 揽雀尾(10 小节)

揽雀尾节拍动作分解见表 5-68。

表 5-68　揽雀尾

节拍	节拍分解	松胯技术	步法、起落
第一节	沉胯撇脚	双 右 双 左	2 倒骑摆脚　中定 4 虚步
第二节	上步抱手	双 左 双 左	3 起脚　4 控脚
第三节	弓步左掤	双 左 双 右	1 落脚　2 中定 4 不扣脚侧弓步
第四节	回坐扣脚	双 右 双 右	3 微扣脚　4 弓步
第五节	抱球上步	双 右 双 左	3 起脚　4 控脚
第六节	弓步右掤	双 右 双 左	1 落脚　2 中定　4 弓步
第七节	坐腿后捋	双 左 双 右	2 中定 4 虚步(捋斜坐步)
第八节	弓步前挤	双 右 双 左	2 中定　4 弓步　正西
第九节	坐腿后引	双 左 双 右	2 中定 4 虚步(按正坐步)
第十节	弓步前按	双 右 双 左	2 中定　4 弓步　正西

定势方位:正西,眼看前方。

(三) 单鞭(4 小节)

单鞭节拍动作分解见表 5-69。

表 5-69　单鞭

节拍	节拍分解	松胯技术	步法、起落
第一节	坐腿平捋	双 左 双 右	2 中定　3 扣脚　4 弓步
第二节	回坐平磨	双 右 双 左	2 中定　4 弓步
第三节	上步勾手	双 左 双 左	3 转身出脚　4 控脚
第四节	弓步推掌	双 左 双 右	1 落脚　2 中定　4 弓步

定势方位:弓步方向正东胸向东偏南约 30°,眼看左前方。

(四)提手上势(2小节)

提手上势节拍动作分解见表5-70。

表5-70 提手上势

节拍	节拍分解	松胯技术	步法、起落
第一节	坐腿摆臂	双 右 双 左	2中定 3扣左脚转腰 4弓步
第二节	虚步合手	双 左 双 右	3起脚 4落脚

定势方位:正南,眼看前方。

(五)白鹤亮翅(2小节)

白鹤亮翅节拍动作分解见表5-71。

表5-71 白鹤亮翅

节拍	节拍分解	松胯技术	步法、起落
第一节	撤步抱手	双 右 双 右	2转腰倒骑中定 3起脚 4落脚掌
第二节	虚步分掌	双 右 双 左	2倒骑中定 3活步起左脚 4落

定势方位:正东,眼看前方。

(六)搂膝拗步(8小节)

搂膝拗步节拍动作分解见表5-72。

表5-72 搂膝拗步

节拍	节拍分解	松胯技术	步法、起落
第一节	上步屈臂	双 左 双 左	2转腰摆臂中定 3起 4控
第二节	弓步搂推	双 左 双 右	1落 2中定 4弓步 正东
第三节	转腰撇脚	双 右 双 右	2微后坐中定 3撇脚 4侧弓步
第四节	上步屈臂	双 右 双 右	2中定 3起 4控

续表

节拍	节拍分解	松胯技术	步法、起落
第五节	弓步搂推	双 右 双 左	1 落　2 中定　4 弓步　正东
第六节	转腰撇脚	双 左 双 左	2 微后坐中定　3 撇脚　4 侧弓步
第七节	上步屈臂	双 左 双 左	2 中定　3 起　4 控
第八节	弓步搂推	双 左 双 右	1 落　2 中定　4 弓步　正东

定势方位：正东，眼看前方。

(七) 手挥琵琶 (2 小节)

手挥琵琶节拍动作分解见表 5-73。

表 5-73　手挥琵琶

节拍	节拍分解	松胯技术	步法、起落
第一节	跟步带臂	双 右 双 右	2 中定　3 起　4 落脚掌
第二节	虚步合手	双 右 双 左	2 中定　3 起　4 落　虚步

定势方位：正东，眼看前方。

(八) 搬拦捶 (4 小节)

搬拦捶节拍动作分解见表 5-74。

表 5-74　搬拦捶

节拍	节拍分解	松胯技术	步法、起落
第一节	转体握拳	双 左 双 右	2 转腰　撇脚中定　4 侧弓步
第二节	上步搬拳	双 右 双 左	3 起右脚　4 落脚撇脚尖　侧弓步
第三节	上步拦掌	双 左 双 左	2 中定　3 起左脚　4 落　虚步
第四节	弓步打拳	双 左 双 右	2 中定　4 弓步

定势方位：正东，眼看前方。

(九)如封似闭(2小节)

如封似闭节拍动作分解见表5-75。

表5-75 如封似闭

节拍	节拍分解	松胯技术	步法、起落
第一节	坐腿后引	双 右 双 左	2中定 4虚步(正坐步)
第二节	弓步前按	双 左 双 右	2中定 4弓步

定势方位:正东,眼看前方。

(十)斜飞势(4小节)

斜飞势节拍动作分解见表5-76。

表5-76 斜飞势

节拍	节拍分解	松胯技术	步法、起落
第一节	坐腿摆手	双 右 双 左	2倒骑中定 3转腰扣脚 4号步
第二节	回坐合手	双 左 双 右	2倒骑中定 4号步
第三节	抱手上步	双 右 双 右	2中定 3起(转身西北上步) 4控
第四节	弓步分掌	双 右 双 左	1落 2中定 4弓步

定势方位:正西偏北,眼看右前方。

(十一)肘底捶(5小节)

肘底捶节拍动作分解见表5-77。

表5-77 肘底捶

节拍	节拍分解	松胯技术	步法、起落
第一节	坐腿摆掌	双 左 双 右	2倒骑中定 3扣脚转腰 4号步
第二节	回坐抱手	双 右 双 左	2倒骑中定 4号步
第三节	上步掤手	双 左 双 右	2中定 3起脚左摆步 4落脚弓步
第四节	跟步采掌	双 右 双 左	2中定 3右脚起 4落
第五节	虚步劈掌	双 右 双 左	2倒骑中定 3起左脚 4落 虚步

定势方位:正东,眼看前方。

(十二) 倒卷肱(4 小节)

倒卷肱节拍动作分解见表5-78。

表5-78 倒卷肱

节拍	节拍分解	松胯技术	步法、起落
第一节	退步屈肘	双 左 双 左	2 倒骑中定 3 起 4 控
第二节	虚步推掌	双 左 双 右	1 落 2 中定 4 虚步
第三节	退步屈肘	双 右 双 右	2 倒骑中定 3 起 4 控
第四节	虚步推掌	双 右 双 左	1 落 2 中定 4 虚步

定势方位：正东，眼看前方。

(十三) 左右穿梭(6 小节)

左右穿梭节拍动作分解见表5-79。

表5-79 左右穿梭

节拍	节拍分解	松胯技术	步法、起落
第一节	转身抱手	双 左 双 右	2 扣左脚中定 4 转身右摆步交叉步
第二节	上步分手	双 右 双 左	2 中定 3 起左前方西南上步 4 控
第三节	弓步架推	双 左 双 右	1 落 2 中定 4 弓步(西南)
第四节	回坐抹掌	双 右 双 左	2 中定 4 弓步
第五节	上步分手	双 右 双 左	2 中定 3 起右前方西北上步 4 控
第六节	弓步架推	双 右 双 左	1 落 2 中定 4 弓步(西北)

定势方位：西北，眼看前方。

(十四)野马分鬃(5小节)

野马分鬃节拍动作分解见表5-80。

表5-80 野马分鬃

节拍	节拍分解	松胯技术	步法、起落
第一节	回坐抹掌	双 左 双 左	2中定 4弓步
第二节	上步合手	双 左 双 左	2中定 3起左前方西南上步 4控
第三节	弓步前掤	双 左 双 右	1落 2中定 4弓步(西南)
第四节	上步合手	双 右 双 右	2中定 3起正西上步 4控
第五节	弓步前掤	双 右 双 左	1落 2中定 4弓步(正西)

定势方位:正西,眼看前方。

(十五)云手(6小节)

云手节拍动作分解见表5-81。

表5-81 云手

节拍	节拍分解	松胯技术	步法、起落
第一节	转腰合臂	双 左 双 右	2倒骑中定收左脚跟 4扣右脚尖侧行步
(胸前抱球)			
第二节	左云并步	双 右 双 右	2中定 3收右脚 4并步(第一个)
(推掌方向东偏南约45°)眼看左侧			
第三节	右云开步	双 右 双 左	2中定 3起左脚 4落 侧行步
(推掌方向西偏南约45°)眼看右侧			

续表

节拍	节拍分解	松胯技术	步法、起落
第四节	左云并步	双 左 双 右	2 中定　3 收右脚 4 并步（第二个）
(推掌方向东偏南约45°)眼看左侧			
第五节	右云开步	双 右 双 左	2 中定　3 起左脚 4 落　侧行步
(推掌方向西偏南约45°)眼看右侧			
第六节	左云并步	双 左 双 右	2 中定　3 起右脚 4 落（第三个）
(推掌方向东偏南约45°)眼看左侧			

定势方位：推掌方向东偏南约45°，眼看左侧。

（十六）单鞭（2小节）

单鞭节拍动作分解见表5-82。

表5-82　单鞭

节拍	节拍分解	松胯技术	步法、起落
第一节	勾手上步	双 右 双 左	3 起脚　4 控
第二节	弓步推掌	双 左 双 右	1 落脚　2 中定　4 弓步

定势方位：推掌方向正东，两个手腕关节与肩同高，眼看左侧方。

（十七）高探马（2小节）

高探马节拍动作分解见表5-83。

表5-83　高探马

节拍	节拍分解	松胯技术	步法、起落
第一节	跟步翻掌	双 右 双 右	2 中定　3 起　4 落
第二节	虚步推掌	双 右 双 左	2 倒骑中定　3 活步 4 落虚步

定势方位：正东，眼看前方，推掌为扑面掌。

(十八)右蹬脚(4小节)

右蹬脚节拍动作分解见表5-84。

表5-84 右蹬脚

节拍	节拍分解	松胯技术	步法、起落
第一节	上步平抹	双 左 双 左	2中定 3起脚 4控
第二节	弓步穿掌	双 左 双 右	1落 2中定 4弓步
第三节	抱手收脚	双 右 双 右	3起 4提膝 独立步
第四节	分手蹬脚	双 右 双 右	4蹬脚 控 独立步

定势方位：蹬脚方向东南，眼看右前方。

(十九)双峰贯耳(3小节)

双峰贯耳节拍动作分解见表5-85。

表5-85 双峰贯耳

节拍	节拍分解	松胯技术	步法、起落
第一节	屈腿并手	双 右 双 右	1、2控 4垂脚 独立步
第二节	落脚收手	双 右 双 右	2沉 4落 虚步
第三节	弓步贯拳	双 右 双 左	2中定 4弓步

定势方位：东南，眼看右前方。

(二十)左分脚(3小节)

左分脚节拍动作分解见表5-86。

表5-86 左分脚

节拍	节拍分解	松胯技术	步法、起落
第一节	撇脚分手	双 左 双 左	2中定 3撇脚 4弓步
第二节	抱手收脚	双 左 双 左	2沉 3起 4提膝 独立步
第三节	分脚分手	双 左 双 左	4分脚 独立步

定势方为：正东，眼看左侧方。

(二十一)转身右蹬脚(4 小节)

转身右蹬脚节拍动作分解见表 5-87。

表 5-87 转身右蹬脚

节拍	节拍分解	松胯技术	步法、起落
第一节	收脚独立	双 左 双 左	1、2 控 4 脚尖下垂 独立步
第二节	转身落脚	双 左 双 右	2 转身落 3 转身沉 4 虚步
第三节	提膝合手	双 右 双 右	3 起 4 提膝 独立步
第四节	分手蹬脚	双 右 双 右	4 蹬

定势方位:正东,眼看右侧方。

(二十二)海底针(2 小节)

海底针节拍动作分解见表 5-88。

表 5-88 海底针

节拍	节拍分解	松胯技术	步法、起落
第一节	退步提掌	双 右 双 右	1、2 控 3 沉 4 落 虚步
第二节	虚步插掌	双 右 双 左	2 倒骑中定 3 起左脚活步 4 落 虚步

定势方位:正东,眼看前下方。

(二十三)闪通背(2 小节)

闪通背节拍动作分解见表 5-89。

表 5-89 闪通背

节拍	节拍分解	松胯技术	步法、起落
第一节	上步翻掌	双 左 双 左	2 提手立腰中定 3 起 4 落
第二节	弓步推掌	双 左 双 右	2 中定 4 弓步

定势方位:推掌方向正东,眼看前方。

(二十四)白蛇吐信(4小节)

白蛇吐信节拍动作分解见表5-90。

表5-90 白蛇吐信

节拍	节拍分解	松胯技术	步法、起落
第一节	转身摆手	双 右 双 左	2中定 3扣左脚转身 4弓步
第二节	坐腿握拳	双 左 双 右	2中定 4弓步
第三节	上步撇掌	双 右 双 右	3起脚 转身上步拳变掌 4控
第四节	弓步推掌	双 右 双 左	1落 2中定 4弓步

定势方位:西北,眼看右前方。

(二十五)右拍脚(3小节)

右拍脚节拍动作分解见表5-91。

表5-91 右拍脚

节拍	节拍分解	松胯技术	步法、起落
第一节	盖步推掌	双 左 双 右	2左脚外摆上步 两腿屈膝交叉 4右脚跟提起
第二节	提膝抱手	双 右 双 右	3起 4提膝 独立步
第三节	分手拍脚	双 右 双 右	4拍 独立步

定势方位:西北,眼看右前方。

(二十六)左右伏虎(5小节)

左右伏虎节拍动作分解见表5-92。

表5-92 左右伏虎

节拍	节拍分解	松胯技术	步法、起落
第一节	落脚撤步	双 右 双 左	2落右脚 4左脚掌斜后撤步
第二节	弓步贯拳	双 左 双 右	2中定 4弓步 弓步方向正南偏东(左打虎) 眼看右前方

续表

节拍	节拍分解	松胯技术	步法、起落
第三节	坐腿变掌	双 右 双 右	3 扣左脚 4 弓步
第四节	握拳上步	双 右 双 右	3 起脚 4 控（正西上步）
第五节	弓步贯拳	双 右 双 左	1 落 2 中定 4 弓步（右打虎）

定势方位：弓步方向正西，眼看前方。

（二十七）右下势（2 小节）

右下势节拍动作分解见表 5-93。

表 5-93 右下势

节拍	节拍分解	松胯技术	步法、起落
第一节	坐腿提勾	双 左 双 右	2 中定（左脚尖微外撇，右脚跟稍外碾） 4 弓步
第二节	仆步穿掌	双 右 双 右	2 中定 4 仆步

定势方位：正西，眼看前下方。

（二十八）金鸡独立（4 小节）

金鸡独立节拍动作分解见表 5-94。

表 5-94 金鸡独立

节拍	节拍分解	松胯技术	步法、起落
第一节	弓步穿掌	双 右 双 左	2 中定 摆右脚尖扣左脚尖 4 弓步
第二节	提膝挑掌	双 左 双 左	2 倒骑 3 起 4 提膝 独立步
第三节	落脚按掌	双 左 双 右	2 沉 3 落 4 虚步
第四节	提膝挑掌	双 右 双 右	2 倒骑 3 起 4 提膝 独立步

定势方位：正西，眼看前方。

(二十九)指裆捶(3小节)

指裆捶节拍动作分解见表5-95。

表5-95 指裆捶

节拍	节拍分解	松胯技术	步法、起落
第一节	落脚摆掌	双 右 双 左	1控 2沉 3落 4撇脚 弓步
第二节	上步拦掌	双 左 双 左	2倒骑 3起脚 4控
第三节	弓步打拳	双 左 双 右	1落 2中定 4弓步

定势方位:正西,眼看前下方。

(三十)揽雀尾(7小节)

揽雀尾节拍动作分解见表5-96。

表5-96 揽雀尾

节拍	节拍分解	松胯技术	步法、起落
第一节	转腰撇脚	双 右 双 右	2微后坐中定 3撇脚 4侧弓步
第二节	抱球上步	双 右 双 右	2倒骑 3起脚 4控
第三节	弓步前掤	双 右 双 左	1控 2中定 4弓步(正西)
第四节	坐腿后捋	双 左 双 右	2中定 4虚步(斜坐步)
第五节	弓步前挤	双 左 双 左	2中定 4弓步(正西)
第六节	坐腿后引	双 左 双 右	2中定 4虚步(正坐步)
第七节	弓步前按	双 右 双 左	2中定 4弓步

定势方位:正西,眼看前方。

(三十一)单鞭(4小节)

单鞭节拍动作分解见表5-97。

表5-97 单鞭

节拍	节拍分解	松胯技术	步法、起落
第一节	坐腿摆臂	双 左 双 右	2中定 4弓步
第二节	回坐带臂	双 右 双 左	2中定 4弓步

续表

节拍	节拍分解	松胯技术	步法、起落
第三节	勾手上步	双 左 双 左	2 倒骑　3 起脚　4 控
第四节	弓步推掌	双 左 双 右	1 落脚　2 中定　4 弓步

定势方位：推掌方向正东，眼看左前方。

(三十二)左下势(2小节)

左下势节拍动作分解见表5-98。

表5-98　左下势

节拍	节拍分解	松胯技术	步法、起落
第一节	坐腿提勾	双 右 双 左	2 中定(右脚尖为外撇，左脚跟稍外碾)　4 弓步
第二节	仆步穿掌	双 左 双 左	2 中定　4 左仆步

定势方位：正东，眼看前下方。

(三十三)上步七星(2小节)

上步七星节拍动作分解见表5-99。

表5-99　上步七星

节拍	节拍分解	松胯技术	步法、起落
第一节	弓步穿掌	双 左 双 右	2 中定(左脚尖微外撇)　4 弓步
第二节	虚步架拳	双 右 双 右	2 倒骑　3 起脚　4 落　虚步

定势方位：正东，眼看前方。

(三十四)退步跨虎(2小节)

退步跨虎节拍动作分解见表5-100。

表5-100　退步跨虎

节拍	节拍分解	松胯技术	步法、起落
第一节	退步变掌	双 右 双 右	2 中定　3 起脚退　4 虚步右脚掌点地
第二节	虚步撑掌	双 右 双 左	2 倒骑中定　3 活步　4 落　虚步

定势方位：正东，眼看前方。

(三十五)转身摆莲(4小节)

转身摆莲节拍动作分解见表5-101。

表5-101 转身摆莲

节拍	节拍分解	松胯技术	步法、起落
第一节	转身穿掌	双 左 双 右	2 碾脚转身 前脚掌为轴 4 后脚跟为轴 虚步
第二节	扣步抹掌	双 右 双 左	2 左脚上步扣转身 4 虚步
第三节	活步摆掌	双 左 双 右	3 右脚起 4 落 虚步
第四节	摆腿拍脚	双 右 双 右	3 起 4 拍脚 垂脚独立

定势方位:正东,眼看两掌。

(三十六)弯弓射虎(2小节)

弯弓射虎节拍动作分解见表5-102。

表5-102 弯弓射虎

节拍	节拍分解	松胯技术	步法、起落
第一节	落脚摆手	双 右 双 右	2 沉 3 落 4 虚步
第二节	弓步打拳	双 右 双 左	2 中定 4 弓步

定势方位:冲拳东北,眼看左前方。

(三十七)搬拦捶(4小节)

搬拦捶节拍动作分解见表5-103。

表5-103 搬拦捶

节拍	节拍分解	松胯技术	步法、起落
第一节	坐腿握拳	双 左 双 右	2 中定 4 弓步
第二节	上步搬拳	双 右 双 左	3 起脚 4 落 撇脚弓步
第三节	上步拦掌	双 左 双 左	3 起脚 4 控
第四节	弓步打拳	双 左 双 右	1 落 2 中定 4 弓步

定势方位:正东,眼看前方。

(三十八)如封四闭(2小节)

如封四闭节拍动作分解见表5-104。

表5-104 如封四闭

节拍	节拍分解	松胯技术	步法、起落
第一节	坐腿后引	双 右 双 左	2中定 4虚步
第二节	弓步推按	双 左 双 右	2中定 4弓步

定势方位:正东,眼看前方。

(三十九)十字手(2小节)

十字手节拍动作分解见表5-105。

表5-105 十字手

节拍	节拍分解	松胯技术	步法、起落
第一节	坐腿分手	双 右 双 左	2扣左脚转身 中定 4弓步
第二节	收脚合手	双 左 双 右	3起 4落 收右脚 并立步

定势方位:正南。

(四十)收势(3小节)

收势节拍动作分解见表5-106。

表5-106 收势

节拍	节拍分解	松胯技术	步法、起落
第一节	翻腕前探	双 左 双 右	掌心向下
第二节	垂肘下按	双 右 双 左	
第三节	并步还原	双 左 双 左	3起 4落收 左脚

定势方位:正南。

> **个人演绎者：缪兰军**
> 2018年第三届全国武术运动大会男子陈式太极拳一等奖
> 2019年全国太极拳公开赛总决赛集体太极拳40式第一名(队员)
> 2019年全国太极拳公开赛总决赛男子陈式太极拳一等奖
> 2024年全国太极拳公开赛总决赛集体陈式太极剑一等奖(队员)
> 第十五届全运会群众展演太极拳比赛选拔赛暨2024年全国太极拳公开赛总决赛集体24太极拳一等奖(队员)

四、吴式太极拳45式竞赛套路节拍分解

(一)起势(3小节)

起势节拍动作分解见表5-107。

表5-107 起势

节拍	节拍分解	松胯技术	步法、起落
第一节	提脚开步	双 左 左 双	3起 4落
第二节	双臂上掤	双 右 双 左	
第三节	沉胯下按	双 左 右 双	

(二)右揽雀尾(10小节)

右揽雀尾节拍动作分解见表5-108。

表5-108 右揽雀尾

节拍	节拍分解	松胯技术	步法、起落
第一节	上步合手	双 左 双 左	2起 4落
第二节	弓步前挤	双 左 双 右	1松 2中定 3松 4弓步
第三节	扣脚转身	双 左 双 右	1松 2扣脚 3松 4虚步
第四节	上步右掤	双 右 双 右	2起 4落
第五节	弓步前挤	双 右 双 左	2中定 4弓步

续表

节拍	节拍分解	松胯技术	步法、起落
第六节	坐腿回捋	双 左 双 右	2 中定　4 虚步
第七节	弓步右掤	双 右 双 左	2 中定　4 弓步
第八节	坐腿托掌	双 左 双 右	2 中定　4 虚步
第九节	扣脚前按	双 右 双 右	2 中定　4 扣脚正南
第十节	右移斜按	双 右 双 左	

(三)单鞭(2 小节)

单鞭节拍动作分解见表 5-109。

表 5-109　单鞭

节拍	节拍分解	松胯技术	步法、起落
第一节	勾手撤步	双 左 双 左	3 起　4 落
第二节	马步平捋	双 左 双 右	2 中定　4 马步

(四)提手上势(4 小节)

提手上势节拍动作分解见表 5-110。

表 5-110　提手上势

节拍	节拍分解	松胯技术	步法、起落
第一节	扣脚转体	双 左 双 右	2 扣左脚　4 收右脚跟
第二节	上步掤手	双 右 双 右	2 起　4 落
第三节	弓步前挤	双 右 双 右	2 中定　4 弓步
第四节	提手撑掌	双 左 双 左	3 起　4 落

(五)白鹤亮翅(3 小节)

白鹤亮翅节拍动作分解见表 5-111。

表 5-111　白鹤亮翅

节拍	节拍分解	松胯技术	步法、起落
第一节	屈蹲按掌	双 左 右 双	屈蹲
第二节	转腰旋举	双 左 双 右	左旋腰　回正两臂上举
第三节	屈蹲旋臂	双 右 左 双	屈蹲下沉

(六)搂膝拗步(6小节)

搂膝拗步节拍动作分解见表5-112。

表5-112 搂膝拗步

节拍	节拍分解	松胯技术	步法、起落
第一节	转身上步	双 左 双 左	2起 4落
第二节	弓步搂推	双 左 双 右	2中定 4弓步
第三节	立身上步	双 右 双 右	2起 4落
第四节	弓步搂推	双 右 双 左	2中定 4弓步
第五节	立身上步	双 左 双 左	2起 4落
第六节	弓步搂推	双 左 双 右	2中定 4弓步

(七)手挥琵琶(3小节)

手挥琵琶节拍动作分解见表5-113。

表5-113 手挥琵琶

节拍	节拍分解	松胯技术	步法、起落
第一节	坐腿掤手	双 右 双 左	2中定 4虚步
第二节	弓步前推	双 左 双 右	2中定 4弓步
第三节	托掌跟步	双 右 双 右	3起 4落

(八)上步搬拦捶(6小节)

上步搬拦捶节拍动作分解见表5-114。

表5-114 上步搬拦捶

节拍	节拍分解	松胯技术	步法、起落
第一节	屈蹲合掌	双 右 左 双	重心右移
第二节	合掌上步	双 左 双 左	2起 4落
第三节	弓步搬拳	双 左 双 右	2中定 4弓步
第四节	坐腿回捋	双 右 双 左	2中定 4虚步
第五节	转腰拦掌	双 左 双 双	2转腰 4拦掌
第六节	弓步打捶	双 左 双 右	2中定 4弓步

(九)如封似闭(2小节)

如封似闭节拍动作分解见表5-115。

表5-115　如封似闭

节拍	节拍分解	松胯技术	步法、起落
第一节	坐腿回引	双　右　双　左	2中定　4虚步
第二节	弓步前按	双　左　双　右	2中定　4弓步

(十)十字手(3小节)

十字手节拍动作分解见表5-116。

表5-116　十字手

节拍	节拍分解	松胯技术	步法、起落
第一节	弓步分掌	双　右　双　左	2中定　4弓步
第二节	收脚上举	双　左　双　左	3起　4落
第三节	屈蹲合抱	双　右　左　双	屈蹲下沉

(十一)左揽雀尾(7小节)

左揽雀尾节拍动作分解见表5-117。

表5-117　左揽雀尾

节拍	节拍分解	松胯技术	步法、起落
第一节	上步提按	双　左　双　左	2起　4落
第二节	弓步搂推	双　右　双　右	2中定　4弓步
第三节	坐腿回捋	双　右　双　右	2中定　4虚步
第四节	弓步左掤	双　左　双　右	2中定　4弓步
第五节	坐腿托掌	双　右　双　右	2中定　4虚步
第六节	扣脚前按	双　右　双　左	2中定　4扣脚
第七节	左移斜按	双　左　双　右	2中定　4虚步

(十二)右单鞭(2小节)

右单鞭节拍动作分解见表5-118。

表5-118　右单鞭

节拍	节拍分解	松胯技术	步法、起落
第一节	勾手撤步	双　右　双　右	3起　4落
第二节	马步平掼	双　右　双　左	2中定　4马步

(十三)右下势(4小节)

右下势节拍动作分解见表5-119。

表5-119 右下势

节拍	节拍分解	松胯技术	步法、起落
第一节	辗脚旋臂	双 右 双 左	2 右脚跟内收 4 左脚跟外展
第二节	弓步伸臂	双 左 双 左	2 起 4 落
第三节	左转平捋	双 左 双 右	2 中定 4 马步
第四节	扑步下势	双 右 双 右	3 穿 4 到位

(十四)金鸡独立(5小节)

金鸡独立节拍动作分解见表5-120。

表5-120 金鸡独立

节拍	节拍分解	松胯技术	步法、起落
第一节	弓步前穿	双 右 双 左	
第二节	提膝撑按	双 左 双 左	4 起
第三节	落脚劈掌	双 左 双 左	1、2 控 3 松下沉 4 落
第四节	弓步穿掌	双 左 双 右	2 中定 4 马步
第五节	提膝撑按	双 右 双 右	4 起

(十五)左右倒卷肱(6小节)

左右倒卷肱节拍动作分解见表5-121。

表5-121 左右倒卷肱

节拍	节拍分解	松胯技术	步法、起落
第一节	独立披掌	双 右 双 右	1、2 控 3 松 4 沉
第二节	退步搂推	双 右 双 右	4 落 弓步
第三节	坐腿提按	双 右 双 左	2 中定 4 虚步
第四节	退步搂推	双 左 双 左	2 起 4 落 弓步
第五节	坐腿提按	双 左 双 右	2 中定 4 虚步
第六节	退步搂推	双 右 双 右	4 落 弓步

(十六)右海底针(2 小节)

右海底针节拍动作分解见表5-122。

表 5-122　右海底针

节拍	节拍分解	松胯技术	步法、起落
第一节	坐腿前伸	双　右　双　左	2 中　4 虚步
第二节	屈蹲插掌	双　左　双　左	2 脚尖虚点　4 屈蹲插掌

(十七)左闪通背(2 小节)

左闪通背节拍动作分解见表5-123。

表 5-123　左闪通背

节拍	节拍分解	松胯技术	步法、起落
第一节	上步穿臂	双　左　双　左	4 扣脚
第二节	弓步架推	双　左　双　右	2 中定　4 马步

(十八)撇身捶(3 小节)

撇身捶节拍动作分解见表5-124。

表 5-124　撇身捶

节拍	节拍分解	松胯技术	步法、起落
第一节	扣脚对拳	双　左　双　右	2 扣左脚　4 右跟微收
第二节	上步撇捶	双　右　双　右	2 起　4 落
第三节	弓步退掌	双　右　双　左	2 中　4 弓步

(十九)肘底捶(3 小节)

肘底捶节拍动作分解见表5-125。

表 5-125　肘底捶

节拍	节拍分解	松胯技术	步法、起落
第一节	虚步伸臂	双　左　双　右	2 中定　4 虚步
第二节	撤步横掌	双　右　双　右	3 起　4 落
第三节	虚步看捶	双　右　双　左	2 中定　4 虚步

(二十) 左右野马分鬃(5 小节)

左右野马分鬃节拍动作分解见表 5-126。

表 5-126　左右野马分鬃

节拍	节拍分解	松胯技术	步法、起落
第一节	弓步合臂	双　左　双　右	2 中定　4 弓步
第二节	合臂上步	双　右　双　右	2 起　4 落
第三节	弓步分靠	双　右　双　左	2 中定　4 弓步
第四节	上步合臂	双　左　双　左	2 起　4 落
第五节	弓步分靠	双　左　双　右	2 中定　4 弓步

(二十一) 玉女穿梭(9 小节)

玉女穿梭节拍动作分解见表 5-127。

表 5-127　玉女穿梭

节拍	节拍分解	松胯技术	步法、起落
第一节	上步穿掌	双　右　双　右	2 起　4 落
第二节	弓步前掤	双　右　双　左	2 中定　4 弓步
第三节	坐腿旋掌	双　左　双　右	2 中定　4 虚步
第四节	弓步架推	双　右　双　左	2 中定　4 弓步
第五节	转身合抱	双　右　双　左	2 扣右脚 4 左脚掌转　虚步
第六节	合抱上步	双　右　双　右	2 起　4 落
第七节	弓步前掤	双　右　双　右	2 中定　4 弓步
第八节	坐腿旋掌	双　右　双　左	2 中定　4 虚步
第九节	弓步架推	双　左　双　右	2 中定　4 弓步

(二十二) 云手(12 小节)

云手节拍动作分解见表 5-128。

表 5-128　云手

节拍	节拍分解	松胯技术	步法、起落
第一节	右弓步靠	双　右　双　左	2 中定　4 弓步
第二节	开步合臂	双　左　双　左	3 起　4 落左　开步

续表

节拍	节拍分解	松胯技术	步法、起落
第三节	左弓步靠	双 左 双 右	2 左摆 4 右扣
第四节	并步合臂	双 右 双 右	3 起 4 落 收右脚 跟步
第五节	右摆脚靠	双 右 双 左	2 右摆 4 左扣
第六节	开步合臂	双 左 双 左	3 起 4 落 左开步
第七节	左弓步靠	双 左 双 右	2 左摆 4 右扣
第八节	并步合臂	双 右 双 右	3 起 4 落 收右脚 跟步
第九节	右摆脚靠	双 右 双 左	2 右摆 4 左扣
第十节	开步合臂	双 左 双 左	3 起 4 落 左开步
第十一节	左弓步靠	双 左 双 右	2 左摆 4 右扣
第十二节	并步合臂	双 右 双 右	3 起 4 落 收右脚 跟步

(二十三)右高探马(2小节)

右高探马节拍动作分解见表5-129。

表5-129 右高探马

节拍	节拍分解	松胯技术	步法、起落
第一节	转腰带臂	双 右 双 左	重心转右
第二节	虚步前推	双 左 双 左	3 起 4 落

(二十四)右分脚(5小节)

右分脚节拍动作分解见表5-130。

表5-130 右分脚

节拍	节拍分解	松胯技术	步法、起落
第一节	转身上步	双 左 双 左	2 起 4 落
第二节	弓步抹掌	双 左 双 右	2 中定 4 弓步
第三节	转腰合臂	双 左 双 左	沉左胯
第四节	提膝架掌	双 右 双 右	4 起
第五节	分脚劈掌	双 右 双 右	4 分脚到位

(二十五)左分脚(5 小节)

左分脚节拍动作分解见表 5-131。

表 5-131 左分脚

节拍	节拍分解	松胯技术	步法、起落
第一节	下沉落脚	双 右 双 右	4 落
第二节	弓步抹穿	双 右 双 左	2 中定 4 弓步
第三节	转腰合臂	双 右 双 右	沉右胯
第四节	提膝架掌	双 左 双 左	4 起
第五节	分脚劈掌	双 左 双 左	4 分脚到位

(二十六)左右打虎(8 小节)

左右打虎节拍动作分解见表 5-132。

表 5-132 左右打虎

节拍	节拍分解	松胯技术	步法、起落
第一节	撤步合臂	双 左 双 左	4 落 左脚后撤
第二节	交叉下蹲	双 左 双 右	重心转左
第三节	撤步双按	双 右 双 右	2 起 4 落 右脚后撤
第四节	弓步平抹	双 右 双 左	2 中定 4 弓步
第五节	独立打虎	双 左 双 左	4 起
第六节	撤步双按	双 左 双 左	4 落
第七节	弓步平抹	双 左 双 右	2 中定 4 弓步
第八节	独立打虎	双 右 双 右	4 起

(二十七)右蹬脚(2 小节)

右蹬脚节拍动作分解见表 5-133。

表 5-133 右蹬脚

节拍	节拍分解	松胯技术	步法、起落
第一节	提膝抱臂	双 右 双 右	
第二节	蹬脚劈掌	双 右 双 右	4 蹬脚到位

(二十八)双峰贯耳(2小节)

双峰贯耳节拍动作分解见表5-134。

表5-134 双峰贯耳

节拍	节拍分解	松胯技术	步法、起落
第一节	落脚握手	双 右 双 右	4落
第二节	弓步贯拳	双 右 双 左	2中定　4弓步

(二十九)斜飞势(3小节)

斜飞势节拍动作分解见表5-135。

表5-135 斜飞势

节拍	节拍分解	松胯技术	步法、起落
第一节	辗脚旋臂	双 右 双 左	右脚跟内扣　左脚跟外转
第二节	上步合臂	双 左 双 左	2起　4落
第三节	弓步挑分靠	双 左 双 右	2挑　4分靠

(三十)右迎面掌(3小节)

右迎面掌节拍动作分解见表5-136。

表5-136 右迎面掌

节拍	节拍分解	松胯技术	步法、起落
第一节	摆脚按掌	双 左 双 右	2扣左脚　4右脚尖内扣
第二节	上步穿掌	双 右 双 右	2起　4落
第三节	弓步推掌	双 右 双 左	2中定　4弓步

(三十一)十字拍脚(2小节)

十字拍脚节拍动作分解见表5-137。

表5-137 十字拍脚

节拍	节拍分解	松胯技术	步法、起落
第一节	扣脚转体	双 右 双 左	2右脚尖内扣 4左脚跟内转
第二节	十字拍脚	双 左 双 左	3起　4拍

(三十二)搂膝左栽捶(4小节)

搂膝左栽捶节拍动作分解见表5-138。

表5-138 搂膝左栽捶

节拍	节拍分解	松胯技术	步法、起落
第一节	落脚提按	双 左 双 左	4落
第二节	弓步搂推	双 左 双 右	2中定 4弓步
第三节	立身上步	双 右 双 右	2起 4落
第四节	弓步栽捶	双 右 双 左	2中定 4弓步

(三十三)左海底针(2小节)

左海底针节拍动作分解见表5-139。

表5-139 左海底针

节拍	节拍分解	松胯技术	步法、起落
第一节	坐腿伸臂	双 左 双 右	2中定 4虚步
第二节	屈蹲插掌	双 右 双 右	2脚尖虚点 4屈蹲插掌

(三十四)右闪通臂(2小节)

右闪通臂节拍动作分解见表5-140。

表5-140 右闪通臂

节拍	节拍分解	松胯技术	步法、起落
第一节	上步穿臂	双 右 双 右	3起 4落脚扣
第二节	弓步架推	双 右 双 左	2中定 4马步

(三十五)云手(11小节)

云手节拍动作分解见表5-141。

表5-141 云手

节拍	节拍分解	松胯技术	步法、起落
第一节	开步合臂	双 左 双 右	右开步
第二节	右弓步靠	双 右 双 左	2摆 4扣
第三节	并步合臂	双 左 双 左	3起 4落 收左脚 跟步

续表

节拍	节拍分解	松胯技术	步法、起落
第四节	左摆脚靠	双 左 双 右	2摆 4扣
第五节	开步合臂	双 右 双 右	右开步
第六节	右弓步靠	双 右 双 右	2摆 4扣
第七节	并步合臂	双 左 双 左	3起 4落 收左脚 跟步
第八节	左摆脚靠	双 左 双 右	2摆左脚 4扣右脚
第九节	开步合臂	双 右 双 右	右开步
第十节	右弓步靠	双 右 双 右	2摆 4扣
第十一节	并步合臂	双 左 双 左	3起 4落 收左脚 跟步

(三十六) 左高探马(2小节)

左高探马节拍动作分解见表5-142。

表5-142 左高探马

节拍	节拍分解	松胯技术	步法、起落
第一节	转腰带臂	双 左 双 右	重心左转
第二节	虚步前推	双 右 双 右	3起 4落右脚掌着地

(三十七) 回身指裆捶(3小节)

回身指裆捶节拍动作分解见表5-143。

表5-143 回身指裆捶

节拍	节拍分解	松胯技术	步法、起落
第一节	转身提按	双 右 双 左	2右脚尖内扣 4左跟提起
第二节	开胯上步	双 左 双 左	2起 4落
第三节	弓步打捶	双 左 双 右	2中定 4弓步

(三十八)左下势(2小节)

左下势节拍动作分解见表5-144。

表5-144 左下势

节拍	节拍分解	松胯技术	步法、起落
第一节	转身平捋	双右 双左	2中定 4弓步
第二节	仆步前穿	双右 双左	2沉右胯 3穿 4到位

(三十九)上步七星(2小节)

上步七星节拍动作分解见表5-145。

表5-145 上步七星

节拍	节拍分解	松胯技术	步法、起落
第一节	弓步斜穿	双左 双右	2中定 4弓步
第二节	虚步架掌	双右 双右	3起 4落

(四十)退步跨虎(3小节)

退步跨虎节拍动作分解见表5-146。

表5-146 退步跨虎

节拍	节拍分解	松胯技术	步法、起落
第一节	撤步按掌	双右 双右	2起 4落
第二节	弓步平抹	双右 双左	2中定 4弓步
第三节	提膝推掌	双左 双左	4起

(四十一)左迎面掌(2小节)

左迎面掌节拍动作分解见表5-147。

表5-147 左迎面掌

节拍	节拍分解	松胯技术	步法、起落
第一节	转身落脚	双左 双左	4落
第二节	弓步推掌	双左 双右	2中定 4弓步

(四十二)转身摆莲(2小节)

转身摆莲节拍动作分解见表5-148。

表5-148 转身摆莲

节拍	节拍分解	松胯技术	步法、起落
第一节	扣脚转身	双 左 双 右	2 左脚内扣　4 收右脚跟
第二节	摆莲拍脚	双 右 双 右	3 起　4 摆

(四十三)弯弓射虎(3小节)

弯弓射虎节拍动作分解见表5-149。

表5-149 弯弓射虎

节拍	节拍分解	松胯技术	步法、起落
第一节	落脚按掌	双 右 双 右	4 落
第二节	弓步平抹	双 右 双 左	2 中定　4 弓步
第三节	提拳贯拳	双 右 双 左	2 沉右胯提拳　4 贯拳

(四十四)退步搬拦捶(5小节)

退步搬拦捶节拍动作分解见表5-150。

表5-150 退步搬拦捶

节拍	节拍分解	松胯技术	步法、起落
第一节	坐腿旋捶	双 左 双 右	2 中定　4 虚步
第二节	撤步伸臂	双 右 双 右	3 起　4 落
第三节	坐腿回捋	双 右 双 右	2 中定　4 虚步
第四节	转腰拦掌	双 左 双 左	2 转腰　4 拦掌
第五节	弓步打捶	双 左 双 右	2 中定　4 弓步

(四十五)收势(4小节)

收势节拍动作分解见表5-151。

表5-151 收势

节拍	节拍分解	松胯技术	步法、起落
第一节	弓步分掌	双 右 双 左	2 中定　4 弓步
第二节	收脚合臂	双 左 双 左	3 起　4 落　收左脚

续表

节拍	节拍分解	松胯技术	步法、起落
第三节	直立按掌	双 左 右 双	
第四节	并步还原	双 左 左 双	3 起　4 落　收左脚

> 个人演绎者：蒋志芬
> 2021 年 11 月中国–东盟太极拳网络大赛吴式 45 式太极拳第一名
> 2022 年全国传统武术拳种展演网络赛吴式 26 式太极拳第一名
> 2023 年全国太极拳公开赛东部赛区集体 42 式太极拳一等奖（队员）
> 2023 年全国太极拳公开赛总决赛女子甲组 32 式太极剑一等奖

五、孙式太极拳 73 式竞赛套路节拍分解

（一）起势（1 小节）

起势节拍动作分解见表 5-152。

表 5-152　起势

节拍	节拍分解	松胯技术	步法、起落
第一节	扣脚左转	双 右 右 双	3 扣　4 到位 八字脚左转身

定势方位：身向南偏东约 45°。

（二）揽扎衣（6 小节）

揽扎衣节拍动作分解见表 5-153。

表 5-153　揽扎衣

节拍	节拍分解	松胯技术	步法、起落
第一节	两臂挑举	双 左 右 双	掌心相对，指尖朝前
第二节	屈膝下捋	双 右 双 左	两掌捋至腹前
第三节	跟步插手	双 左 双 右	插手与肩平，掌心朝上

续表

节拍	节拍分解	松胯技术	步法、起落
第四节	转体平摆	双 右 双 左	
第五节	上步收掌	双 左 双 右	右手曲臂至右耳旁
第六节	跟步推掌	双 右 双 左	右掌高左掌低

定势方向:正西。

(三)开手(1小节)

开手节拍动作分解见表5-154。

表5-154 开手

节拍	节拍分解	松胯技术	步法、起落
第一节	转体开掌	双 左 双 右	两掌心相对,指尖朝上

定势方向:正南。

(四)合手(1小节)

合手节拍动作分解见表5-155。

表5-155 合手

节拍	节拍分解	松胯技术	步法、起落
第一节	提踵合掌	双 右 双 左	两掌心相对,指尖朝上

定势方向:正南。

(五)单鞭(1小节)

单鞭节拍动作分解见表5-156。

表5-156 单鞭

节拍	节拍分解	松胯技术	步法、起落
第一节	跨步单鞭	双 左 双 右	左脚向左侧方横跨步,脚尖稍内扣

定势方向:身向南偏西约30°。

(六)提手上势(1小节)

提手上势节拍动作分解见表5-157。

表5-157 提手上势

节拍	节拍分解	松胯技术	步法、起落
第一节		双 左 双 右	右脚收于左脚内侧,左手架额上,右手掌心朝右

定势方向:正南。

(七)白鹤亮翅(2小节)

白鹤亮翅节拍动作分解见表5-158。

表5-158 白鹤亮翅

节拍	节拍分解	松胯技术	步法、起落
第一节	上步提按	双 左 双 右	两手相对上提下按
第二节	跟步双推	双 右 双 左	两掌掌心朝前推出,指尖朝上

定势方向:正南。

(八)开手(1小节)

开手节拍动作分解见表5-159。

表5-159 开手

节拍	节拍分解	松胯技术	步法、起落
第一节	转体开掌	双 左 双 右	两掌掌心相对,指尖朝上

定势方向:正南。

(九)合手(1小节)

合手节拍动作分解见表5-160。

表5-160 合手

节拍	节拍分解	松胯技术	步法、起落
第一节	提踵合掌	双 右 双 左	两掌掌心相对,指尖朝上

定势方向:正南。

(十)左搂膝拗步(2 小节)

左搂膝拗步节拍动作分解见表5-161。

表 5-161　左搂膝拗步

节拍	节拍分解	松胯技术	步法、起落
第一节	迈步搂手	双 右 双 左	迈左脚
第二节	跟步推掌	双 左 双 右	右掌朝前推出,左掌按于胯前

定势方向:正东。

(十一)手挥琵琶(1 小节)

手挥琵琶节拍动作分解见表5-162。

表 5-162　手挥琵琶

节拍	节拍分解	松胯技术	步法、起落
第一节	撤步合手	双 右 双 左	撤右脚呈虚步状,合手指尖朝前

定势方向:正东。

(十二)进步搬拦捶(3 小节)

进步搬拦捶节拍动作分解见表5-163。

表 5-163　进步搬拦捶

节拍	节拍分解	松胯技术	步法、起落
第一节	活步穿掌	双 左 双 右	穿右掌
第二节	上步穿掌	双 右 双 左	穿左掌
第三节	跟步出拳	双 左 双 右	出右拳,左拳置于右肘下

定势方向:正东。

(十三)如封似闭(1 小节)

如封似闭节拍动作分解见表5-164。

表 5-164　如封似闭

节拍	节拍分解	松胯技术	步法、起落
第一节	回步收掌	双 右 双 左	收回脚与前脚约1脚距离

定势方向:正东。

(十四)抱虎推山(1小节)

抱虎推山节拍动作分解见表5-165。

表5-165　抱虎推山

节拍	节拍分解	松胯技术	步法、起落
第一节	跟步推掌	双　左　双　右	两掌掌心朝前,左掌高于右掌

定势方向:正东。

(十五)开手(1小节)

开手节拍动作分解见表5-166。

表5-166　开手

节拍	节拍分解	松胯技术	步法、起落
第一节	转体开掌	双　右　双　左	两掌掌心相对,指尖朝上

定势方向:正南。

(十六)合手(1小节)

合手节拍动作分解见表5-167。

表5-167　合手

节拍	节拍分解	松胯技术	步法、起落
第一节	提踵合掌	双　左　双　右	两掌掌心相对,指尖朝上

定势方向:正南。

(十七)右搂膝拗步(2小节)

右搂膝拗步节拍动作分解见表5-168。

表5-168　右搂膝拗步

节拍	节拍分解	松胯技术	步法、起落
第一节	迈步搂手	双　左　双　右	出右脚
第二节	跟步推掌	双　右　双　左	

定势方向:正西。

(十八) 揽扎衣(5 小节)

揽扎衣节拍动作分解见表 5-169。

表 5-169 揽扎衣

节拍	节拍分解	松胯技术	步法、起落
第一节	退步捧球	双右双左	退左脚
第二节	收脚翻腕	双左双右	收右脚
第三节	跟步插手	双右双左	插右手,掌心朝上,与肩同高
第四节	回坐悬臂	双左双右	右手曲臂至右耳旁
第五节	跟步推掌	双右双左	两掌掌心朝外,右高左低

定势方向:正西。

(十九) 开手(1 小节)

开手节拍动作分解见表 5-170。

表 5-170 开手

节拍	节拍分解	松胯技术	步法、起落
第一节	转体开掌	双左双右	

定势方向:正南。

(二十) 合手(1 小节)

合手节拍动作分解见表 5-171。

表 5-171 合手

节拍	节拍分解	松胯技术	步法、起落
第一节	提踵合掌	双右双左	

定势方向:正南。

(二十一) 左单鞭(1 小节)

左单鞭节拍动作分解见表 5-172。

表 5-172 左单鞭

节拍	节拍分解	松胯技术	步法、起落
第一节	左跨步单鞭	双左双右	左脚向左侧方横跨步

定势方向:身向南偏西约 30°。

(二十二)肘底看捶(2小节)

肘底看捶节拍动作分解见表5-173。

表5-173 肘底看捶

节拍	节拍分解	松胯技术	步法、起落
第一节	跟步握拳	双 左 双 右	右手握拳,左手指尖朝前
第二节	退步握拳	双 右 双 左	拳掌不变,同第一节

定势方向:正东。

(二十三)左倒卷肱(2小节)

左倒卷肱节拍动作分解见表5-174。

表5-174 左倒卷肱

节拍	节拍分解	松胯技术	步法、起落
第一节	扣脚出脚	双 右 双 左	扣右脚出左脚
第二节	上步推手	双 左 双 右	推右手

定势方向:正北。

(二十四)右倒卷肱(3小节)

右倒卷肱节拍动作分解见表5-175。

表5-175 右倒卷肱

节拍	节拍分解	松胯技术	步法、起落
第一节	转身扣脚	双 右 双 左	
第二节	上步出手	双 左 双 右	出右脚
第三节	跟步推手	双 右 双 左	

定势方向:正南。

(二十五)左搂膝拗步(2小节)

左搂膝拗步节拍动作分解见表5-176。

表5-176 左搂膝拗步

节拍	节拍分解	松胯技术	步法、起落
第一节	迈步搂手	双 右 双 左	出左脚
第二节	跟步推掌	双 左 双 右	左掌按于胯旁,右掌前推

定势方向:正东。

(二十六)左揽扎衣(5小节)

左揽扎衣节拍动作分解见表5-177。

表5-177 左揽扎衣

节拍	节拍分解	松胯技术	步法、起落
第一节	撤步抱球	双 左 双 右	撤右脚
第二节	捧球回收	双 右 双 左	
第三节	跟步插手	双 左 双 右	插左手
第四节	退步悬臂	双 右 双 左	左手曲臂至左耳旁
第五节	跟步推手	双 左 双 右	左掌高右掌低

定势方向:正东。

(二十七)开手(1小节)

开手节拍动作分解见表5-178。

表5-178 开手

节拍	节拍分解	松胯技术	步法、起落
第一节	转体开掌	双 右 双 左	两掌掌心相对,指尖朝上

(二十八)合手(1小节)

合手节拍动作分解见表5-179。

表5-179 合手

节拍	节拍分解	松胯技术	步法、起落
第一节	提踵合掌	双 左 双 右	两掌掌心相对,指尖朝上

定势方向:正南。

(二十九)右单鞭(1小节)

右单鞭节拍动作分解见表5-180。

表5-180 右单鞭

节拍	节拍分解	松胯技术	步法、起落
第一节	右跨步单鞭	双 右 双 左	右脚向右侧横跨步

定势方向:身向南偏东约30°。

(三十)右匀手(7小节)

右匀手节拍动作分解见表5-181。

表5-181 右匀手

节拍	节拍分解	松胯技术	步法、起落
第一节	收脚收手	双 左 双 右	收右脚,右脚收于左脚旁
第二节	出脚出手	双 右 双 左	出右脚,下手坐腕掌心朝外
第三节	收脚收手	双 左 双 右	收左脚,两脚间半脚距离
第四节	出脚出手	双 右 双 左	出右脚
第五节	收脚收手	双 左 双 右	收左脚
第六节	出手出脚	双 右 双 左	出右脚
第七节	收手收脚	双 右 双 左	收左脚

定势方向:正南。

(三十一)高探马(2小节)

高探马节拍动作分解见表5-182。

表5-182 高探马

节拍	节拍分解	松胯技术	步法、起落
第一节	扣脚撤脚	双 左 双 右	左脚扣至西南方45°
第二节	退步横掌	双 右 双 左	左脚收到右脚旁

定势方向:身向西南45°。

(三十二)左分脚(3小节)

左分脚节拍动作分解见表5-183。

表5-183 左分脚

节拍	节拍分解	松胯技术	步法、起落
第一节	扣脚抱球	双 左 双 右	方向约西北方
第二节	碾脚竖掌	双 右 双 左	方向约西北方
第三节	提膝分脚	双 左 双 左	手心外翻向两侧打开

定势方向:身向西南约45°。

(三十三)右分脚(2 小节)

右分脚节拍动作分解见表 5-184。

表 5-184　右分脚

节拍	节拍分解	松胯技术	步法、起落
第一节	上步跟脚	双　左　双　右	西南方向
第二节	提膝分脚	双　右　双　右	手心外翻向两侧撑开

定势方向:正西。

(三十四)踩步打捶(2 小节)

踩步打捶节拍动作分解见表 5-185。

表 5-185　踩步打捶

节拍	节拍分解	松胯技术	步法、起落
第一节	上步穿掌托按	双　右　双　左	出右脚,穿左掌,上托下按
第二节	踩步打捶	双　左　双　右	出左脚,右拳置于左脚踝处

定势方向:正西。

(三十五)翻身二起脚(5 小节)

翻身二起脚节拍动作分解见表 5-186。

表 5-186　翻身二起脚

节拍	节拍分解	松胯技术	步法、起落
第一节	起身扣脚	双　右　双　左	扣左脚
第二节	搬拳摆脚	双　左　双　右	摆右脚,活步
第三节	上步握拳	双　右　双　左	出左脚
第四节	右脚再上步	双　左　双　右	
第五节	腾空拍击	双　右　双　左	右手击拍右脚背

定势方向:正东。

(三十六)披身伏虎(2小节)

披身伏虎节拍动作分解见表5-187。

表5-187 披身伏虎

节拍	节拍分解	松胯技术	步法、起落
第一节	撤步伸掌	双 左 双 右	撤右脚
第二节	撤步转身握拳	双 左 双 右	撤左脚,握拳到腹前

定势方向:正东。

(三十七)左踢脚(2小节)

左踢脚节拍动作分解见表5-188。

表5-188 左踢脚

节拍	节拍分解	松胯技术	步法、起落
第一节	摆脚合手	双 右 双 左	摆右脚,两掌相对
第二节	提踵分掌	双 左 双 左	左脚侧踢左耳方向

定势方向:身向正南。

(三十八)转身右蹬脚(2小节)

转身右蹬脚节拍动作分解见表5-189。

表5-189 转身右蹬脚

节拍	节拍分解	松胯技术	步法、起落
第一节	独立转体	双 左 双 右	勾脚尖扣脚
第二节	蹬脚撑掌	双 右 双 右	两掌外撑打开

定势方向:正东。

(三十九)进步搬拦捶(3小节)

进步搬拦捶节拍动作分解见表5-190。

表5-190 进步搬拦捶

节拍	节拍分解	松胯技术	步法、起落
第一节	落脚穿掌	双 右 双 左	穿左掌
第二节	上步穿掌	双 左 双 右	穿右掌
第三节	跟步打拳	双 右 双 左	出左拳,右拳置于左肘下

定势方向:正东。

(四十) 如封似闭(1 小节)

如封似闭节拍动作分解见表5-191。

表 5-191 如封似闭

节拍	节拍分解	松胯技术	步法、起落
第一节	撤步收手	双 左 双 右	撤左步

定势方向:正东。

(四十一) 抱虎推山(1 小节)

抱虎推山节拍动作分解见表5-192。

表 5-192 抱虎推山

节拍	节拍分解	松胯技术	步法、起落
第一节	跟步推手	双 右 双 左	两掌同高,掌心朝前

定势方向:正东。

(四十二) 开手(1 小节)

开手节拍动作分解见表5-193。

表 5-193 开手

节拍	节拍分解	松胯技术	步法、起落
第一节	转体开掌	双 左 双 右	两掌掌心相对,指尖朝上

定势方向:正北。

(四十三) 合手(1 小节)

合手节拍动作分解见表5-194。

表 5-194 合手

节拍	节拍分解	松胯技术	步法、起落
第一节	提踵合掌	双 右 双 左	两掌掌心相对,指尖朝上

定势方向:正北。

(四十四) 左搂膝拗步(2 小节)

左搂膝拗步节拍动作分解见表5-195。

表 5-195 左搂膝拗步

节拍	节拍分解	松胯技术	步法、起落
第一节	迈步搂手	双 右 双 左	迈左脚至西南方约45°。

续表

节拍	节拍分解	松胯技术	步法、起落
第二节	跟步推掌	双 左 双 右	推右掌，左掌置于左胯旁

定势方向：西南。

(四十五)揽扎衣(5小节)

揽扎衣节拍动作分解见表5-196。

表5-196 揽扎衣

节拍	节拍分解	松胯技术	步法、起落
第一节	退步捧球	双 左 双 右	退右脚
第二节	收脚翻腕	双 右 双 左	
第三节	跟步插手	双 左 双 右	跟左脚
第四节	回坐悬臂	双 右 双 左	左手曲臂至左耳旁
第五节	跟步推掌	双 左 双 右	左掌高于右掌

定势方向：西南。

(四十六)开手(1小节)

开手节拍动作分解见表5-197。

表5-197 开手

节拍	节拍分解	松胯技术	步法、起落
第一节	转体开掌	双 右 双 左	两掌掌心相对，指尖朝上

定势方向：正西。

(四十七)合手(1小节)

合手节拍动作分解见表5-198。

表5-198 合手

节拍	节拍分解	松胯技术	步法、起落
第一节	提踵合掌	双 左 双 右	两掌掌心相对，指尖朝上

定势方向：正西。

(四十八)单鞭(1小节)

单鞭节拍动作分解见表5-199。

表5-199 单鞭

节拍	节拍分解	松胯技术	步法、起落
第一节	右跨步单鞭	双 右 双 左	右脚向西北方向侧跨步

定势方向:身向西偏南约45°。

(四十九)野马分鬃(4小节)

野马分鬃节拍动作分解见表5-200。

表5-200 野马分鬃

节拍	节拍分解	松胯技术	步法、起落
第一节	收脚收手	双 右 双 左	收左脚,收左手
第二节	左野马分鬃	双 左 双 右	向西南方向迈左脚,出左手
第三节	右野马分鬃	双 右 双 左	向西北方向迈右脚,出右手

定势方向:身向西偏北约45°。

(五十)进步揽扎衣(5小节)

进步揽扎衣节拍动作分解见表5-201。

表5-201 进步揽扎衣

节拍	节拍分解	松胯技术	步法、起落
第一节	上步叉手	双 右 双 左	上左脚,交叉手为左上右下
第二节	上步合手	双 左 双 右	上右脚
第三节	跟步插手	双 右 双 左	插右手
第四节	回坐悬臂	双 左 双 右	右手悬至右耳旁
第五节	跟步推掌	双 右 双 左	两掌心朝前,右掌高于左掌

定势方向:正西。

(五十一)开手(1小节)

开手节拍动作分解见表5-202。

表5-202 开手

节拍	节拍分解	松胯技术	步法、起落
第一节	转体开掌	双 左 双 右	两掌掌心相对,指尖朝上

定势方向:正南。

(五十二)合手(1小节)

合手节拍动作分解见表5-203。

表5-203 合手

节拍	节拍分解	松胯技术	步法、起落
第一节	提踵合掌	双 右 双 左	两掌掌心相对,指尖朝上

定势方向:正南。

(五十三)左单鞭(1小节)

左单鞭节拍动作分解见表5-204。

表5-204 左单鞭

节拍	节拍分解	松胯技术	步法、起落
第一节	左跨步单鞭	双 左 双 右	左脚向左侧方横跨步

定势方向:身向南偏西约30°。

(五十四)左云手(7小节)

左云手节拍动作分解见表5-205。

表5-205 左云手

节拍	节拍分解	松胯技术	步法、起落
第一节	收脚收手	双 右 双 左	左脚收于右脚旁
第二节	出脚出手	双 左 双 右	出左脚,立腕掌心朝外
第三节	收脚收手	双 右 双 左	收右脚
第四节	出脚出手	双 左 双 右	出左脚,匀手高不过头
第五节	收脚收手	双 右 双 左	收右脚
第六节	出脚出手	双 左 双 右	收左脚
第七节	收脚收手	双 右 双 左	收右脚

定势方向:正南。

(五十五)云手下势(3小节)

云手下势节拍动作分解见表5-206。

表5-206 云手下势

节拍	节拍分解	松胯技术	步法、起落
第一节	开步伸掌	双 右 双 左	出左脚,伸右手

续表

节拍	节拍分解	松胯技术	步法、起落
第二节	跟步推掌	双 左 双 右	右手推掌
第三节	迈步撤掌	双 右 双 左	左手推掌,右手撤掌,成三体式

定势方向:正东。

(五十六)金鸡独立(2小节)

金鸡独立节拍动作分解见表5-207。

表5-207　金鸡独立

节拍	节拍分解	松胯技术	步法、起落
第一节	左金鸡独立	双 左 双 右	勾脚尖,右手置于右耳旁
第二节	右金鸡独立	双 右 双 左	勾脚尖,左手置于左耳旁

定势方向:正东。

(五十七)闪通臂(5小节)

闪通臂节拍动作分解见表5-208。

表5-208　闪通臂

节拍	节拍分解	松胯技术	步法、起落
第一节	退步提手	双 左 双 右	退左脚,呈三体式,身向正北
第二节	退步提手	双 右 双 左	退右脚,呈三体式,身向正南
第三节	收脚盖手	双 右 双 左	收左脚,右手盖于左脚小腿处
第四节	出脚架掌	双 右 双 左	出左脚
第五节	转身架掌	双 左 双 右	扣脚转身

定势方向:身向东南约45°。

(五十八)玉女穿梭(11小节)

玉女穿梭节拍动作分解见表5-209。

表5-209 玉女穿梭

节拍	节拍分解	松胯技术				步法、起落
第一节	活步穿掌	双	右	双	左	右脚活步,左脚上至右脚侧
第二节	上步推掌	双	左	双	右	左脚上步,身向西南方
第三节	落脚扣脚	双	右	双	左	西北方
第四节	出脚穿掌	双	左	双	右	出右脚,身向东北
第五节	上步推掌	双	右	双	左	右脚上步,身向东北
第六节	重心转换	双	左	双	右	上身不动,重心移至左脚
第七节	出脚穿掌	双	双	双	双	出右脚,身向东北方
第八节	上步推掌	双	双	双	双	左脚上步,身向西北方
第九节	落脚扣脚	双	右	双	左	扣左脚,身向东南
第十节	出脚穿掌	双	左	双	右	出右脚,身向东南
第十一节	上步推掌	双	右	双	左	

定势方向:东南。

(五十九)高探马(1小节)

高探马节拍动作分解见表5-210。

表5-210 高探马

节拍	节拍分解	松胯技术				步法、起落
第一节	退步合手	双	右	双	左	退左脚,呈虚步,两指尖朝前

定势方向:东南。

(六十)十字拍脚(3小节)

十字拍脚节拍动作分解见表5-211。

表5-211 十字拍脚

节拍	节拍分解	松胯技术				步法、起落
第一节	摆脚抱球	双	右	双	左	摆右脚,抱球手右手在上

续表

节拍	节拍分解	松胯技术	步法、起落
第二节	扣脚抱球	双 左 双 右	扣左脚,抱球手左手在上
第三节	十字拍脚	双 右 双 右	左手里左手外,左手拍右脚

定势方向:正西。

(六十一)上步指裆捶(3小节)

上步指裆捶节拍动作分解见表5-212。

表5-212 上步指裆捶

节拍	节拍分解	松胯技术	步法、起落
第一节	沉手上步	双 右 双 左	右脚上步
第二节	收拳上步	双 右 双 右	左脚上步
第三节	上步跟步	双 右 双 左	右脚上步,右立拳

定势方向:正西。

(六十二)活步揽扎衣(6小节)

活步揽扎衣节拍动作分解见表5-213。

表5-213 活步揽扎衣

节拍	节拍分解	松胯技术	步法、起落
第一节	移动重心	双 左 双 右	重心移向左脚
第二节	退步收脚	双 右 双 左	退右脚收左脚
第三节	上步按掌	双 双 双 左	左脚上步,按掌至腹前
第四节	跟步插手	双 右 双 右	右脚上步,跟左脚
第五节	回坐悬臂	双 左 双 右	右手曲臂至右耳旁
第六节	跟步推掌	双 双 双 左	右掌高于左掌

定势方向:正西。

(六十三)开手(1小节)

开手节拍动作分解见表5-214。

表5-214 开手

节拍	节拍分解	松胯技术	步法、起落
第一节	转体开掌	双 左 双 右	两掌掌心相对,指尖朝上

定势方向:正南。

(六十四)合手(1小节)

合手节拍动作分解见表5-215。

表5-215 合手

节拍	节拍分解	松胯技术	步法、起落
第一节	提踵合掌	双 右 双 左	两掌掌心相对,指尖朝上

定势方向:正南。

(六十五)左单鞭(1小节)

左单鞭节拍动作分解见表5-216。

表5-216 左单鞭

节拍	节拍分解	松胯技术	步法、起落
第一节	跨步单鞭	双 左 双 右	左脚向左侧方横跨步

定势方向:身向南偏西约30°。

(六十六)单鞭下势(1小节)

单鞭下势节拍动作分解见表5-217。

表5-217 单鞭下势

节拍	节拍分解	松胯技术	步法、起落
第一节	扣脚摆脚	双 右 双 左	扣右脚摆左脚,呈三体势

定势方向:正东。

(六十七)上步七星(1小节)

上步七星节拍动作分解见表5-218。

表5-218 上步七星

节拍	节拍分解	松胯技术	步法、起落
第一节	跟步挑掌	双 左 双 右	呈虚步

定势方向:正东。

(六十八)退步跨虎(2小节)

退步跨虎节拍动作分解见表5-219。

表5-219 退步跨虎

节拍	节拍分解	松胯技术	步法、起落
第一节	撤步按掌	双 右 双 左	
第二节	提脚提掌	双 左 双 左	提左脚,脚尖勾起

定势方向:正东。

(六十九)转身摆莲(3小节)

转身摆莲节拍动作分解见表5-220。

表5-220 转身摆莲

节拍	节拍分解	松胯技术	步法、起落
第一节	转身落脚	双 左 双 左	勾脚落脚呈八字型
第二节	转身虚步	双 左 双 右	呈虚步状
第三节	提腿摆莲	双 右 双 右	摆莲腿划扇型

定势方向:正东。

(七十)弯弓射虎(1小节)

弯弓射虎节拍动作分解见表5-221。

表5-221 弯弓射虎

节拍	节拍分解	松胯技术	步法、起落
第一节	弓步出掌	双 右 双 左	右弓步,两掌心朝下

定势方向:身向东偏北约30°。

(七十一)双撞捶(2小节)

双撞捶节拍动作分解见表5-222。

表5-222 双撞捶

节拍	节拍分解	松胯技术	步法、起落
第一节	收脚变拳	双 右 双 左	收左脚
第二节	跟步击拳	双 左 双 右	两拳齐与肩同高

定势方向:东偏北约30°。

(七十二)阴阳合一(3小节)

阴阳合一节拍动作分解见表5-223。

表5-223 阴阳合一

节拍	节拍分解	松胯技术	步法、起落
第一节	落脚扣脚	双 右 双 左	
第二节	转换重心	双 左 双 右	重心原地转至左脚
第三节	撤步旋腕	双 左 双 右	撤右脚,右拳置于左腕处

定势方向:正南。

(七十三)收式(1小节)

收式节拍动作分解见表5-224。

表5-224 收式

节拍	节拍分解	松胯技术	步法、起落
第一节	收脚起身	双 右 双 左	收左脚,右拳内左拳外,起身拳变掌

个人演绎者:陶时恩

2023年全国太极拳公开赛东部赛区集体42式太极拳一等奖(队员)

2024年全国太极拳公开赛东部赛区集体陈式太极剑一等奖(队员)

第十五届全运会群众展演太极拳比赛选拔赛暨2024年全国太极拳公开赛总决赛集体24太极拳一等奖(队员)

六、武式太极拳46式竞赛套路节拍分解

◇ 第一段

(一)起势(3小节)

起势节拍动作分解见表5-225。

表5-225 起势

节拍分解	松胯技术	动作注释
1.分脚开步	双-左-双-右	左倒骑

续表

节拍	节拍分解	松胯技术	步法、起落
2. 翻掌举臂	双-左-双-右	右倒骑-左倒骑	
3. 屈蹲按掌	双-右-双-左	左倒骑-右倒骑	

定势方向：正南。

(二) 左右揽扎衣

◇ **左揽扎衣（4小节）**

左揽扎衣节拍动作分解见表5-226。

表5-226 左揽扎衣

节拍分解	松胯技术	动作注释
1. 收脚收掌	双-右左	左倒骑
2. 上步举掌	双-右左	左倒骑
3. 弓步推掌	双-右左-双-左右	左倒骑
4. 跟步合掌	双-左右	右倒骑

定势方向：东南。

◇ **右揽扎衣（4小节）**

右揽扎衣节拍动作分解见表5-227。

表5-227 右揽扎衣

节拍分解	松胯技术	动作注释
1. 碾脚转身	双-右左-双-左右	右倒-左倒-右倒
2. 上步举掌	双-左右	右倒骑
3. 弓步推掌	双-左右-双-右左	右倒骑
4. 跟步合掌	双-右左	左倒骑

定势方向：正西。

(三) 单鞭(3小节)

单鞭节拍动作分解见表5-228。

表5-228 单鞭

节拍分解	松胯技术	动作注释
1. 碾脚转身	双-左右-双-右左	左倒-右倒-左倒

续表

节拍	节拍分解	松胯技术	步法、起落
2. 开步分肘	双-右左	左倒骑	
3. 弓步推掌	双-右左-双-左右	左倒骑	

定势方向：正东。

（四）提手上势（2小节）

提手上势节拍动作分解见表5-229。

表5-229　提手上势

节拍分解	松胯技术	动作注释
1. 扣脚转身	双-右左	左倒骑
2. 丁步托掌	双-左右	右倒骑

定势方向：正南。

（五）白鹤亮翅（2小节）

白鹤亮翅节拍动作分解见表5-230。

表5-230　白鹤亮翅

节拍分解	松胯技术	动作注释
1. 上步合臂	双-左右	右倒骑
2. 跟步分掌	双-左右-双-右左	左倒骑

定势方向：正南。

（六）左右搂膝拗步（5小节）

◇ 左搂膝拗步节拍动作分解见表5-231。

表5-231　左搂膝拗步

节拍分解	松胯技术	动作注释
1. 转腰摆掌	双-左右	
2. 退步穿掌	双-右左	左倒骑
3. 坐腿扣脚、转身下捋	双-右左-双-左右	

续表

节拍	节拍分解	松胯技术	步法、起落
4.撇脚转身提手	双-左右-双-右左	右倒骑	
5.弓步搂膝推掌	双-右左-双-左右	左倒骑	

定势方向：正东偏北。

◇ **右搂膝拗步（3小节）**

右搂膝拗步节拍动作分解见表5-232。

表5-232 右搂膝拗步

节拍分解	松胯技术	动作注释
1.收脚收掌	双-左右	右倒骑
2.出脚提手	双-左右	右倒骑
3.弓步搂膝推按	双-左右-双-右左	

定势方向：正东。

（七）进步左搬拦捶（6小节）

进步左搬拦捶节拍动作分解见表5-233。

表5-233 进步左搬拦捶

节拍分解	松胯技术	动作注释
1.撇脚翻掌	双-左右	
2.收脚收掌	双-右左	左倒骑
3.上步搬拳	双-右左-双-左右	
4.收脚伸手拦掌	双-左右	右倒骑
5.上步拦掌握拳	双-左右	右倒骑
6.弓步打拳	双-左右-双-右左	

定势方向：正东。

（八）如封似闭（2小节）

如封似闭节拍动作分解见表5-234。

表5-234 如封似闭

节拍分解	松胯技术	动作注释
1.收脚收掌	双-右左-双-左右	右倒骑
2.上步推掌	双-左右-双-右左	左倒骑

定势方向：正东。

(九) 左白鹤亮翅(2小节)

左白鹤亮翅节拍动作分解见表5-235。

表5-235 左白鹤亮翅

节拍分解	松胯技术	动作注释
1.上步合臂	双-右左	左倒骑
2.跟步合掌	双-右左-双-左右	右倒骑

定势方向：正东。

(十) 抱虎推山(4小节)

抱虎推山节拍动作分解见表5-236。

表5-236 抱虎推山

节拍分解	松胯技术	动作注释
1.碾脚转身	双-右左	右倒骑
2.上步提手	双-右左	左倒骑
3.弓步抱手推掌	双-右左-双-左右	
4.跟步合掌	双-左右	右倒骑

定势方向：西北。

(十一) 左右野马分鬃

◇ 右野马分鬃(6小节)

右野马分鬃节拍动作分解见表5-237。

表5-237 右野马分鬃

节拍分解	松胯技术	动作注释
1.转身合掌	双-右左	右倒骑
2.上步沉臂	双-左右	左倒骑
3.弓步分掌	双-左右-双-右左	右倒骑

◇ 左野马分鬃(3小节)

左野马分鬃节拍动作分解见表5-238。

表5-238 左野马分鬃

节拍分解	松胯技术	动作注释
1.收脚合臂	双-左右	左倒骑

续表

节拍	节拍分解	松胯技术	步法、起落
2.左脚上步	双-右左	左倒骑	
3.弓步分靠	双-右左-双-左右		

定势方向：正东。

(十二)手挥琵琶(2小节)

手挥琵琶节拍动作分解见表5-239。

表 5-239　手挥琵琶

节拍分解	松胯技术	动作注释
1.跟步收掌	双-左右	右倒骑
2.虚步合掌	双-右左	左倒骑

定势方向：正东。

(十三)对心掌(4小节)

对心掌节拍动作分解见表5-240。

表 5-240　对心掌

节拍分解	松胯技术	动作注释
1.收脚点地抱手	双-右左	左倒骑
2.上步分掌	双-右左	左倒骑
3.弓步架推	双-右左-双-左右	
4.跟步合掌	双-左右	右倒骑

定势方向：正东。

◇ 第二段

(一)右单鞭(3小节)

右单鞭节拍动作分解见表5-241。

表 5-241　右单鞭

节拍分解	松胯技术	动作注释
1.碾脚转身	双右-双左	右倒骑
2.开步分掌	双右-双左	右倒骑
3.弓步推掌	双右左	

定势方向：正西。

(二) 右云手 (11 小节)

右云手节拍动作分解见表 5-242。

表 5-242 右云手

节拍分解	松胯技术	动作注释
1. 转腰摆手收脚	双 右 双 左	左倒骑
2. 右云手翻掌出脚	双 右 双 左	右倒骑
3. 弓腿合手	双 左 双 右	左倒骑
4. 转身碾脚左云收脚	双 右 双 左	右倒骑
5. 右云出脚	双 右 双 左	右倒骑
6. 弓腿合手	双 左 双 右	左倒骑
7. 转身左云收脚	双 右 双 左	右倒骑
8. 右云手翻掌出脚	双 右 双 左	右倒骑
9. 弓腿合手	双 左 双 右	左倒骑
10. 转身碾脚左云收脚	双 右 双 左	右倒骑
11. 右云出脚	双 右 双 左	右倒骑

定势方向:正西(以上共三个半往返)。

(三) 玉女穿梭 (16 小节)

玉女穿梭节拍动作分解见表 5-243。

表 5-243 玉女穿梭

节拍分解	松胯技术	动作注释
1. 收脚合臂搭手	双-右左	左倒骑
2. 上步分掌	双-右左	左倒骑
3. 弓步格推	双-左右	左倒骑
4. 收脚跟步	双-左右	右倒骑
5. 碾脚转身合臂	双-右左	右倒骑
6. 上步分掌	双-右左	右倒骑
7. 弓步格推	双-右左	右倒骑
8. 收脚跟步	双-右左	左倒骑
9. 插脚转身合臂	双-左右	左倒骑
10. 上步分掌	双-右左	左倒骑

续表

节拍	节拍分解	松胯技术	步法、起落
11.弓步格推	双-左右	左倒骑	
12.收脚跟步	双-左右	右倒骑	
13.碾脚转身合臂	双-右左	右倒骑	
14.上步分掌	双-右左	右倒骑	
15.弓步格推	双-右左	右倒骑	
16.收脚跟步	双-右左	左倒骑	

定势方向:西北(以上共四个穿梭)。

(四)高探马(2小节)

高探马节拍动作分解见表5-244。

表5-244 高探马

节拍分解	松胯技术	动作注释
1.坐腿上步,翻掌下落	双-右左	
2.弓步探掌	双-右左	右倒骑

定势方向:弓步朝西,探掌西南。

(五)左右分脚(6小节)

左右分脚节拍动作分解见表5-245。

表5-245 左右分脚

节拍分解	松胯技术	动作注释
1.转腰分手		
2.提膝搭手	双-右左	
3.分脚分掌		
4.转体落脚摆掌	双-右左	左倒骑
5.提膝搭手	双-右左	右倒骑
6.分脚分掌		

定势方向:东南。

(六)转身右蹬脚(2小节)

转身右蹬脚节拍动作分解见表5-246。

表5-246 转身右蹬脚

节拍分解	松胯技术	动作注释
1.转身合手		
2.蹬脚分掌		

定势方向：正西。

(七)按势(3小节)

按势节拍动作分解见表5-247。

表5-247 按势

节拍分解	松胯技术	动作注释
1.落脚摆掌	双-右左	
2.上步虚步摆掌	双-右左	
3.虚步按掌	双-右左	

定势方向：正西。

(八)青龙出水(2小节)

青龙出水节拍动作分解见表5-248。

表5-248 青龙出水

节拍分解	松胯技术	动作注释
1.上步提掌	双-右左	左倒骑
2.弓步穿掌	双-左右	左倒骑

定势方向：正西。

(九)闪通背(8小节)

闪通背节拍动作分解见表5-249。

表5-249 闪通背

节拍分解	松胯技术	动作注释
1.坐腿收掌	双-右左	右倒骑
2.提掌		
3.弓腿插出	双-左右	左倒骑

续表

节拍	节拍分解	松胯技术	动作注释
4.撇脚转腰			
5.收脚收掌	双-左右		左倒骑
6.上步提掌			
7.弓步插掌	双-右左		右倒骑
8.跟步合掌	双-右左		左倒骑

定势方向：正西。

(十) 左单鞭(3小节)

左单鞭节拍动作分解见表5-250。

表5-250 左单鞭

节拍分解	松胯技术	动作注释
1.碾脚转身	双-左右	左倒骑
2.出脚开步分手	双-左右	
3.弓步推掌	双-左右	左倒骑

定势方向：东偏南。

◇ 第三段

(一) 左云手(11小节)

左云手节拍动作分解见表5-251。

表5-251 左云手

节拍分解	松胯技术	动作注释
1.坐腿扣脚转身	双-左右	
2.收脚右云手	双-右左	右倒骑
3.左云手出脚	双-左右	
4.转身弓腿收脚	双-右左	左倒骑
5.向左云翻掌出脚	双-左右	左倒骑
6.弓腿合手	双-左右	
7.右云出脚	双-左右	
8.左云出脚	双-左右	左倒骑

续表

节拍	节拍分解	松胯技术	步法、起落
9.弓腿合手	双-右左	左倒骑	
10.右云出脚	双-左右	右倒骑	
11.转身弓脚收脚	双-右左	左倒骑	

定势方向：正西（以上共三个往返）。

（二）左下势（2小节）

左下势节拍动作分解见表5-252。

表5-252 左下势

节拍分解	松胯技术	动作注释
1.转身搭手	双-右左	
2.仆步分掌	双-右左	左倒骑

定势方向：正东。

（三）左金鸡独立（3小节）

左金鸡独立节拍动作分解见表5-253。

表5-253 左金鸡独立

节拍分解	松胯技术	动作注释
1.弓腿举手	双-左右	
2.撩掌收脚	双-右左	
3.独立上托掌	双-左右	右倒骑

定势方向：正东。

（四）右下势（2小节）

右下势节拍动作分解见表5-254。

表5-254 右下势

节拍分解	松胯技术	动作注释
1.转体搭手	双-左右	左倒骑
2.仆步分掌	双-左右	

定势方向：正东。

（五）右金鸡独立（3小节）

右金鸡独立节拍动作分解见表5-255。

表5-255 右金鸡独立

节拍分解	松胯技术	动作注释
1.弓腿举手	双-右左	
2.撩掌收脚	双-右左	左倒骑
3.独立上托	双-右左	

定势方向：正东。

（六）践步打捶（3小节）

践步打捶节拍动作分解见表5-256。

表5-256 践步打捶

节拍分解	松胯技术	动作注释
1.左脚向前落步	双-右左	
2.跳跃举拳	双-左右	
3.跪步栽拳	双-右左	

定势方向：正东。

（七）翻身二起脚（4小节）

翻身二起脚节拍动作分解见表5-257。

表5-257 翻身二起脚

节拍分解	松胯技术	动作注释
1.扣脚提拳	双-左右	左倒骑
2.虚步举拳	双-左右	
3.上步穿掌	双-左右	
4.腾空拍脚	双-左右	

定势方向：正西。

(八)左右披身伏虎

◇ 左披身伏虎（3小节）

左披身伏虎节拍动作分解见表5-258。

表5-258 左披身伏虎

节拍分解	松胯技术	动作注释
1.跨跳	双-右左	
2.上步下捋	双-右左	左倒骑
3.弓步贯拳	双-左右	

定势方向：正南。

◇ 右披身伏虎（3小节）

右披身伏虎节拍动作分解见表5-259。

表5-259 右披身伏虎

节拍分解	松胯技术	动作注释
1.撤步摆拳	双-左右	
2.转身扣脚下捋	双-左右	
3.弓步贯打合拳	双-左右	

定势方向：正北。

(九)肘底捶（3小节）

肘底捶节拍动作分解见表5-260。

表5-260 肘底捶

节拍分解	松胯技术	动作注释
1.落脚穿掌	双-右左	
2.坐腿转腰分手	双-左右	
3.虚步合拳	双-左右	

定势方向：正东。

◇ 第四段

(一) 左右倒卷肱

◆ 右倒卷肱（4小节）

右倒卷肱节拍动作分解见表5-261。

表5-261 右倒卷肱

节拍分解	松胯技术	动作注释
1. 撤脚提拳	双-左右	
2. 转身上步提手	双-右左	左倒骑
3. 弓步搂推	双-右左	
4. 收脚跟步	双-右左	左倒骑

定势方向：西南。

◆ 左倒卷肱（4小节）

左倒卷肱节拍动作分解见表5-262。

表5-262 左倒卷肱

节拍分解	松胯技术	动作注释
1. 插脚转身合臂	双-左右	左倒骑
2. 上步搂推	双-右左	
3. 弓步搂推	双-左右	
4. 收脚跟步	双-左右	右倒骑

定势方向：西北。

(二) 青龙出水（2小节）

青龙出水节拍动作分解见表5-263。

表5-263 青龙出水

节拍分解	松胯技术	动作注释
1. 转体摆手	双-右左	左倒骑
2. 弓步穿掌	双-右左	

定势方向：正东。

(三)左拍脚(2小节)

左拍脚节拍动作分解见表5-264。

表5-264 左拍脚

节拍分解	松胯技术	动作注释
1.穿掌搭手	双-右左	
2.分掌拍脚	双-右左	

定势方向:东北。

(四)转身十字摆莲(2小节)

转身十字摆莲节拍动作分解见表5-265。

表5-265 转身十字摆莲

节拍分解	松胯技术	动作注释
1.转体合臂	双-右左	
2.摆腿拍脚	双-右左	

定势方向:正西。

(五)跳步指裆捶(5小节)

跳步指裆捶节拍动作分解见表5-266。

表5-266 跳步指裆捶

节拍分解	松胯技术	动作注释
1.屈膝落掌	双-右左	
2.换跳步摆掌	双-左右	
3.上步落拳收手	双-左右	
4.弓步打拳	双-右左	右倒骑
5.跟步合掌	双-右左	左倒骑

定势方向:正西。

（六）左下势（2小节）

左下势节拍动作分解见表5-267。

表5-267 左下势

节拍分解	松胯技术	动作注释
1.碾脚转身	双-右左	左倒骑
2.穿掌仆步	双-右左	左倒骑

定势方向：正东。

（七）上步七星（2小节）

上步七星节拍动作分解见表5-268。

表5-268 上步七星

节拍分解	松胯技术	动作注释
1.弓步举手	双-右左	
2.收脚并步震踏上冲拳	双-左右	右倒骑

定势方向：正东。

（八）退步跨虎（3小节）

退步跨虎节拍动作分解见表5-269。

表5-269 退步跨虎

节拍分解	松胯技术	动作注释
1.退步穿掌	双-右左（右倒骑）	
2.转腰摆掌	双-右左	
3.虚步合拳	双-右左	

定势方向：正东。

（九）转身摆莲（5小节）

转身摆莲节拍动作分解见表5-270。

表5-270 转身摆莲

节拍分解	松胯技术	动作注释
1.前脚内扣，碾脚右转身	双-左右	左倒骑

续表

节拍	节拍分解	松胯技术	步法、起落
2.碾脚右转收掌	双-左右	左倒骑	
3.摆步穿掌	双-左右		
4.扣脚摆掌	双-左右	左倒骑	
5.摆腿拍脚	双-左右		

定势方向:朝东偏南。

(十)弯弓射虎(4小节)

弯弓射虎节拍动作分解见表5-271。

表5-271 弯弓射虎

节拍分解	松胯技术	动作注释
1.撤脚落手	双-右左	右倒骑
2.转身下捋	双-右左	
3.屈肘提拳	双-右左	
4.弓步架打	双-右左	

定势方向:西偏北。

(十一)上步右搬拦捶(7小节)

上步右搬拦捶节拍动作分解见表5-272。

表5-272 上步右搬拦捶

节拍分解	松胯技术	动作注释
1.转腰合手	双-左右	
2.扣脚捋手	双-左右	
3.收脚合拳	双-左右	
4.搬拳摆脚	双-右左	
5.收脚拦掌	双-右左	左倒骑
6.上步拦掌握拳	双-右左	
7.弓步打拳	双-右左	左倒骑

定势方向:正西。

(十二) 如封似闭 (3 小节)

如封似闭节拍动作分解见表 5-273。

表 5-273 如封似闭

节拍分解	松胯技术	动作注释
1. 收脚收掌	双-右左	左倒骑
2. 迈步翘脚	双-右左	
3. 跟步推按	双-左右	右倒骑

定势方向：正西。

(十三) 双撞捶 (5 小节)

双撞捶节拍动作分解见表 5-274。

表 5-274 双撞捶

节拍分解	松胯技术	动作注释
1. 撤脚穿掌	双-右左	左倒骑
2. 转身摆掌	双-左右	右倒骑
3. 后坐下捋	双-右左	左倒骑
4. 弓腿握拳	双-左右	右倒骑
5. 跟步撞拳	双-左右	右倒骑

定势方向：东南。

(十四) 收势 (4 小节)

收势节拍动作分解见表 5-275。

表 5-275 收势

节拍分解	松胯技术	动作注释
1. 撤步举拳	双-左右	
2. 收脚举掌	双-右左	左倒骑
3. 翻掌下落	双-左右	
4. 并脚还原	双-右左	左倒骑

定势方向：正南。

> **个人演绎者:何奇**
> 2024年全国太极拳公开赛总决赛女子 D 组武式太极拳一等奖
> 第十五届全运会群众展演太极拳比赛选拔赛暨2024年全国太极拳公开赛总决赛集体24太极拳一等奖(队员)

七、32式太极剑节拍分解

预备式:身体并步站立,左手反手持剑,右手握成剑指在右侧裤中缝,眼平视前方。

定势方位:正南。

(一)起势(9小节)

起势节拍动作分解见表5-276。

表 5-276　起势

节拍	节拍分解	松胯技术	步法、起落
第一节	左脚开步	双　左　左　双	3起　4落
第二节	两臂平举	双　右　左　双	
第三节	转体摆臂	双　右　双　左	3中定　4起
第四节	上步曲肘	双　左　双　左	4落
第五节	弓步前指	双　右　双　右	2中定　4弓步
第六节	上步穿掌	双　右　双　右	3起　4落
第七节	歇步展臂	双　右　双　右	2中定　4歇步
第八节	上步接剑	双　右　双　左	3起　4落
第九节	弓步接剑	双　左　双　右	2中定　4弓步

定势方位:正东。

(二)并步点剑(1小节)

并步点剑节拍动作分解见表5-277。

表 5-277　并步点剑

节拍	节拍分解	松胯技术	步法、起落
第一节	并步点剑	双　右　双　右	3起4落

定势方位:正东。

（三）独立反刺（4 小节）

独立反刺节拍动作分解见表 5-278。

表 5-278 独立反刺

节拍	节拍分解	松胯技术	步法、起落
第一节	撤步沉剑	双 右 双 右	2 起　4 落
第二节	弓腿抽剑	双 右 双 左	2 中定　4 弓步
第三节	收脚挑剑	双 左 双 左	3 起　4 落
第四节	提膝反刺	双 左 双 左	4 起

定势方位：正东。

（四）仆步横扫（3 小节）

仆步横扫节拍动作分解见表 5-279。

表 5-279 仆步横扫

节拍	节拍分解	松胯技术	步法、起落
第一节	撤步劈剑	双 左 双 左	4 落
第二节	仆步扫剑	双 左 双 左	2 中定　4 仆步
第三节	弓腿挥臂	双 左 双 右	2 中定　4 弓步

定势方位：东偏北 15°。

（五）向右平带（2 小节）

向右平带节拍动作分解见表 5-280。

表 5-280 向右平带

节拍	节拍分解	松胯技术	步法、起落
第一节	上步送剑	双 右 双 右	2 收脚收剑　4 落
第二节	弓步平带	双 右 双 左	2 中定　4 弓步

定势方位：剑尖正东。

（六）向左平带（2 小节）

向左平带节拍动作分解见表 5-281。

表 5-281 向左平带

节拍	节拍分解	松胯技术	步法、起落
第一节	上步送剑	双 左 双 左	2 收脚收剑　4 落

续表

节拍	节拍分解	松胯技术	步法、起落
第二节	弓步平带	双 左 双 右	2中定 4弓步

定势方位:剑尖正东。

(七)独立抡劈(3小节)

独立抡劈节拍动作分解见表5-282。

表 5-282　独立抡劈

节拍	节拍分解	松胯技术	步法、起落
第一节	转体抡剑	双 右 双 右	3起 4落
第二节	上步举剑	双 右 双 右	2起 4落
第三节	提膝劈剑	双 右 双 左	4起

定势方位:正东。

(八)退步回抽(2小节)

退步回抽节拍动作分解见表5-283。

表 5-283　退步回抽

节拍	节拍分解	松胯技术	步法、起落
第一节	退步提剑	双 左 双 左	4落
第二节	虚步抽剑	双 左 双 右	2中定 3起 4落

定势方位:剑尖东南。

(九)独立上刺(2小节)

独立上刺节拍动作分解见表5-284。

表 5-284　独立上刺

节拍	节拍分解	松胯技术	步法、起落
第一节	转体垫步	双 右 双 右	3起 4落
第二节	提膝上刺	双 右 双 左	4起

定势方位:正东。

(十) 虚步下截(3 小节)

虚步下截节拍动作分解见表 5-285。

表 5-285　虚步下截

节拍	节拍分解	松胯技术	步法、起落
第一节	撤步沉剑	双　左　双　左	4 落
第二节	转体摆剑	双　左　双　右	2 中定　4 弓步
第三节	虚步截剑	双　右　双　右	3 起　4 落

定势方位:右虚步东偏北约 15°,转头目视东偏南 45°。

(十一) 左弓步刺(4 小节)

左弓步刺节拍动作分解见表 5-286。

表 5-286　左弓步刺

节拍	节拍分解	松胯技术	步法、起落
第一节	退步提剑	双　右　双　右	2 起　4 落
第二节	坐腿撤剑	双　右　双　左	2 中定　4 弓步
第三节	收脚收剑	双　左　双　左	2 起　4 落
第四节	弓步平刺	双　左　双　右	2 中定　4 弓步

定势方位:东偏北约 30°。

(十二) 转身斜带(4 小节)

转身斜带节拍动作分解见表 5-287。

表 5-287　转身斜带

节拍	节拍分解	松胯技术	步法、起落
第一节	坐腿收剑	双　右　双　左	2 中定　4 坐步 扣左脚尖
第二节	提脚送剑	双　左　双　右	2 中定　回重心　4 起脚
第三节	转体上步	双　右　双　右	4 落
第四节	弓步带剑	双　右　双　左	2 中定　4 弓步

定势方位:剑尖正西。

(十三) 缩身斜带 (3 小节)

缩身斜带节拍动作分解见表 5-288。

表 5-288 缩身斜带

节拍	节拍分解	松胯技术	步法、起落
第一节	收脚收剑	双 左 双 左	4 起
第二节	撤步送剑	双 左 双 左	4 落
第三节	丁步平带	双 左 双 右	4 丁步

定势方位：剑尖正西。

(十四) 提膝捧剑 (3 小节)

提膝捧剑节拍动作分解见表 5-289。

表 5-289 提膝捧剑

节拍	节拍分解	松胯技术	步法、起落
第一节	撤步送剑	双 右 双 右	3 起 4 落
第二节	坐腿分剑	双 右 双 左	2 中定 4 坐步
第三节	提膝捧剑	双 左 双 右	2 活步 3 中定 4 起

定势方位：正西。

(十五) 跳步平刺 (4 小节)

跳步平刺节拍动作分解见表 5-290。

表 5-290 跳步平刺

节拍	节拍分解	松胯技术	步法、起落
第一节	落脚收剑	双 右 双 右	4 落
第二节	捧剑前刺	双 右 双 左	4 起
第三节	跳步分剑	双 左 双 右	2 落左 4 起右
第四节	弓步平刺	双 右 双 左	2 落 4 弓步

定势方位：正西。

(十六) 左虚步撩 (3 小节)

左虚步撩节拍动作分解见表 5-291。

表 5-291 左虚步撩

节拍	节拍分解	松胯技术	步法、起落
第一节	收脚绕剑	双 左 双 右	3 起 4 落

续表

节拍	节拍分解	松胯技术	步法、起落
第二节	上步撩剑	双 右 双 右	2起 4落
第三节	虚步左撩	双 右 双 左	2中定 3起 4落

定势方位：正西。

(十七) 右弓步撩(3小节)

右弓步撩节拍动作分解见表5-292。

表5-292 右弓步撩

节拍	节拍分解	松胯技术	步法、起落
第一节	上步绕剑	双 左 双 左	3起 4落 左脚
第二节	撇脚弓步	双 左 双 右	2中定 4弓步
第三节	弓步右撩	双 右 双 左	2上右步 4弓步

定势方位：正西。

(十八) 转身回抽(3小节)

转身回抽节拍动作分解见表5-293。

表5-293 转身回抽

节拍	节拍分解	松胯技术	步法、起落
第一节	弓步劈剑	双 左 双 右	2中定 4弓步
第二节	坐腿抽剑	双 右 双 左	2左定 4
第三节	虚步前指	双 左 双 左	3起 4落

定势方向：东偏南30°。

(十九) 并步平刺(2小节)

并步平刺节拍动作分解见表5-294。

表5-294 并步平刺

节拍	节拍分解	松胯技术	步法、起落
第一节	移步摆指	双 左 双 左	3起 4落
第二节	并步平刺	双 左 双 右	3起 4落

定势方位：正东。

(二十)左弓步拦(3小节)

左弓步拦节拍动作分解见表5-295。

表5-295 左弓步拦

节拍	节拍分解	松胯技术	步法、起落
第一节	转提绕剑	双 右 双 左	2 碾右脚　4 收左脚
第二节	上步绕剑	双 左 双 左	2 起　4 落
第三节	弓步拦剑	双 左 双 右	2 中定　4 弓步

定势方位:弓步方向东偏北约30°。

(二十一)右弓步拦(3小节)

右弓步拦节拍动作分解见表5-296。

表5-296 右弓步拦

节拍	节拍分解	松胯技术	步法、起落
第一节	撇脚举剑	双 右 双 右	2 回坐　3 中定撇脚　4 弓步
第二节	上步绕剑	双 右 双 右	2 起　4 落
第三节	弓步拦剑	双 右 双 左	2 中定　4 弓步

定势方位:弓步方向东偏南约30°。

(二十二)左弓步拦(3小节)

左弓步拦节拍动作分解见表5-297。

表5-297 左弓步拦

节拍	节拍分解	松胯技术	步法、起落
第一节	撇脚举剑	双 左 双 左	2 回坐　3 中定撇脚　4 弓步
第二节	上步绕剑	双 左 双 左	2 起　4 落
第三节	弓步拦剑	双 左 双 右	2 中定　4 弓步

定势方位:弓步方向东偏北约30°。

(二十三)进步反刺(4小节)

进步反刺节拍动作分解见表5-298。

表5-298 进步反刺

节拍	节拍分解	松胯技术	步法、起落
第一节	盖步收剑	双 右 双 右	3起 4落
第二节	坐盘后刺	双 右 双 左	2中定 4坐盘
第三节	挑剑上步	双 左 双 左	3起 4落
第四节	弓步反刺	双 左 双 右	2中定 4弓步

定势方位:正东。

(二十四)反身回劈(3小节)

反身回劈节拍动作分解见表5-299。

表5-299 反身回劈

节拍	节拍分解	松胯技术	步法、起落
第一节	坐腿抽剑	双 右 双 左	2回坐 4撇左脚
第二节	收脚举剑	双 左 双 右	2回坐 4收右脚
第三节	弓步劈剑	双 右 双 左	2落脚 4弓步

定势方位:弓步方向西偏北约30°。

(二十五)虚步点剑(4小节)

虚步点剑节拍动作分解见表5-300。

表5-300 虚步点剑

节拍	节拍分解	松胯技术	步法、起落
第一节	收脚落指	双 左 双 左	4起
第二节	上步举剑	双 左 双 左	4落 转身正南
第三节	弓步沉剑	双 左 双 右	2中定 4弓步
第四节	虚步前点	双 右 双 右	3起 4落

定势方位:正南。

(二十六)独立平托(2小节)

独立平托节拍动作分解见表5-301。

表5-301 独立平托

节拍	节拍分解	松胯技术	步法、起落
第一节	插步绕剑	双 右 双 右	3起 4落
第二节	转身托剑	双 右 双 左	4起

定势方位:正西。

(二十七)弓步挂劈(3小节)

弓步挂劈节拍动作分解见表5-302。

表5-302 弓步挂劈

节拍	节拍分解	松胯技术	步法、起落
第一节	转身挂剑	双 左 双 右	3落 4挂
第二节	上步举剑	双 右 双 右	2起 4落
第三节	弓步劈剑	双 右 双 左	2中定 4弓步

定势方位:正西。

(二十八)虚步抢劈(3小节)

虚步抢劈节拍动作分解见表5-303。

表5-303 虚步抢劈

节拍	节拍分解	松胯技术	步法、起落
第一节	撇脚抢剑	双 左 双 左	2回坐 3双胯松撇脚 4弓步
第二节	上步举剑	双 左 双 左	2起 4落
第三节	虚步劈剑	双 左 双 右	2中定 4上步虚步

定势方位:正西。

(二十九)撤步反击(2小节)

撤步反击节拍动作分解见表5-304。

表5-304 撤步反击

节拍	节拍分解	松胯技术	步法、起落
第一节	撤步合剑	双 右 双 右	3起 4落

续表

节拍	节拍分解	松胯技术	步法、起落
第二节	弓步反击	双 右 双 左	2 中定　4 弓步

定势方位:东北。

(三十)进步平刺(5 小节)

进步平刺节拍动作分解见表 5-305。

表 5-305　进步平刺

节拍	节拍分解	松胯技术	步法、起落
第一节	坐腿回抽	双 左 双 右	2 中定　4 弓步
第二节	提脚横剑	双 右 双 左	2 回坐　4 提脚
第三节	上步收剑	双 左 双 左	3 起　4 落
第四节	撤脚弓步	双 左 双 右	2 撤脚中定　4 弓步
第五节	上步平刺	双 右 双 左	2 上步　4 弓步

定势方位:正西。

(三十一)丁步回抽(1 小节)

丁步回抽节拍动作分解见表 5-306。

表 5-306　丁步回抽

节拍	节拍分解	松胯技术	步法、起落
第一节	收脚抽剑	双 右 双 右	3 起　4 落

定势方位:剑尖西北。

(三十二)旋转平抹(4 小节)

旋转平抹节拍动作分解见表 5-307。

表 5-307　旋转平抹

节拍	节拍分解	松胯技术	步法、起落
第一节	摆步横剑	双 右 双 右	3 起　4 落
第二节	扣步抹剑	双 右 双 左	3 起　4 落
第三节	转身撤步	双 左 双 右	3 起　4 落
第四节	虚步分剑	双 右 双 左	3 起　4 落

定势方位:正南。

(三十三)弓步直刺(2小节)

弓步直刺节拍动作分解见表5-308。

表5-308 弓步直刺

节拍	节拍分解	松胯技术	步法、起落
第一节	收脚收剑	双 左 双 左	3起 4落 收左脚
第二节	弓步直刺	双 左 双 右	2中定 4弓步

定势方位:正南。

(三十四)收势(3小节)

收势节拍动作分解见表5-309。

表5-309 收势

节拍	节拍分解	松胯技术	步法、起落
第一节	坐腿接剑	双 右 双 左	
第二节	弓腿摆剑	双 左 双 右	
第三节	跟步收势	双 右 双 右	3起 4落
第四节	并步还原	双 左 双 左	3起 4落

定势方位:正南。

> 个人演绎者:姜建立
> 2023年全国太极拳公开赛男子甲组32式太极剑第一名
> 2024年全国太极拳公开赛男子甲组32式太极剑第一名

八、42式太极剑节拍分解

预备式:身体并步站立,左手反手持剑,右手握成剑指在右侧裤中缝,眼平视前方。定势方位:正南。

(一)起势(6小节)

起势节拍动作分解见表5-310。

表5-310 起势

节拍	节拍分解	松胯技术	步法、起落
第一节	左脚开步	双 左 左 双	3起 4落

续表

节拍	节拍分解	松胯技术	步法、起落
第二节	转腰摆臂	双 左 双 右	
第三节	上步抱剑	双 右 双 右	2起 4落
第四节	送剑跟步	双 右 双 左	2中定 4跟步
第五节	转身上步	双 左 双 左	2中定 3双扣右脚 4上左步
第六节	弓步前指	双 左 双 右	2中定 4弓步

定势方位：正东。

(二)并步点剑(5小节)

并步点剑节拍动作分解见表5-311。

表5-311 并步点剑

节拍	节拍分解	松胯技术	步法、起落
第一节	上步穿剑	双 右 双 右	3起 4落
第二节	弓步分摆	双 右 双 左	2中定 4弓步
第三节	分手提脚	双 左 双 左	3起 4落
第四节	弓步接剑	双 左 双 右	2中定 4弓步
第五节	并步点剑	双 右 双 右	3起 4落

定势方位：东北。

(三)弓步削剑(2小节)

弓步削剑节拍动作分解见表5-312。

表5-312 弓步削剑

节拍	节拍分解	松胯技术	步法、起落
第一节	撤步沉剑	双 右 双 右	2起 4落
第二节	弓步削剑	双 右 双 左	2中定 4弓步

定势方位：正南稍偏西。

(四)提膝劈剑(3 小节)

提膝劈剑节拍动作分解见表5-313。

表5-313 提膝劈剑

节拍	节拍分解	松胯技术	步法、起落
第一节	后坐摆剑	双 左 双 右	2中定 4坐步 右脚尖翘起
第二节	弓步举剑	双 右 双 左	2中定 4弓步
第三节	提膝前劈	双 左 双 左	4起

定势方位:西南。

(五)左弓步拦(2 小节)

左弓步拦节拍动作分解见表5-314。

表5-314 左弓步拦

节拍	节拍分解	松胯技术	步法、起落
第一节	绕剑撤步	双 左 双 左	4落
第二节	弓步拦剑	双 左 双 右	2中定 4弓步

定势方位:拦剑正东。

(六)左虚步撩(3 小节)

左虚步撩节拍动作分解见表5-315。

表5-315 左虚步撩

节拍	节拍分解	松胯技术	步法、起落
第一节	回坐分手	双 右 双 右	2中定 3摆左脚 4弓步
第二节	上步绕剑	双 右 双 右	3起 4落
第三节	虚步撩剑	双 右 双 左	2中定 4虚步

定势方位:东南。

(七)右弓步撩(3 小节)

右弓步撩节拍动作分解见表 5-316。

表 5-316 右弓步撩

节拍	节拍分解	松胯技术	步法、起落
第一节	上步绕剑	双 左 双 左	3 起 4 落
第二节	撇脚弓步	双 左 双 右	2 中定 4 弓步
第三节	弓步撩剑	双 右 双 左	2 上步中定 4 弓步

定势方位:正东。

(八)提膝捧剑(5 小节)

提膝捧剑节拍动作分解见表 5-317。

表 5-317 提膝捧剑

节拍	节拍分解	松胯技术	步法、起落
第一节	转腰带剑	双 左 双 右	3 中定 4 坐步右脚往后略收
第二节	撤步分剑	双 右 双 右	3 起 4 落
第三节	虚步带剑	双 右 双 左	2 中定 4 坐步碾左脚掌
第四节	弓步合剑	双 左 双 右	2 上左步 中定 4 弓步
第五节	提膝捧剑	双 右 双 右	4 起

定势方位:正东。

(九)蹬脚前刺(1 小节)

蹬脚前刺节拍动作分解见表 5-318。

表 5-318 蹬脚前刺

节拍	节拍分解	松胯技术	步法、起落
第一节	蹬脚前刺	双 右 双 右	4 蹬脚

定势方位:正东。

(十)跳步平刺(4 小节)

跳步平刺节拍动作分解见表 5-319。

表 5-319 跳步平刺

节拍	节拍分解	松胯技术	步法、起落
第一节	落脚收剑	双 右 双 右	4 落

续表

节拍	节拍分解	松胯技术	步法、起落
第二节	捧剑前刺	双 右 双 左	2 中定 4 起左脚
第三节	跳步收剑	双 左 双 右	2 落左脚 4 收右脚
第四节	弓步平刺	双 右 双 左	2 落中定 4 弓步

定势方位：正东。

(十一) 转身下刺 (3 小节)

转身下刺节拍动作分解见表 5-320。

表 5-320 转身下刺

节拍	节拍分解	松胯技术	步法、起落
第一节	坐腿收剑	双 左 双 右	2 中定 4 坐步 翘右脚尖
第二节	扣脚转身	双 右 双 左	2 扣右脚转身 4 起左脚转
第三节	弓步下刺	双 左 双 右	2 落中定 4 弓步

定势方位：东南。

(十二) 弓步平斩 (2 小节)

弓步平斩节拍动作分解见表 5-321。

表 5-321 弓步平斩

节拍	节拍分解	松胯技术	步法、起落
第一节	撤步沉剑	双 右 双 右	2 起 4 落
第二节	弓步平斩	双 右 双 左	2 中定 4 弓步

定势方位：西北。

(十三) 弓步崩剑 (4 小节)

弓步崩剑节拍动作分解见表 5-322。

表 5-322 弓步崩剑

节拍	节拍分解	松胯技术	步法、起落
第一节	转身带剑	双 左 双 右	2 中定 4 弓步
第二节	插步带剑	双 右 双 左	2 中定 4 插步
第三节	提膝捧剑	双 右 双 右	3 起 4 落
第四节	弓步崩剑	双 右 双 左	2 中定 4 弓步

定势方位：西北。

(十四)歇步压剑(2小节)

歇步压剑节拍动作分解见表5-323。

表5-323 歇步压剑

节拍	节拍分解	松胯技术	步法、起落
第一节	插步举剑	双 左 双 右	2中定 4插步
第二节	歇步压剑	双 右 双 右	4歇步

定势方位:剑尖指向西南。

(十五)进步绞剑(4小节)

进步绞剑节拍动作分解见表5-324。

表5-324 进步绞剑

节拍	节拍分解	松胯技术	步法、起落
第一节	虚步提剑	双 右 双 右	3起 4落
第二节	进步绞剑	双 右 双 左	2上步中定 4弓步
第三节	进步绞撩	双 左 双 右	2上步中定 4弓步
第四节	进步绞剑	双 右 双 左	2上步左定 4弓步

定势方位:西南。

(十六)提膝上刺(2小节)

提膝上刺节拍动作分解见表5-325。

表5-325 提膝上刺

节拍	节拍分解	松胯技术	步法、起落
第一节	坐腿收剑	双 左 双 右	2中定 4坐步
第二节	提膝上刺	双 右 双 左	4提膝

定势方位:西南。

(十七)虚步下截(3小节)

虚步下截节拍动作分解见表5-326。

表5-326 虚步下截

节拍	节拍分解	松胯技术	步法、起落
第一节	落脚摆剑	双 左 双 左	4落
第二节	转腰带剑	双 左 双 右	2中定 4弓步

续表

节拍	节拍分解	松胯技术	步法、起落
第三节	虚步下截	双 右 双 右	3 起 4 落 虚步

定势方向:头转看西北,虚步方向西南。

(十八)右左平带(4 小节)

右左平带节拍动作分解见表 5-327。

表 5-327 右左平带

节拍	节拍分解	松胯技术	步法、起落
第一节	提膝送剑	双 右 双 右	2 起 4 落
第二节	弓步带剑	双 右 双 左	2 中定 4 弓步
第三节	上步送剑	双 左 双 左	2 起 4 落
第四节	弓步平带	双 左 双 右	2 中定 4 弓步

定势方位:弓步方向西南,剑尖正西。

(十九)弓步劈剑(3 小节)

弓步劈剑节拍动作分解见表 5-328。

表 5-328 弓步劈剑

节拍	节拍分解	松胯技术	步法、起落
第一节	上步送剑	双 右 双 右	2 起 4 落
第二节	回身下截	双 右 双 左	2 中定 4 弓步
第三节	弓步劈剑	双 左 双 右	2 上步中定 4 弓步

定势方位:正西。

(二十)丁步托剑(2 小节)

丁步托剑节拍动作分解见表 5-329。

表 5-329 丁步托剑

节拍	节拍分解	松胯技术	步法、起落
第一节	提膝后截	双 右 双 右	4 起 右脚
第二节	丁步托剑	双 右 双 左	2 落右脚 4 上左脚 丁步

定势方位:正北稍偏西。

(二十一)分脚后点(6小节)

分脚后点节拍动作分解见表5-330。

表5-330 分脚后点

节拍	节拍分解	松胯技术	步法、起落
第1节	上步转身	双 左 双 右	2 上步扣脚 4 转身起右后跟
第二节	退步穿剑	双 右 双 右	2 起 4 落
第三节	弓步穿刺	双 右 双 左	2 中定 4 弓步
第四节	并步绕剑	双 左 双 左	3 起 4 落
第五节	提膝提剑	双 右 双 右	4 起
第六节	转腰点剑	双 右 双 右	4 右分脚

定势方位:点剑东北,分脚正西。

(二十二)仆步穿剑(5小节)

仆步穿剑节拍动作分解见表5-331。

表5-331 仆步穿剑

节拍	节拍分解	松胯技术	步法、起落
第一节	撤步合剑	双 右 双 右	2 沉曲膝 4 落
第二节	弓步斩剑	双 右 双 左	2 中定 4 弓步
第三节	转身抽剑	双 左 双 右	2 中定 4 弓步
第四节	仆步穿剑	双 右 双 右	2 中定 4 仆步
第五节	弓腿刺剑	双 右 双 右	2 中定 4 弓步

定势方位:正东。

(二十三)蹬脚架剑(3小节)

蹬脚架剑节拍动作分解见表5-332。

表5-332 蹬脚架剑

节拍	节拍分解	松胯技术	步法、起落
第一节	转身带剑	双 左 双 左	3 摆右脚尖 4 弓步
第二节	提膝举剑	双 左 双 左	4 起
第三节	蹬脚架剑	双 左 双 左	4 蹬脚

定势方位:正东。

(二十四) 提膝点剑(1 小节)

提膝点剑节拍动作分解见表 5-333。

表 5-333 提膝点剑

节拍	节拍分解	松胯技术	步法、起落
第一节	提膝点剑	双 左 双 左	4 曲膝

定势方位：点剑西南。

(二十五) 仆步横扫(2 小节)

仆步横扫节拍动作分解见表 5-334。

表 5-334 仆步横扫

节拍	节拍分解	松胯技术	步法、起落
第一节	仆步沉剑	双 左 双 左	4 落
第二节	弓腿扫剑	双 左 双 右	2 中定　4 弓步

定势方位：东北。

(二十六) 弓步下截(4 小节)

弓步下截节拍动作分解见表 5-335。

表 5-335 弓步下截

节拍	节拍分解	松胯技术	步法、起落
第一节	收脚拔剑	双 右 双 右	2 起　4 落
第二节	弓步截剑	双 右 双 左	2 中定　4 弓步　东南
第三节	收脚拔剑	双 左 双 左	2 起　4 落
第四节	弓步截剑	双 左 双 右	2 中定　4 弓步　东北

定势方位：东北。

(二十七) 弓步下刺(2 小节)

弓步下刺节拍动作分解见表 5-336。

表 5-336 弓步下刺

节拍	节拍分解	松胯技术	步法、起落
第一节	震脚收剑	双 右 双 左	2 震右脚　4 出左脚坐步
第二节	弓步刺剑	双 左 双 右	2 中定　4 弓步

定势方位：东北。

(二十八) 右左云抹(8 小节)

右左云抹节拍动作分解见表 5-337。

表 5-337 右左云抹

节拍	节拍分解	松胯技术	步法、起落
第一节	收脚合剑	双 右 双 右	2 起 4 落
第二节	弓步分剑	双 右 双 左	2 中定 4 弓步
第三节	盖步云剑	双 左 双 右	3 跳左脚 4 起右脚
第四节	弓步抹剑	双 右 双 左	2 落脚中定 4 弓步(南偏东)
第五节	收脚收剑	双 左 双 左	2 起 4 落
第六节	弓步分剑	双 左 双 右	2 中定 4 弓步
第七节	盖步云剑	双 右 双 左	3 跳右脚 4 起左脚
第八节	弓步抹剑	双 左 双 右	2 落脚中定 4 弓步

定势方位:弓步方向北偏东。

(二十九) 右弓步劈剑(2 小节)

右弓步劈剑节拍动作分解见表 5-338。

表 5-338 右弓步劈剑

节拍	节拍分解	松胯技术	步法、起落
第一节	收脚抡剑	双 右 双 右	3 起 4 落
第二节	弓步劈剑	双 右 双 左	2 中定 4 弓步

定势方位:东南。

(三十) 后举腿架剑(2 小节)

后举腿架剑节拍动作分解见表 5-339。

表 5-339 后举腿架剑

节拍	节拍分解	松胯技术	步法、起落
第一节	上步挂剑	双 左 双 右	2 上步中定 4 交叉蹲步
第二节	举腿架剑	双 右 双 右	4 起

定势方位:剑指、剑尖、后举腿及目视皆为西北。

(三十一)丁步点剑(2小节)

丁步点剑节拍动作分解见表5-340。

表5-340 丁步点剑

节拍	节拍分解	松胯技术	步法、起落
第一节	落脚摆剑	双 右 双 右	4落
第二节	丁步点剑	双 右 双 左	2中定 4丁步

定势方位:东南。

(三十二)马步推剑(2小节)

马步推剑节拍动作分解见表5-341。

表5-341 马步推剑

节拍	节拍分解	松胯技术	步法、起落
第一节	撤步收剑	双 左 双 右	2撤左步 4收滑右脚
第二节	马步推剑	双 右 双 左	2上右步 4滑动左脚 马步

定势方位:推剑东南。

(三十三)独立上托(3小节)

独立上托节拍动作分解见表5-342。

表5-342 独立上托

节拍	节拍分解	松胯技术	步法、起落
第一节	插步挽剑	双 右 双 右	3起 4落 交插步
第二节	转身摆剑	双 右 双 左	左脚跟右脚掌为轴旋转180°
第三节	独立托剑	双 左 双 左	4起

定势方位:正西。

(三十四)挂剑前点(4小节)

挂剑前点节拍动作分解见表5-343。

表5-343 挂剑前点

节拍	节拍分解	松胯技术	步法、起落
第一节	落脚挂剑	双 左 双 右	2落脚中定 4号步

续表

节拍	节拍分解	松胯技术	步法、起落
第二节	转身右挂	双 右 双 左	2 落脚中定　4 弓步
第三节	上步举剑	双 左 双 左	3 起　4 落
第四节	虚步点剑	双 左 双 右	2 中定　4 上右步　虚步

定势方位:西偏北 30°。

(三十五)歇步崩剑(3 小节)

歇步崩剑节拍动作分解见表 5-344。

表 5-344　歇步崩剑

节拍	节拍分解	松胯技术	步法、起落
第一节	转身沉剑	双 右 双 左	2 碾右脚　4 上体右转
第二节	上步反撩	双 左 双 左	2 起　4 落
第三节	插步崩剑	双 左 双 右	2 中定　4 插步　歇步

定势方位:崩剑方向,东偏南 30°。

(三十六)弓步反刺(2 小节)

弓步反刺节拍动作分解见表 5-345。

表 5-345　弓步反刺

节拍	节拍分解	松胯技术	步法、起落
第一节	提膝侧举	双 右 双 左	3 起　4 落
第二节	弓步反刺	双 左 双 右	2 中定　4 弓步

定势方位:西偏北约 30°。

(三十七)转身下刺(3 小节)

转身下刺节拍动作分解见表 5-346。

表 5-346　转身下刺

节拍	节拍分解	松胯技术	步法、起落
第一节	扣脚收剑	双 右 双 左	2 中定　4 扣左脚尖坐步
第二节	转身提膝	双 左 双 右	2 中定　3 转身　4 提膝
第三节	弓步下刺	双 右 双 左	2 落脚中定　4 弓步

定势方位:西南。

(三十八)提膝提剑(3 小节)

提膝提剑节拍动作分解见表5-347。

表5-347 提膝提剑

节拍	节拍分解	松胯技术	步法、起落
第一节	后坐绕剑	双 左 双 右	2中定 4坐步
第二节	弓腿绕剑	双 右 双 左	2中定 4弓步
第三节	提膝提剑	双 左 双 左	4起

定势方位:东南。

(三十九)行步穿剑(5 小节)

行步穿剑节拍动作分解见表5-348。

表5-348 行步穿剑

节拍	节拍分解	松胯技术	步法、起落
第一节	落脚穿剑	双 左 双 左	4落
第二节	摆步穿剑	双 左 双 右	2中定 4上右步
第三节	扣脚行步	双 右 双 左	2中定 4上左步
第四节	摆脚行步	双 左 双 右	2中定 4上右步
第五节	扣脚行步	双 右 双 左	2中定 4上左步

定势方位:最后一步左脚扣向东南,上体也扭向东南。

(四十)摆腿架剑(4 小节)

摆腿架剑节拍动作分解见表5-349。

表5-349 摆腿架剑

节拍	节拍分解	松胯技术	步法、起落
第一节	弓腿摆剑	双 左 双 右	2中定 4弓步
第二节	摆腿扣剑	双 右 双 右	4摆腿
第三节	落脚抹剑	双 右 双 右	4落
第四节	弓腿架剑	双 右 双 左	2中定 4弓步

定势方位:弓步方向西南,剑尖、剑指方向东南。

(四十一)弓步直刺(2小节)

弓步直刺节拍动作分解见表5-350。

表5-350 弓步直刺

节拍	节拍分解	松胯技术	步法、起落
第一节	收脚收剑	双 左 双 左	3起 4落
第二节	弓步直刺	双 左 双 右	2上步中定 4弓步

定势方位：正南。

(四十二)收势(3小节)

收势节拍动作分解见表5-351。

表5-351 收势

节拍	节拍分解	松胯技术	步法、起落
第一节	坐腿收剑	双 右 双 左	2中定 4坐步
第二节	接剑上步	双 左 双 右	2中定 4上步 并步
第三节	并步还原	双 左 双 左	3起 4落

定势方位：正南。

> **个人演绎者：缪兰军**
> 2018年第三届全国武术运动大会男子陈式太极拳一等奖
> 2019年全国太极拳公开赛总决赛集体太极拳40式第一名(队员)
> 2019年全国太极拳公开赛总决赛男子陈式太极拳一等奖
> 2024年全国太极拳公开赛总决赛集体陈式太极剑一等奖(队员)
> 第十五届全运会群众展演太极拳比赛选拔赛暨2024年全国太极拳公开赛总决赛集体24式太极拳一等奖(队员)

九、陈式49式太极剑节拍演绎视频

> **个人演绎者：黄陈能**
> 2023全国太极拳公开赛总决赛女子甲组陈式太极剑一等奖
> 第十五届全运会群众展演太极拳比赛选拔赛暨2024年全国太极拳公开赛总决赛集体24式太极拳一等奖(队员)

十、陈式太极拳 56 式竞赛套路节拍演绎视频

个人演绎者：王袁馨

2023 全国太极拳公开赛东部赛区男子乙组陈式太极拳竞赛套路一等奖

2023 全国太极拳公开赛东部赛区男子乙组陈式太极剑一等奖

2024 全国太极拳公开赛东部赛区男子乙组陈式太极剑一等奖

十一、传统杨式 85 式太极拳第一段节拍演绎视频

个人演绎者：张金红

2023 年全国太极拳公开赛总决赛女子甲组杨式 85 式一等奖

2024 年全国太极拳公开赛东部赛区女子 E 组杨式 85 式一等奖

2024 年全国太极拳公开赛东部赛区女子 E 组 42 式太极剑一等奖

第十五届全运会群众展演太极拳比赛选拔赛暨 2024 年全国太极拳公开赛总决赛集体 24 式太极拳一等奖(队员)

第六章 无形功法

一、简介

无形代表着无穷变化,无形功法代表着意的无尽变化,更代表着无限的技艺可能。它的特点是:只要有任何一个方向出现,就必定走向结束,一旦开始就意味着终结,就如量子纠缠和量子坍塌一样。这是练习无形功法所特有的表象。

心上学,事上炼,达于道,合于一,知行合一,是修身养性之法,也是修炼无形功法之大法。武术人常说的"练功生活化",唯有专注,悟于心事,方能得道。练好无形功法,既益于身心修炼又益于技法学习。

无形功法练的是"意","意"决定一切,决定练功成效和功夫层次。

"意"分内、外、内外结合三种练习法:

意在自身,称为意在内。

意在身外,称为意在外。

上半拍意在自身,下半拍意在身外,或上半拍意在身外,下半拍意在自身,称为"内外结合"。

如对着镜子练的无形功法:

镜子里面影像,谓我身。

镜子外面本人,谓本身。

无形功法在本身修炼,称为"意在内"。

无形功法在我身修炼,称为"意在外"。

无形功法在本、我两身同时交替修炼,称为"无形功法的内外双修"。

意的节拍练习特征:

上半拍有,下半拍无;

上半拍有意,下半拍意归零。

练习速度可随熟练程度自我调节,越快越好。

通过意的训练,使肢体速度、灵敏度、协调性、爆发力适应意念的各种变化:松、柔、空、到。

意开胸骨、开腋窝。

形大意小,形小意大;形快意慢,形慢意快;形顺意逆,形逆意顺。

意在外,眼看涟漪、看倒骑、看车轮滚动;看到动、动看到。

打手没手、腋窝打手；打手没手、胯窝打手。

四窝开合，旋转领劲，肌肤毛孔，万箭齐发。

二、松

松是有形技法和无形功法的根本。太极拳节拍教学法每一拍动作用意求松，通过有形和无形、有形技法与无形功法互为支撑，达到内外双修，臻至完美。

笔者师父傅钟文常说，杨澄甫教拳，就是"松"一个字。笔者请师父到上海师范大学教拳的那两年间，每次教拳完毕，笔者都会陪师父回家。有一次，师父让笔者打了一套拳，打完后，师父对笔者说："剑狄，你的肩还没有松。"当时笔者就纳闷了，他自己要求学生打拳松、松、松，怎么自己的肩还没有松呢？从此一个"松"字就流淌在笔者的血液里，笔者开始潜心研究如何用意求松：是体内求松？体外求松？还是体内体外结合求松？

不同的阶段有不同的体会，有不同的认知，如同参禅三重境界"见山是山，见水是水；见山不是山，见水不是水；见山只是山，见水只是水"一样，探索认知永无止境，这就是无形功法的魅力所在。

用意在体内求松主要体现如下：

松的对象：关节。

松的质量：数量、大小、方向、速度。

松的方法：松、听、看、卸、倒、外。

三、关节

古训："宁练筋长一寸，不练肉厚一尺。"无形功法中宁练筋长一寸是指：用意求松时筋的作功空间距离大小和时间长短，其中"关节"起着重要作用。身体每一个关节要学会用意在体内单独打圈、倒骑、顺骑、涟漪及其组合练习。这是无形功法重要的练习内容之一。通过关节的意念练习，达到人体各部关节松活自如，节节贯串，一动无有不动，一静无有不静的目的。

练习原则：静止状态时松关节，是无形带有形；动态状态时关节松，是有形带无形。

练习方法。

运动方式：打圈、倒骑、顺骑、涟漪。

运动方向：360°任意打圈。主要有以下6种方法。

①倒骑——向后打圈。

②顺骑——向前打圈。

③顺转——顺时针打圈。

④逆转——逆时针打圈。

⑤升转——向上打圈。

⑥沉转——向下打圈。

运动形态：主要有以下6种。

①大圈中有小圈。

②圆球中有小球。

③快慢旋转打圈。

④内外旋转打圈。

⑤向心旋转打圈。

⑥离心旋转打圈。

练习节拍：4/4拍。

练习速度：60拍/分钟。

节拍说明：

①一拍：1、2、3、4各为一拍，每拍完成一个部位。

②一拍：12、34各为一拍，每拍完成两个部位。

③一拍：1234为一拍，或123456为一拍，每拍完成4个部位或6个部位。

④练习速度随熟练程度任意调节，越快越好。

⑤一拍中参与练习的部位越多越好。

(一) 手指关节

手指练习有两种方法：一是有形练习，即手指指根带指尖，按顺逆次序对指练习。二是无形练习，即手指不动，用意按顺逆次序对指练习。松指根、自然松弛撑开五指，意贯腕、掌。手指节拍图示如图6-1所示。

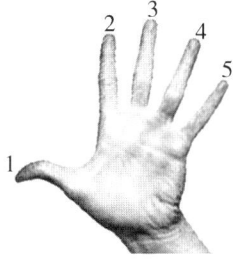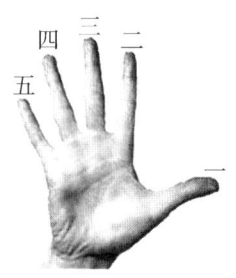

图6-1　手指节拍图示

1. 左手单指练习

(1) 左手练习方法 1

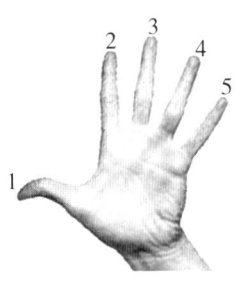

图 6-2　左手节拍图示

顺:1-2-3-4-5

逆:5-4-3-2-1

初练:一拍松一指,顺逆相同。

熟练:一拍依次松五指,顺逆相同。

高级:上半拍顺向依次松五指,下半拍逆向依次松五指,一拍顺逆各做一次。

左手节拍图示如图 6-2 所示。

(2) 左手练习方法 2

(1-5)—(2-4)—(3-3)—(4-2)—(5-1)

(5-1)—(4-2)—(3-3)—(2-4)—(1-5)

初练:一拍松一组。

熟练:一拍依次松五组。

高级:上半拍松 a 组,下半拍松 b 组,一拍完成。

2. 右手单指练习

右手单指练习方法同左手。右手节拍图示如图 6-3 所示。

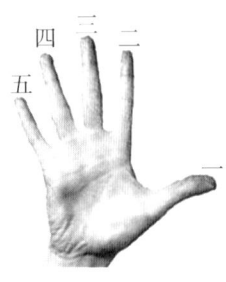

图 6-3　右手节拍图示

3. 双手手指交叉对指,数字定位

两掌相距约 20 厘米,掌心相对,左右手指按图 6-1 所示顺序依次互相对指,顺序可反之。

对指顺序:

(1) (一 5)—(二 4)—(三 3)—(四 2)—(五 1)

(2) (5 一)—(4 二)—(3 三)—(2 四)—(1 五)

(3) (五 1)—(四 2)—(三 3)—(二 4)—(一 5)

(4) (1 五)—(2 四)—(3 三)—(4 二)—(5 一)

以上练习初练时左右手指一拍对一次;熟练后,两手五指一拍依次完成。

4. 双手手指用意顺逆前后旋转

两掌相距约 20 厘米,掌心相对,左右手指按对指顺序依次互相对指,同时用意两手顺逆前后旋转。对指顺序或旋转顺序可反之。

对指顺序和要求与"双手手指交叉对指,数字定位"的顺序和要求相同。

（二）足趾关节

趾是人体维系重心的重要关节。趾关节用"意"触地对趾、旋转打圈，使脚底与地面产生亲密接触，锻炼脚底趾关节的灵活性，提高重心转换的灵敏度与速度，使人体下肢既沉稳又轻灵，提升动作质量和实战能力。

1. 左足单趾练习

（1）左足单趾练习方法1

顺：1-2-3-4-5

逆：5-4-3-2-1

初练：一拍松一趾，顺逆相同。

熟练：一拍依次松五趾，顺逆相同。

高级：上半拍顺向依次松五趾，下半拍逆向依次松五趾，一拍顺逆各做一次。

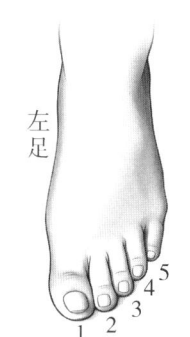

图6-4 左足节拍图示

左足节拍图示如图6-4所示。

（2）左足单趾练习方法2

a组：(1-5)-(2-4)-(3-3)-(4-2)-(5-1)

b组：(5-1)-(4-2)-(3-3)-(2-4)-(1-5)

初练：一拍松一组。

熟练：一拍依次松五组。

高级：上半拍松a组，下半拍松b组，一拍完成。

松趾练习有两种方法：一是无形练习，即足趾不动，用意按顺逆次序练习脚趾触地。二是有形练习，即足趾自然触地，按顺逆次序触地练习。

2. 右足单趾练习

右足单趾练习同左足。右足节拍图示如图6-5所示。

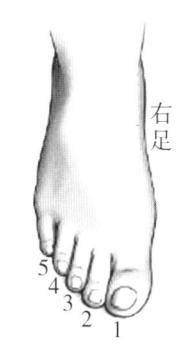

图6-5 右足节拍图示

3. 两脚足趾交叉对趾，数字定位

两脚踩地，足趾按图6-6所示顺序用意依次互相触地对趾，顺序可反之。

对趾顺序：

(1)（一 5）—（二 4）—（三 3）—（四 2）—（五 1）

(2)（5 一）—（4 二）—（3 三）—（2 四）—（1 五）

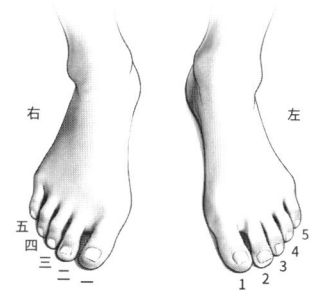

图6-6 双足节拍图示

(3)（五1）—（四2）—（三3）—（二4）—（一5）

(4)（1五）—（2四）—（3三）—（4二）—（5一）

以上练习初练时用意左右足趾一拍对一次；熟练后，两足五趾用意一拍依次完成。注意练习时脚底足趾外形不动，仅用意完成。

4.两脚足趾用意顺逆前后旋转

两脚踩地，足趾按图6-6所示顺序用意依次触地对趾，同时用意两脚顺逆前后旋转。对趾顺序或旋转顺序可反之。

用意对趾顺序和要求与"两脚足趾交叉对趾，数字定位"的顺序和要求相同。

(三) 踝关节

两踝松，与脚底合二为一，掤(意象为涟漪)加强足的沉稳度，打圈增强足的灵敏性。踝关节的节拍如图6-7所示。

练习时的意念：

意念1：松。

意念2：掤(涟漪)。

意念3：打圈（左打圈、右打圈，倒骑打圈、顺骑打圈）。

练习方法一：松、掤，一拍一个部位。

1：1(松)-2(松)-4(松)-3(松)

2：3(掤)-4(掤)-2(掤)-1(掤)

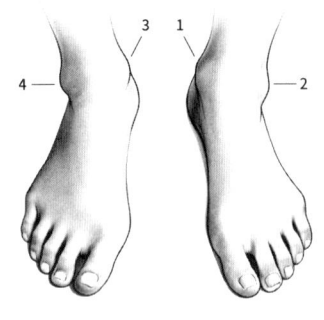

图6-7 踝关节节拍图示

练习方法二：松、掤，一拍两个部位。

1：13(松)-24(掤)-31(松)-42(掤)

2：13(掤)-24(松)-31(掤)-42(松)

练习方法三：掤、松，一拍两个部位。

1：21(掤·松)-43(掤·松)-43(掤·松)-21(掤·松)

2：12(松·掤)-34(松·掤)-34(松·掤)-12(松·掤)

练习方法四：松、掤或掤、松，一拍四个部位。

1：1342(松·掤)-3124(松·掤)-3124(松·掤)-1342(松·掤)

2：2431(掤·松)-4213(掤·松)-4213(掤·松)-2431(掤·松)

(四)膝关节

练习时,两膝关节不离脚尖方向,用意左逆右顺先后打圈成横"8"字,或两膝内外打圈顺骑,达到膝关节外静,内松弛活泼。膝关节的节拍如图6-8所示。

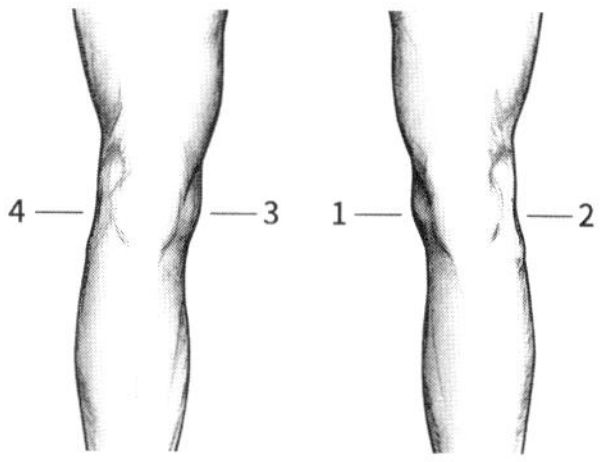

练习方法与踝关节相同。

(五)胯关节

习武人对胯(髋关节)的练习方法甚多,这里介绍胯窝(内胯)与胯外侧(外胯)练习时用的三种意念、五个方法,使两胯运用达到开合自如,顺逆应变自然。胯关节的节拍如图6-9所示。

练习时的意念:

意念1:开窝、松胯、对拉。

意念2:涟漪。

意念3:倒骑、顺骑、倒顺骑。

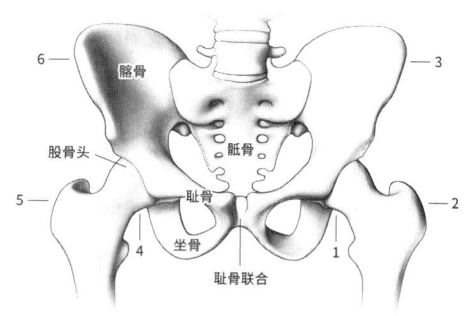

图6-8 膝关节节拍图示

图6-9 胯关节节拍图示

练习方法一:开窝、松胯,一拍一个或两个部位。

1:1(开窝)-4(开窝)-2(松胯)-5(松胯)。

2:4(开窝)-1(开窝)-5(松胯)-2(松胯)。

3:14(开窝)-25(松胯)-14(开窝)-25(松胯)。

4:41(开窝)-52(松胯)-41(开窝)-52(松胯)。

练习方法二:涟漪,一拍一个或两个部位。

1:1(涟漪)-4(涟漪)-5(涟漪)-2(涟漪)。

2:4(涟漪)-1(涟漪)-2(涟漪)-5(涟漪)。

3:14(涟漪)52(涟漪)41(涟漪)25(涟漪)。

4:41(涟漪)25(涟漪)14(涟漪)52(涟漪)。

练习方法三:倒骑,一拍一个或两个部位。

1:1(倒骑)-4(倒骑)-5(倒骑)-2(倒骑)。

2:4(倒骑)-1(倒骑)-2(倒骑)-5(倒骑)。

3:14(倒骑)52(倒骑)41(倒骑)25(倒骑)。

4:41(倒骑)25(倒骑)14(倒骑)52(倒骑)。

练习方法四：顺骑,一拍一个或两个部位。

1：1(顺骑)-4(顺骑)-5(顺骑)-2(顺骑)。

2：4(顺骑)-1(顺骑)-2(顺骑)-5(顺骑)。

3：14(顺骑)52(顺骑)41(顺骑)25(顺骑)。

4：41(顺骑)25(顺骑)14(顺骑)52(顺骑)。

练习方法五：倒/顺骑,一拍两个部位。

1：14(1顺骑4倒骑)41(4顺骑1倒骑)14(1顺骑4倒骑)41(4顺骑1倒骑)。

2：25(2顺骑5倒骑)52(5顺骑2倒骑)25(2顺骑5倒骑)52(5顺骑2倒骑)。

3：36(3顺骑6倒骑)63(6顺骑3倒骑)36(3顺骑6倒骑)63(6顺骑3倒骑)。

练习方法六：倒/顺骑,一拍四个或六个部位。

1：1245(12顺骑45倒骑)4512(45顺骑12倒骑)1245(12顺骑45倒骑)4512(45顺骑12倒骑)。

2：123456(123顺骑456倒骑)456123(456顺骑123倒骑)123456(123顺骑456倒骑)456123(456顺骑123倒骑)。

注：练习时,两胯开窝涟漪顺逆浑元打圈,左胯窝顺,右胯窝逆;反之亦然。

（六）肩关节

肩关节练习的重点是腋窝和肩胛骨,练习时感觉腋窝有一个顺逆全向旋转、大小自如的浑元球,带动手臂运动。肩胛骨为浑元球旋转、变化的触发器。肩关节的节拍如图6-10所示。

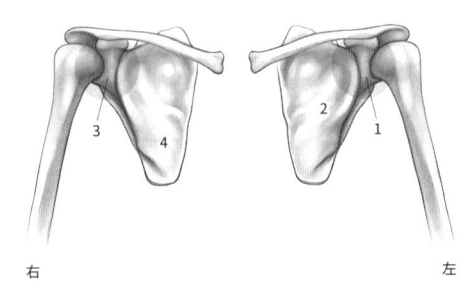

图6-10 肩关节节拍图示

练习时的意念：

意念1：开窝。

意念2：浑元球。

意念3：触发器。

练习方法一：开窝、触发,一拍一个部位。

1：1(开窝)-2(触发)-4(触发)-3(开窝)。

2：3(开窝)-4(触发)-2(触发)-1(开窝)。

练习方法二：开窝、触发或触发、开窝,一拍两个部位。

1：13(开窝)-24(触发)-31(开窝)-42(触发)

2:21(触发·开窝)−43(触发·开窝)−43(触发·开窝)−21(触发·开窝)。

练习方法三:开窝、触发或触发、开窝,一拍四个部位。

1:1324(开窝·触发)−3142(开窝·触发)−3142(开窝·触发)−1324(开窝·触发)。

2:2413(触发·开窝)−4231(触发·开窝)−4231(触发·开窝)−2413(触发·开窝)。

注:练习时,开窝带动浑元球旋转是为了求松,而触发带动浑元球旋转是松掤。

(七)肘关节

肘尖为实,肘窝为虚。以实带虚,以虚催实。肘尖带肘窝运动。肘伸直,肩放松,手臂似曲非曲。肘关节的节拍如图6-11所示。

练习时的意念:

意念1:肘尖实。

意念2:肘窝虚。

练习方法一:尖实、窝虚,一拍一个部位。

1:1(尖实)−2(窝虚)−4(窝虚)−3(尖实)。

2:3(尖实)−4(窝虚)−2(窝虚)−1(尖实)。

练习方法二:尖实、窝虚或窝虚、尖实,一拍两个部位。

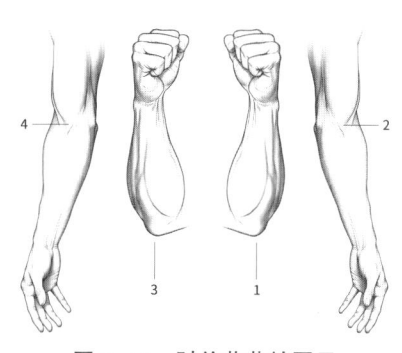

图6-11 肘关节节拍图示

1:13(尖实)−24(窝虚)−31(尖实)−42(窝虚)。

2:21(窝虚·尖实)−43(窝虚·尖实)−43(窝虚·尖实)−21(窝虚·尖实)。

练习方法三:尖实、窝虚或窝虚、尖实,一拍四个部位。

1:1324(尖实、窝虚)−3142(尖实、窝虚)−3142(尖实、窝虚)−1324(尖实、窝虚)。

2:2413(窝虚、尖实)−4231(窝虚、尖实)−4231(窝虚、尖实)−2413(窝虚、尖实)。

(八)腕关节

手腕练习用意"空、无、打圈"。腕不松掌指则紧,腕空无掌指则敏;腕空无而无打圈,两臂易滞,腕打圈两臂必活。手腕上不过身体中心线;肘、腕下不过裤管中缝线。腕关节的节拍如图6-12所示。

大圈:由腕至指尖意打圈。

小圈:由腕至指根意打圈。

练习时的意念:

意念1:空。

意念2:无。

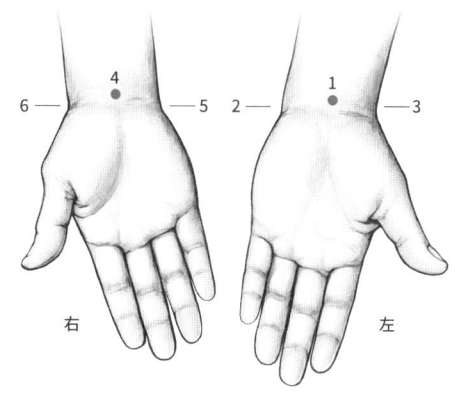

图6-12 腕关节节拍图示

意念3:打圈(顺骑、倒骑,顺逆骑)。

练习方法一:空、无,顺骑、倒骑,一拍两个部位。

1:<u>14</u>(空)-<u>14</u>(无)-<u>25</u>(顺骑)-<u>36</u>(顺骑)。

2:<u>41</u>(空)-<u>41</u>(无)-<u>52</u>(倒骑)-<u>63</u>(倒骑)。

练习方法二:空、无,顺逆骑,一拍两个部位。

1:<u>14</u>(空)-<u>14</u>(无)-<u>25</u>(顺逆骑)-<u>36</u>(顺逆骑)。

2:<u>41</u>(空)-<u>41</u>(无)-<u>52</u>(顺逆骑)-<u>63</u>(顺逆骑)。

肩、肘、腕、掌、指依次松沉。

(九)腰

腰像一个功率转换器,通过意念将腰横向变大变粗或变小变细。变大变粗可放大四肢力量,变小变细可提升四肢敏捷。腰部的节拍如图6-13所示。

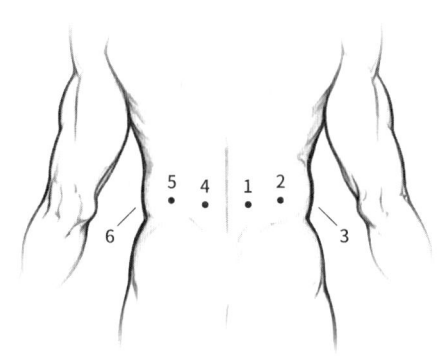

图6-13 腰部节拍图示

练习时的意念:

意念1:变大变粗。

意念2:变小变细。

练习方法一:变大变粗,一拍两个部位获六个部位。

1:<u>14</u>(大)-<u>25</u>(大)-<u>36</u>(大)-<u>142536</u>(大)。

2:<u>41</u>(大)-<u>52</u>(大)-<u>63</u>(大)-<u>415263</u>(大)。

练习方法二:变小变细,一拍两个部位获六个部位。

1:<u>14</u>(小)-<u>25</u>(小)-<u>36</u>(小)-<u>142536</u>(小)。

2:<u>41</u>(小)-<u>52</u>(小)-<u>63</u>(小)-<u>415263</u>(小)。

桩功是静中求松,无形功法是松中求动。本章所介绍的九大关节练习方法,其根本目的是松中求动。

第七章 太极拳节拍教学法 公益网课教学摘录一

这是多年前,湖北学员欧阳润在笔者上百次公益网课视频基础上整理出来的有关笔者研究和推广太极拳节拍教学法的部分教学用语摘录。

一、人生一世,何为乐? 何为本? 何为求?

①有的人为人生而学术,有的人为学术而学术,有的人为职称而学术。而我执着痴迷于武术和艺术之间,潜心问道,融会贯通,以育人为乐。我可以自豪地说:"我这一辈子是生而太极,我的人生因太极而极致绽放,丰满充盈,绚烂多彩,愉悦幸福。"

②拥有太极拳精神的人才会以毕生之精力钻研武学,独来独往,天马行空,醉心拳道;不同流、不合污,专做自己接地气的事,研究自己的独家学问;生命不息,奋斗不止。拥有太极拳精神的人会选择善良与慈悲,不求名和利,只求太极之秘。

③静下心来好好做学问,想办法带领大家传承弘扬,就看你走什么道,带大家走什么道。没有精神支撑,路是走不远的,也走不长久。我不能改变世界,但我能改变我自己,我能改变拳社里那些志同道合的人。

④否定自己昨天练的东西,可以有新的锻炼方法,可以有新的理念,这就是修炼太极拳无形心法,这个方法是没有底的。在修炼无形心法的过程中彻底认识太极,在认识太极的过程中认识自我,从而提高我们的综合素质和综合能力。

二、节拍说拳,有形无形,内外双修

①太极拳是国术,有它内在的功能和魅力。它是中华民族文化思想的体现,含有中国哲学理念,是瑰宝,不要把这么好的东西因为自己的不理解而埋没。打拳不仅仅是一个健身的形式,更是内外双修的中国特有的体育文化遗产。

②节拍教学法的根本目的是:音乐是世界的语言,我们用世界的语言来告诉世界我们的文化是什么,用世界听得懂的语言、听得懂的思想和方法来展现我们要传播的东西,阐述我们要揭示的内容和文化内涵,展示我们民族的文化自信。这是一个中国武术人应有的的责任和担当。

③人如果没有思想,无论多美都是行尸走肉。有没有文化底蕴,你的举手投足间都能看出。太极拳同样如此,有深刻的内涵感人才美。太极拳的有形技法和无形功法,是我想传播的东西,也是节拍教学法要传递给大家的内涵。

三、学问之道,自我否定,日日求真

①我研究动作有一个习惯,就是始终坚持"今天推翻昨天"。一时推不翻了,就接

受,也许过了一段时间之后就能推翻。人都会老,老不可怕,可怕的是思想老化。搞学术研究,最怕自己认为自己是对的。一定要养成自我否定的习惯。武术上有一句话叫"一层又一层,层层意不同"。比如说,住在不同的楼层,同样的方位看到相同的风景感觉是不一样的。随着水平层次的提高,你看到的东西也会不一样。

②在课堂上我们要养成一个习惯,那就是在技术上我们一定要真心、真情、真理。什么叫真心真情?心里怎么想的就怎么说,真心真意,毫不虚伪。什么叫真理?光明磊落,坦荡如砥。打拳打的就是学术修养,学术最可贵的就是纯真。这样的学习氛围我们一定要提倡,就像空气中弥漫着清新的气息,使人陶醉。这种气氛人人都可以贡献,需要人人爱护它。

③不耻下问,不耻居人下;向专业人士请教,但不迷信;走出自己的路。唯有这样做学问,才能出成果。

四、明拳理明心,功夫在拳外

①太极拳不仅仅是健身、攻防。学习太极拳的过程还能培养一个人做人的方法和做事的思维模式,通过练习太极拳改变自己的生活指导思想、工作方式方法和人生理念。任何事情都是对立统一的,不能除黑即白或除白即黑,黑白之间还有一个灰色空间。没有绝对,只有相对,能沉能浮,能进能退,能凝重能轻灵,然后取得和谐。这才是完美的东西,也是打太极拳的人应该培育的修养。

②学太极拳重要,学太极文化的精神更重要。没有文化精神支撑的人,是没有光彩和亮度的,打拳的路走不远也走不长,打出的拳也不会有心胸和气魄去感染人、激励人和鼓舞人。

③打拳不仅仅是一个健身的形式,真正理解打拳才是内外双修的中国特有的一个体育文化遗产。

④打拳求松,想表达,对自己的每一个动作在技术上有向往、有目标、有追求。如果把打拳作为一个术、一个艺来学,必然要讲方式方法、效益效率,必然要科学。比如有胯和没胯不一样,有倒骑和没倒骑有区别。犹如人生,一个对生活懵懵懂懂,没有任何想法,没有目标没有追求的人,与一个有理想有奋斗目标的人,走的完全是两条道,久而久之,结果完全不一样。

⑤打拳要有丰富的想象力!太极拳的魅力,有形充其量只占20%,80%是无形的东西。无形的东西凝结了中国先贤及后人对太极文化的理解及功力。

⑥打拳要求真善美。太极拳是技艺,技都离不开"艺","艺"就是三个字:真、善、

美。打拳欲臻艺境,心就一定要有表达;如果心里没有表达的艺境,出来的动作会有表达力吗?你自己都没有被感动,没有被感染,怎能感动别人?

⑦太极拳的魅力,是其他任何运动不能比的,它会随着岁月的沉淀洗礼,越来越厚重,越来越有底蕴。打太极拳既是为了健身,又培养了一个兴趣和爱好,在培养的过程中,还能提升自己的艺术品位、学术品位。太极拳属于中国的传统文化,太极拳用肢体语言使我们进一步了解中国文化的底蕴和魅力。

⑧我们学太极拳有一个过程,即"知其然,知其所以然,知其所必然"。比如知其松胯规律,知其为什么存在这么一个规律,你就得练,最后变成你自己的东西。

⑨一个善于学习的人,喜欢找出事物的根本,找出事物的规律,并能掌握规律,应用规律。貌似两种完全不挨边的事物,善于学习的人能把里面相关的核心的共性或者是关联的东西找出来,这就是学习方法和学习智慧的问题。我们学习不能被外形束缚,外形随时在变,唯独它的根,也就是基因不变,因此要学本质的东西,这是学习的关键。太极与书法,看着完全是两码事,但是我就找出了它们的共性,互相论证,互相应用,这就是很好的学习方法。

⑩要在一个不太熟悉的艺术范畴里运用自己所学的知识,用自己对事物的理解能力去揣摩,进而找到自己要的东西。我并不是要做书法家,也不是要学它的形,而是通过描摩它的形和线条,去研究线条是怎么产生的。我就在书法里参悟有形技法和无形功法,研究与武术相关的东西。

⑪学我者死,似我者活。学,不是一味模仿,而是忘了自己,没有自己;似,是把要学的东西悟透,增加自己在文化方面,尤其是在文学方面的素养,然后根据自己的理解来突破和应用,对自己崇拜的技术来一个再创造,这就是艺。否则,充其量是一个匠,不是一个艺术家。

⑫学习不要迷信,要与时俱进,要在继承的基础上弘扬和发展。学习太极拳一定要有这样的觉悟,不能保守。前人留下来的好的东西我们要研究透,任何事都是越悟越通,越悟越有灵性,越悟越知自己走的是一条什么样的学习道路。在此基础上一定要向前发展。学习的态度不同,观念不同,收获就完全不一样。

⑬对待学习要诚实。虚荣好面子是学不好的。不懂装懂,虚荣心作怪,这辈子永远只能是二流。最牛的一句话就是:"我不懂,请你告诉我。"学拳一定要培养自己行事的作风、学习的作风、思维方法的作风,脚踏实地。学习,态度很重要。错了,就虚心向别人学习。心胸、格局要大度。

⑭任何一门艺术都是真善美,表达都是相通的。好的东西都值得我们学习,目的

就是借鉴,借用。我用书法解太极,探究旁通之道。融会贯通,举一反三,九九归一,才能一通百通。

五、师重传承,以师为傲

①好的老师一定是专业扎实,知识面很广,很善于学习的,思想开放而不故步自封的,是能与时俱进的。从这样的角度来评价老师,好老师是不多的。所以我一生就喜欢两个字:老师。谁称呼我为"老师",我心里就高兴,因为我知道,老师不是人人皆可以被称呼的一个称谓。

②一个好的老师不仅仅是给你多少,比如说太极,我把我所知全都教给你,让你掌握,这是一个老师必须具备的技能和技术。但是一个好的老师应该不仅仅是给你这个,他还要让自己的学生知道自己身上的潜质是什么,通过他的引导把你的潜质挖掘出来。因为每一个人的经历不一样,每一个人的天赋也不一样。能潜下心去研究、去发现他的学生处于怎样的一个状态,这对老师而言本就是一个极高的考验。这两者结合起来才是一个完美的老师,或者称得上是一个好老师。

③对学生技术严格要求的原则我绝不改变,我绝不能误人子弟。大家克服各种困难来听课,我就背负着一种压力:不能误人,我一定要把要说的说清楚,什么是是,什么是非,什么是对,什么是错,在动作上一定要交代得清清楚楚。

④我从我师父傅钟文老师身上看到了太极拳何为沉稳,那种纹丝不动的魅力深深地影响了我。东育太极拳社建社初期我打的多,说的少,现在我打的少,说的多,因为学员不仅需要形的引导,更需要理念上的引导。

⑤我所认识的老师都是没有架子的。在我眼里,他们从来不是大师,只是我的老师。他们看着我长大,很欣慰太极拳后继有人。那个年代,人跟人是非常真诚的。刻在心里的东西不用说出来,眼神就表达了评价。

⑥我跟顾留馨、陈照奎、傅钟文等真正的武术大师们共同生活过数年,从他们身上学习和发现太极拳的真谛。我看见的太极拳跟一般人理解的太极拳可以说是完全两码事,我有我自己的观点和理解。

⑦我从我父亲身上学到练武术首先要学武德,要做一个真正的武术人。无论你的技术多好,你的学问多高,你有多聪明,若人格有问题,人品有问题,你可能对社会的危害更大。学武先学德,就是这个道理。通过武术健身,然后搞清楚什么叫太极,次序不能颠倒。先是武德,然后是健康,最后是学会什么是太极。如果前面两个有了,我们再来把太极拳搞清楚,才是最后的目的。

⑧我心目中的老师说出来个个都是泰山北斗,他们怎么教我的,我就怎么教你们。我父亲教我的东西,我能带到棺材里去吗?爱听的听,不爱听的可以把耳朵塞起来,甚至走开,我态度很明朗,我不想竖碑,也不想立传,我只是想告诉你武术界有这一种声音。

六、为什么推广太极拳节拍教学法?

①太极拳为什么进不了奥运会,空手道、跆拳道却能进入奥运会,并且在世界各地顺利推广?为什么太极拳不如空手道、跆拳道普及得广泛?我一直在思考这个问题。

②要把已有的传承下来的太极拳文化传播出去,如果用我们自己的语言去传播,麻烦会很多。派别不同,式子差异,到底听谁的?在向世界推广的过程中我们首先要解决的问题是用什么样的语言让大家都能听懂。用人家能接受的语言和方法,解释中国的太极文化,推广我们的太极拳。这就需要抽取太极拳各种流派一个共同的、彼此认可的东西。我正在做的就是这桩事情。这也是我们武术人应该要做的。

③音乐是世界公认的没有国界的语言,如果用音乐的语言来解释,就避免了语言差异带来的理解困惑和理解效率低的问题。音乐很美,它的美是公认的,它的表达方式也是公认的。为什么不能用世界公认的大家都能接受的语言和大家都能听懂的语言来表达我们太极拳的内容?"节拍教学方法"由此应运而生。节拍教学法用世人都懂的语言表达想要表达的东西,将中国传统文化与音乐相结合,所有的动作都是歌词,根据套路动作用4/4拍作曲的曲谱就是拳谱,节拍教学法就是用这一原理打太极拳,让世人都能感受到太极拳之美。

④太极拳到底美在哪里?它有韵律,有节奏,有旋律,这些实际上都是音乐的语言。节拍教学法不仅仅是体现太极拳的美的方法,更重要的是它的教学理念要让世界爱好太极拳的人们都能接受。对节拍的理解不仅仅是这种学习方法可以让我们快速掌握,让我们动作统一,更让我们的拳技逐渐提升。

⑤太极拳已经流传了数百年,今天跟当初的环境及传播方式是完全不一样的。是用过去的方法来适应当代的推广模式还是用新的科学的手段?显而易见,节拍教学法是迎合新时代推广太极拳传播需求的一个新手段,从线下和线上网课的教学效果来看,行之有效。

⑥我们走的是一条以"节拍教学法"理念为支撑,有形技法与无形功法相结合,采用节拍教学的手段,实施内外双修的特有的太极拳教学之路。节拍教学法就是用新的

教学理念、教学手段与时俱进地把太极拳传承,进而在传承的过程中弘扬。

⑦我研究的是怎样做对身体有好处,怎样使自己沉稳,怎样做才是松,因为太极拳练的就是意和松。既然老祖宗已经给我们定了方向,本是舍己从人,为何舍近求远?《太极拳论》没有一个字说线路,但它是太极拳至宝,最高理论最高思想的体现。

⑧我们以国家体委颁布的文字为准,在线路已为文字规定的前提下,研究动作的外形和线路怎样才能打出太极拳的韵味,打出最合理的太极拳动作。我教的东西书上可能没有,视频上也没有,这才是我要做的事情。视频上有的,书上都有的,还要你干嘛?这就是我的教学思想。

第八章 太极拳节拍教学法 公益网课教学摘录二

一、明明白白的节拍教学法

①东育太极拳社在技法上走什么路？在艺术层面追求什么路？曾经看过一段视频，一般来说杂技和舞蹈是分开的，但在这段视频里舞蹈由杂技体现，杂技里有舞蹈表达，这是一种混搭，是杂技演员和舞蹈演员的混搭。杂技演员在杠上使的全都是杂技基本功，而舞蹈演员的舞蹈素养也非常高，因此在配合杂技技巧时便能随心所欲，没有一点差池。打太极拳，我始终围绕一个主题在做研究，但是我们的教学手段并非一成不变的，节拍教学法就是用新的教学理念、更科学的教学方法与时俱进地传承太极拳，同时在传承的过程中弘扬。要发展，先要牢固武术基础，所以我们始终要站桩，练习猫步和打手，这是根本。然后用科学的教学手段和方法来练太极拳。中定、有形技法和无形功法是客观存在的，这些有益的我们一定要继承。只要基本功扎实，打什么套路什么式子的拳都不是问题。

②节拍教学法根据步法、脚法定拍，四拍涵盖所有的太极拳步法。不同派别的太极拳只是外形有所不同，重心转移的特点是一样的，节拍教学法给太极拳的动作制定了标准，用一个共同的标准来衡量动作的质量和要求，因而适合任何派别的太极拳。

③节拍教学法将音乐4/4拍，强弱次强弱的节奏应用到太极拳动作上，通过把复杂的动作定义为有数据的、可查的、清晰的、对形和意的描述，使所有的动作看得见、可理解、可以执行和达成。

④节拍教学法把复杂的东西简单化，用最简单的四拍节拍科学定位动作拳式，来指挥复杂的太极拳教学。它可以很明确地告诉你哪几拍做得好，第几拍出了问题，而不是似是而非的描述，这样的教学可以达到精准、清晰的程度。

⑤节拍教学法效果清楚，掌握简易，推广方便，所有技术说得清道得明。节拍教学法是一个武术教育工作者在长期的教学实践中摸索总结出来的，它把太极拳的有形技法和无形功法如何在节拍中便于推广、便于掌握演绎得淋漓尽致，把每一个技术技能说得明明白白。

⑥节拍教学法用四拍的节律统一了太极拳步法标准，浓缩成两句话：重心每移动一次四拍、收出脚四拍、抬脚提脚四拍。这种方法适用所有太极拳，不分派别，不分传统和竞赛套路。

⑦节拍教学法在站桩、打手、猫步练习中，运用"身、肩、线、窝、胯"五大技术，调整正确身形，并通过无形的功法指导这五大技术在动作中展现出来，更增添了太极拳的

韵味。

⑧节拍教学法运用数字把太极拳的运动规律阐述得明明白白，清清楚楚；它使用稳定的节拍节奏习练太极，使教学化繁为简，化难为易，达到合理、高效、科学的目的。

⑨如果你想提高太极拳的品位、动作的质量，就要进行科学的练习。节拍教学法以提高动作质量为目的，通过化繁为简，从简单的动作入手，做好猫步、打手和站桩这三项基本功。

⑩节拍教学法可以用最短的时间提高动作的精度，用最简约的方法来表达动作的要求，提高动作的质量，从而更好、更快地提升太极拳的技艺水平。

⑪一个好的东西不但要效果好，更重要的是便于接受。一个好的教学方法，结果和过程缺一不可。节拍教学法承载了这两大优点。像集体比赛配有音乐，那么如何控制时间？我们说肌肉有肌肉记忆，那么耳朵对声音也会有记忆。因此我们练习时始终在培养这一记忆，临到比赛前，我叫他们打开节拍器，心里跟着节拍器数拍，上场前带着这个惯性入场。

⑫节拍教学法的优点：任何流派的太极拳套路都可以用节拍教学法剖解，节拍教学法能诠释套路动作的有形和无形要求，把说不清楚的东西都说得清清楚楚。而一旦确定了节拍，无论多少人都可以一起打，就像跟着谱子唱歌一样，而且每一拍怎么动，怎么连接，都清清楚楚。过去的武术教学和武术书对动作的说明确实存在一定的缺陷，节拍教学正好弥补了这一缺陷。

二、打拳必须学站桩

①打拳必须先学站桩，用简约的方法达到最有效的目的。站桩，是进入太极拳状态的基本功，每天必练。站桩练的是无形的意，是最直接的放松手段，也是进入太极拳状态的最佳方式。另外，站桩可以和打手结合练。

②站桩练的是松弛，不是练大腿肌肉的力量，要学会通过站桩去感悟大腿股四头肌的松弛。而腰是上下肢的枢纽。为了做到松沉，胸骨与下肢的每一个关节相关联；胯与上肢的每一个关节相关联，胯松，窝开。

③站桩可在静止状态使各关节松弛的灵敏度、各关节互相配合的协调性达到最佳。关节与关节的转换，是松了以后再接受，所以先要用意松掉之后再去听，如果直接听，你是松不掉的，或者说，你是松沉不下去的。

④东育太极拳站桩在外形上，采取无极桩，不下蹲，不抬手，不用气，不意守丹田。脚底听拍、看涟漪是常态，意在外，用关节听心脏搏动的次数，听节拍器发出的

节拍声,使肩、肘、腕、指、腰、胯、膝、踝各关节达到松弛的状态。意在外,脚底听音,就不会形成气往上走。肩、肘、腕、指一定要一节一节放松,肩一定要到松脚底,肩、肘、腕、指没有松到脚底的话,你的人的重心是没有的,就像浮萍,没有根。没有根就啥事都不能做,只能随风或水漂流。肩松到脚底与没有松到脚底的概念完全是两码事,所以一定要练站桩,东育桩一定要练,否则,松是很难成就的,每一拍的松一定要与脚紧密联系起来,胯松脚底,倒骑脚底,肩肘腕指脚底,没有脚底就没有根,没有根,什么都是空。

⑤太极拳追求松。松,一般都是用意指导,在自己身上求。东育站桩,用最简单的方式求松,采用自然站立的姿势,意在外求松,意在内外结合求松。

⑥东育桩只注重练关节,不练线。练实不练空,九大关节是实,腹部是空。

三、要把拳打漂亮,必须打手

①打手练的就是站桩,把桩练好了,打手就明白了。我们用节拍练习手和胯,然后再结合起来练。先用手听拍,把手形的技术线路搞清楚。脚底听拍,求的是形;脚底看涟漪求的是意。节拍教学法的特色就是把有形的技法和无形的功法有机地结合起来,执行的是内外双修。

②打手,从单手开始,分为初、中、高三个级别。单手练习,化繁为简,越简单的东西越重要,越要下功夫多练,打手是基本功,有空就要练。

③打手有野马分鬃、搂膝拗步、倒卷肱、云手和单鞭五个动作。这五个打手动作将无形的意与有形的线路调配在一起,这样才更加有韵味、更加优美。

④打手没手,练的是胯,这是实战的要求。打手时心里的口诀:松234。第一拍两胯松倒骑,第二拍假设右胯松倒骑,第三拍两胯松倒骑,第四拍左胯松倒骑。配合胯脚底才叫打拳。原地打手就是用最简单的方法达到最好的效果。

⑤打手,线路一定要正确。打手,手不是自己举起来的,是倒骑提起来的。所有技术都源于桩功,都在胯上,都在脚底,都在下肢。打拳一定要松,松是有出路的,不松,是没有出路的。松胯规律"两胯松倒骑、右胯松四拍","两胯松倒骑、左胯松四拍",同样适用于打手。打手可以看出习练者掌握基本功的程度。

⑥打手:打手的动作分定式和过程(线路),一、四拍为定式,二、三拍就是过程、线路。第一拍,由意领先,脚底发出指令,上半拍原地不动松腕,下半拍腕到指根打小圈,指根意押;原地松是动作的酝酿,欲言又止。第二拍,上半拍意松手臂,腕到指尖打大圈。这就叫松腕不丢指。第二拍、第三拍可自由调节速度,是动作的节奏和风格的展

现。有时第二拍加速,第三拍放缓;有时第二拍放缓,第三拍加速;有时第二拍、第三拍速度相同,可以根据具体情况确定。慢慢地走,产生凝住的力量,快快地走,产生飘逸的美妙。速度决定风格和节奏。

⑦打手动作放松规律如下。

打单手时:意在不动手。

打双手时:双手同起同落,意在单手,可左右交替,与胯交叉配合;有上下手意在下手;有前后手,意在后手;有动和不动手,意在不动手。

⑧打手寻找中心线规律如下。

打单手:动的手离不开中心线,每一拍不许离开中心线。

打双手:上面的手不离中心线,意在下面手。

也有例外情况,那就是两手胸前相合时两手都不离开中心线,如手挥琵琶和提手上势。

另外,手不离中心线指的是指根。

⑨手臂动作线路向下时,上臂松带动前臂下沉;手臂动作线路向上时,手腕松带动手臂上抬;手臂动作线路向斜后上抬时,开腋窝带动手臂上抬。眼追手,随手到位后远放。

四、要想打好拳,必须走猫步

①走猫步,不管是坐步还是弓步,不管是身体正对前方还是开胯45°,身体的中心线始终保持在两脚中间。走猫步时身体角度只有两个方向:正前方和45°。只要你的两膝关节分别对着两脚尖,中心线基本能保证在两脚中间。

②走猫步时,每拍都要求胯松,开窝,肩帮忙,倒骑。猫步胯松有一个原则:必须是原地两胯松,然后单胯才能动。原地松的外形不变,膝盖不能动。猫步胯动运行规律:弓步重心向后移时,倒骑自行车,不能骑了,两肩一松沉下去。走猫步可以使用八拍和四拍的节奏进行练习,其区别就是八拍慢一点,四拍快了50%。你对拍子理解以后,快慢随意。八拍练意,四拍练形。

③猫步开胯撒脚时,是以胯带动前脚尖外撇45°,外撇脚尖贴着地上磨,脚尖不要翘起,脚底跟地面的关系是若即若离,既没离开又离开。

④中定到弓步,后胯是松、沉,原地平磨成弓步。平磨时重心不前移,前腿膝关节不过脚尖,两腿膝关节方向和脚尖保持一致。

五、有形无形，有无合一

①太极拳有五个形体技术：开胸骨、两肩平、人居中、开四窝和胯平整。形体技术锁定了太极拳有形的外形，给你的太极拳形态一个约束，建立形体美。我们打拳的过程练的是有形和无形，所有的动作千变万化，但都离不开这五个技术，所有的定式都要符合五个形体技术的要求。练习时可以停四拍，检查自己的形态是否符合标准。

②开胸骨就是用意将胸向两侧拉伸。开胸骨的实质是保持人体自然的形态，而非刻意地满足某些要求。尤其对中老年人来说，开胸骨比虚灵顶劲含胸拔背更容易松，也就可以更好地做到虚灵顶劲含胸拔背。

③两肩平就是肩不歪、松、撑开两肩，腋窝打开，使两肩无论在静态还是动态都保持在同一个水平面上。

④人居中要求胯窝保持中心线要居中，重心落在两脚的中心，无论弓步还是坐步，外形上都要做到这一点。标准的弓步，胯窝各打开50％，中心线在两脚中间，肩胯垂直于地面。

⑤开四窝要求腋窝打开，上臂不能乱动，就不会夹肘，手不会过中线，打拳才没毛病。胯窝打开，圆裆，膝关节跟脚尖保持同一个方向。

⑥胯平整要求胯的前后左右六个点要平。其根本目的是松胯开窝倒骑，两胯是石子，掉下去，开窝就是涟漪，涟漪打开时完成倒骑，一拍完成三个动作。胯平整是有形和无形的结合。

⑦五大技术是联动的，如开胸骨，可松肩；要松胯，肩帮忙；肩胯平，人才正；胯放松，能倒骑；开四窝，人居中。

⑧五大技术用意去完成，上半拍胸骨看到涟漪，下半拍胸骨打开；两肩分别或同时看到涟漪；两脚两个涟漪，中间掉下去一个涟漪；四个窝逐一或同时看到涟漪；胯下坐着凳子，四个点，四个涟漪。

⑨强调胸骨打开，强调窝打开，强调肩押开，从画面来看，形的美、健的美都有了，所有的动作可以开始了。

⑩有形的手，无形的意，打手时要与猫步结合。光有形，没有意，就是没有无形功法做支撑，不完整。无形的胯与肩、肘、腕、指配合才是我们追求的太极拳，这里的胯就是站桩里的松胯桩，在无极状态，要朝哪个方向去，就先松哪边胯。胯不是匀速运动，与猫步是相通的。脚底是司令部，发出指令，通过胯传到手。打手是手的形和意以及

胯的形和意配合表达出来的。

⑪每一个动作一定是两部分组成,有形和无形。意动,而不是形动,形和意是分开的。如果向左,意要向右,打出来的动作是无限的。意领先于形,意与形反走,两手向左意向右,形和意正好相反运动。

⑫有形的东西人人可为,无形的东西不是人人可就,与悟性、性格有关,与对问题的认知水平有关,还与想怎么练有关。

⑬只有无形功法支撑有形技法,动作才有感染力和表达力。此外,无形功法支撑有形技法,对外形动作的松弛缓慢有明确的引领,不仅可以使动作漂亮,更使动作有技术含义的表达。

六、太极之美在节拍

(一)韵律美

①春夏秋冬,日升月落……我们生活在一个充满旋律和节奏的世界。节拍的长短、轻重的变化可以演变出无数的乐曲,感人的、悲伤的、激动的……我们打太极拳为什么不能在节奏和旋律上下功夫,让人产生美的感受?

②1959 年,周恩来总理在北京体育学院会见日本客人时说:"学、练太极拳是一项很好的健身运动,可以强身健体,可以防身自卫,也可以陶冶情操,是一种美的享受,还可以给人们的生活带来无限情趣和幸福,可以延年益寿。"如果我们仅仅把它看做是健身的一项技能,是远远不够的。健身一定是与心情的愉悦,与美的追求、美的体现紧密联系的。

③一个完整的动作,应该有时间的概念。有了时间,就会存在速度;有速度,就有节奏;有节奏,就会衍生韵味和韵律。

④节拍每一拍的时长是相等的,但打动作占用的拍子可以有强弱变化、可以有拍数和拍子长短变化,这样才有节奏。连续的节奏呈现出来的就是旋律,旋律是节拍不变,长短和轻重变化。4/4 拍韵律,强调对动作要有感觉,要有追求,要有表达。

⑤每一拍要表达的就像唱歌一样,是否有长音,是否可以表达得柔一点,轻一点,是否可以表达得高一点,激昂一点。如果太极拳里的动作这些全有了,那才叫艺术,那才叫美。美是内心附和着技术特有的一个规律来展现的。美,能给人带来遐想,带来追求,带来美的享受。

⑥一个完整的动作由三个部分组成,第一是定式,第二是过程,第三是接口。第一

拍原地松,外形不变的情况下执行松、掤。第三拍似停非停,表达动作过程中的一个小小的接口,也就是动作韵味的柔,过程中有一个微微的停顿,那就是韵味的产生,自然流露。

⑦过程就是太极拳功力的表现,接口是对动作的艺术处理,造型是对美感的呈现能力。这种文人的气息的体现,关键是在第三拍和第四拍的接口上。第一拍原地松,第二拍加速,第三拍缓慢,第四拍到位,这几拍动作需严格执行。

⑧对线路的认识和理解可以通过动作来表达,但不要为表达而表达。

⑨身上有功夫就是胯上有功夫。没有胯上的功夫,动作就是漂在水面上的浮萍,没有根。我们练习时要经常问自己:胯动了没有? 要么不动,动就是胯松一下,松了之后才能动。真正做到每一拍松,这才叫打拳。

⑩手是没有动作的,都是胯里的动作表现出来的。胯带动所有的动作。有胯,动作就是柔顺的、流畅的,没有胯,就是僵硬的、干瘪的。用胯打,打手没手,猫步没步;肩关节松掉,胯倒骑转动。

⑪用胯打拳,用胯听拍,用胯代替耳朵;用胯唱歌,用胯朗诵,用胯表达你的喜好。要学会用胯动,更要学会用胯表达。胯动有一个培养的过程。首先你要看得懂动和不动的区别,知道它的价值,你才会欣赏,进而有意识地去追求。

⑫节拍教学可人为制造韵味:第一拍不许动,不许着地,韵味自生;第二拍着地倒骑直接成中定;第三拍松一下创造一个小韵味;第四拍到位是韵味的形成。第一拍如果能停一下,韵味就会产生。每一拍明确告诉你怎么打可以产生韵味。不要踩着拍子动,听到拍子以后开始动,才能产生韵味。

⑬横向磨胯,脚底听拍。一拍尽量倒骑两次,不能做两次的,可以做一次。那么倒两次怎么倒? 大圈和小圈,大圈是两胯,小圈是虚腿的那一边。有大圈小圈走的动作是不一样的,大家要看懂啊! 我们强调打动作要有韵味,要有凝劲,不仅仅是指手,还指脚。脚的韵味是从哪里产生的呢? 就是胯里产生的。胯不动,哪里来的韵味? 胯动了,才有可能有韵味,你怎么动是关键。因为有第二个小圈,动作才是凝住的。

⑭四拍的每一拍的时长是一样的。用四四拍谱写的曲子有多少? 无数。人类所有的感情音乐都可以表达出来。人类的感情有多少种? 无数。唯有音乐可以淋漓尽致地表达。我们打节拍的目的就是让你在打拳时可以尽情地表达。武术太极拳有两个功能,健身和攻防,不管哪一个功能,心情是因人而异的,碰到的情况也是完全不一样的,每个人想要表达的情感,要做的动作也都是不一样的。一个人如果动作严格按

照节拍打,他的动作,他的韵,他的流畅性可以多美?

严格按照这个要求打,不美也难。因此一定要严格听拍,严格完成每一拍的技术动作要求。第一拍脚底松,第二拍两胯松,第三拍倒骑松,第四拍左胯松平磨到位,这是初级技术要求。之后还有中级和高级的技术要求,可以说,每一拍都有艺术衡量,都要承载内容。严格听拍,就像手里有一本歌谱,如果唱歌的人手里没有歌谱,一起合唱就会出问题。你会听拍了,对每一拍理解了,你做出来的动作就会流畅。

(二)内涵美

①太极拳有不同于其他艺术之美的内涵。因为它是一套拳法,拳法的含义就是有攻防技术。它有武术所特有的美。它的美与技击含义相连,每一个动作不仅仅是形体的美、造型的美,更有内在支撑的美,而这内在支撑的美实际上也是一种表达。这种表达让人看到的是蓬勃向上的正能量,是可以使人感觉得到的。

②太极拳有肢体的表达,还有精气神的表达。精气神看得见,也看不见,但能让人感觉有内涵,有层次。太极拳有形的动作必须用无形的意来支撑,而无形的意通过有形的动作来展现。看不到的意有快慢,有强烈的节奏感;无形和有形一起做,才是完美的太极动作。看到涟漪,松;看到涟漪,松……要带着这样的意念去做动作,来表达形的绵绵不断。

③节拍教学法就是告诉你,你该怎么打太极拳。今天怎么打,明天怎么打,后天怎么打,教的人很清楚,学的人很明白。你唱的歌,你打的拳能否让别人跟你产生共鸣,还涉及情感的问题。如果你的基本功扎实,但情感没有,表达也没有,练得再好也是白搭。所以我们的动作一定要在节拍教学法的指导下,标准地完成动作线路,然后每一拍赋予它内涵。太极拳所特有的内涵,你要精准地表达出来,这样我们才能真正地提高太极拳的水平,也才能明白什么叫太极拳,什么叫太极操。

(三)艺术与风格

①怎样塑造风格?怎样把学生身上的潜质挖掘出来?我们对太极拳的理解,其根本不能忽视。太极拳的形百花齐放、百家争鸣有何不可?按4/4拍的节奏可以创作出多少不同内容不同感情的歌曲?不可计数。各人风格不同才是正常,大家都一个风格才不正常。我认为太极拳不仅仅是一个"术",还有"艺"的层面,既然太极拳被公认为一门艺术,我们怎能只沉浸在一个"术"上?为什么把"艺"忘掉了?"艺"从某一个角度远远高于"术","术"是技法技能的体现,"艺"是技能技法体现上的美的传授,一种精神的体现,一种源于生活又远远高于生活的再创造。

②性格差异是没办法的事,不要去强求,要顺势而为,对风格要求不要强求。同样的猫步,每个人走出来的风格是不一样的。

③节拍教学法指导习练者在完成线路标准的同时精确地表达出太极拳特有的内涵,按照节拍要求打出的太极拳从外在到内涵都能达到高度的艺术之美。

(四)节拍与节奏

①节拍教学法不仅仅有音律的四拍,声律的四调,有太极的文化内涵和中国的哲学理念,它更提炼出了太极拳的运动规律,用四拍节律统一了太极拳的步伐标准,用有形技法和无形功法诠释了太极拳每一拍动作的内涵。练习者用太极拳节拍打拳培养拳感,久久为功,拳律自现;用节拍教学法的理念打拳,举止形态、精神面貌,给人美感,带来享受。

②太极拳用肢体语言来表达太极拳美的魅力,动作的美通过四拍来创造。每一拍体现太极的文化,第一拍原地松,体现的是阴,是韵味的产生,欲言又止,静中有动。第二、三拍是风格的展现,动中有静。第四拍到位,意犹未尽,静中生动。

③单鞭,在接口上体现美的艺术,就是胯里的动作,不涉及手的动作。每一个动作第一拍一定要松透,要扎扎实实,不忘初心。弓步膝关节不超过脚尖的最好方法是第三拍松胯开窝倒骑平磨。

④节拍教学法运用四拍节奏,融合声律、音律的韵调,用五大技术的要求约束形体形态,运用松、倒骑、意在外、意跟等手段,通过四拍一动的规则表达它特有的韵律和形态美。

⑤中国的山水画强调意境,空白的地方给人留下遐想的空间。留白就是留下一种意境。四拍的歌曲,哪怕是一拍的变化,整个曲子带给人的意境、旋律完全不一样。书法同理,有的是重重的一笔,有的是轻轻地飘一下,甚至密不透风,如同留白,都是美的表达。太极拳要求胸骨打开,窝打开,肩撑开。形的美,健的美,都有了,与书法、山水画的留白一样的道理。

⑥打拳,一定要追求美。通过音乐的节拍这个科学的手段,用胯来展现。没胯,啥都没有。打拳如果没有情感表达,做出来的动作没有表达力,你自己都没有被感动,没有被感染,怎么去感动别人?就像朗诵,你要带入感情,抑扬顿挫,才能感动人。打拳也是如此,要感动裁判,首先你要感动自己。

⑦每一首曲子都有旋律,旋律就是作曲者要表达的主题。旋律是由音的长短和高低,快慢产生的。拳的旋律就是要表达的方法和心意。同样一个动作,速度的快慢、动

作的轻重给人的感觉完全不一样。节拍不变,如果动作是松柔的,那就是旋律在变。旋律没有好坏,只是一种表达方法。悲痛的旋律使人潸然泪下,激昂的旋律让人热血沸腾。好的太极拳一定离不开感情,要不就是乱打。

⑧动作是套路的一个组成单位,一个动作由什么组成?三部分,起点、终点、两者之间的线路。大道从简,归到最根本的东西,动作的形就是五大技术的集合。你的动作一出手就不同凡响,让人一看就有艺术感染力,你说你的套路还会打不好吗?套路重要,动作更重要,动作组成了套路。同样一个动作,杨氏太极拳这样打,参加竞赛时那样打,就看你怎么打。但有一条,你打出来的线路,每一拍动作要符合五大形体技术要求,每一拍都要有感染力,要松弛,要有魅力。

⑨按节拍法打太极拳的动作实质上是由三个部分组成:一是脚,猫步;二是手,打手;三是上下合一,整体表达。整体要打好,没有下面,你想表达不能表达,没有上面,表达不完美,只有上下都有了,然后渐渐的上下协调,才能完美表达。

⑩一个完整的动作,应该有时间概念,第一拍原地不动,打出的动作有韵味,就是时间的变化产生的艺术效果。节拍教学法可将动作在时间、空间和质量上进行精密描述。一个动作四拍,每一拍又分上下两拍,就是8个点,分得很细,技术要求表达淋漓尽致。一个动作打下来,哪一小节、哪一拍不完美,说得清、道得明。

⑪节拍教学法四拍,第一拍原地松形不变,第四拍到位,两拍实际是一个动作,第四拍要求的是形,第一拍表达的是意。形和意都解决了,第二、三拍解决的就是线路,打出太极的韵味。

⑫节拍教学法以数字口令体现节拍,蕴含着太极思想、太极文化、太极拳理,赋予了节拍无形功法,绝不同于其他一般性的体育口令。

⑬我们一定要做一个善于动脑筋的人,只要你注意,生活中处处是可以学习的,处处包含着人生的道理,哲学的道理。做人,做事,思维,逻辑判断,我们对美的感受,都要做到精致。做到人无我有,人有我优,人优我绝,人绝我创新,另辟蹊径。谁占领制高点,谁有发言权。节拍教学法就是用四拍上下格展现太极拳的拳律和韵律。拳跟文学,音乐,舞蹈是一样的道理,它是一门艺术。中国的文学有声律,音乐有音律,书法有米字格、九宫格,打拳为什么就没有拳律呢?肯定有,而且我们已经发现了它。现在我们要掌握它,运用它,最后融会贯通,既掌握,又运用,不受限制,脱离规律,由必然王国到自由王国。

七、胯动之秘在倒骑

①什么是倒骑？倒骑就是用意骑自行车，两胯要像倒骑自行车一样不停地转。胯就是两个踏脚板，可以一拍一个倒骑，也可以两个，可以左胯带动，也可以右胯带动。总之，两胯松之后哪一条腿虚，就哪一边胯先倒骑。倒骑是意，在原地松，在形不变的情况下用倒骑的方式完成。想到即可，形不要让人看到。

②倒骑虚脚先踩，实脚不能踩，一踩就紧。到中定以后，两只脚的感觉平衡了就看结果，决定做弓步还是坐步。如果做弓步，后胯平磨，如果做坐步，前胯倒骑。倒骑前必须先原地松才能做动作，做动作必须先松。

③开窝倒骑和不开窝倒骑是不同的概念。开窝是撑住的，不开窝倒骑是懈掉的。衔接口倒骑，内在的东西除了押，还是要意先松。

④不松不倒骑就不要做动作，衔接口倒骑，内在的东西除了押，还是要意先松。

⑤不要在自己身上倒骑，要看见、意跟。就这两个动作，你把所有细节搞清楚了，你的拳一半已经打好了。

⑥倒骑和后坐是两个概念，倒骑和后退也是两个概念。身体的移动实质上是松胯倒骑造成的。在外形上，胯没有倒骑的是后退，胯有倒骑的是转换。

⑦倒骑转身跟直接转身不一样。转身的时候，胯倒骑，肩帮忙。倒骑转身每一拍对应的是猫步的四个技术：脚底胯、倒骑、左胯松或右胯松。

⑧倒骑的动作每一小节你能用上一拍，逐渐用上两拍，最后每一拍都能用上。尽量做到每一拍都是意倒骑。倒骑的动作幅度可以很小，也可以很大，但是必须做到位。内胯、外胯都可以倒骑，2个胯4个点，一拍里面可以有4个倒骑，也可以有8个，上半拍4个，下半拍4个。因为是意，倒骑是无限的。倒骑的本质是松透往下沉，重心向下。只有脚底踩稳了，踩实了，才能倒骑。有没有倒骑，形的表达是不一样的。一拍松一拍倒骑和上半拍松下半拍倒骑感觉是不一样的。

⑨猫步倒骑出脚，开胯制控，是传承下来的东西，应该继承。拎脚的时候，一定要松胯；提腿要用倒骑，不能直接拎起来。倒骑不是倒退、后退，而是往下沉，方向朝下。

⑩打拳时多数姿势都是倒骑，有了倒骑，做出来的动作跟别人就不一样。要学会用倒骑的方法打套路。只要用上倒骑，所有的动作都会好看。而正骑前面腿部肌肉容易紧，倒骑就容易松。大腿肌肉放松的程度就是我们检验的标准，这是原则。

⑪倒骑于无形这个动作一定要学会。提膝，手扶住大腿动的地方，这个地方就是胯，用意在这个地方打圈。胯关节要学会转动，胯倒骑的时候，肩不动，这个动作要专

门练。

⑫打拳的时候来个意倒骑,出脚就轻轻松松。不要说大腿肌肉不够有劲,不是那回事,究其原因要么你没有松,要么你没有倒骑。把倒骑练好,运用到套路上,胯一松,出来的动作全部倒骑,你的动作就跟别人不一样。

⑬出脚,第一拍两胯松,就可以感觉臀部一下子到脚底,不经过膝关节,也不经过踝关节,胯直接跟脚底发生关系,两点成一条直线。第二拍倒骑,右胯松,再来一次两胯松,胯到脚底,再次倒骑,右胯松,脚后跟离地,脚尖似离地非离地。第三拍同样,松,倒骑,把膝盖倒骑提起来。检验动作的标准就看自己的大腿是否正对前方,每一拍两胯都是平整的,此时谁的胯变形谁就是不达标。

⑭揽雀尾的按,就是倒骑到中定,倒骑到坐步,然后又是倒骑到中定,倒骑到弓步,我们磨胯练的就是这个动作。大圈小圈结合,里边有你看不见的平磨。外形没有动作,只有倒骑产生的后移和前进。胯,肩的形没动,但意要大动小动结合,重心不是平移,是无形的倒骑产生外形的移动。另一个动作,从45°到正前方,从正前方再到45°再转正,就是完整的揽雀尾。

⑮有倒骑和没有倒骑的动作完全是两码事。没有倒骑的动作,硬邦邦的,没有任何情感表达。有倒骑的动作缓缓的,柔柔的,有种柔情似水的感觉。走猫步的关键是胯,胯的关键是倒骑。

⑯倒骑可以一圈,两圈、半圈也可以。倒骑有三种情况:一拍一圈,一拍多圈,一拍半圈。有时只要半圈就足够。倒骑可以在日常生活中培养,走路的时候,可以培养倒骑的感觉。我们要的是意倒骑,因为太极拳打的是意,看得见的是形,看不见的叫意,倒骑是无形的,是一种感觉,是一种意。你说它难,一点不难,因为是意,想到即可。你说它不难,每一拍倒骑是一个习惯动作,要养成习惯得有一个过程,这个过程就看你的意志力有多强,意志力强的,无论行、站、坐、卧,都可以训练倒骑,每天训练倒骑,习惯成自然。

⑰倒骑的训练方法:一是靠墙站立,分别用意左胯右胯打墙。二是上楼梯,用意虚胯倒骑上步。三是倒骑自行车身体贴墙。倒骑一定要学会。这是我们练习猫步的一个秘诀。

⑱练功生活化,一脚踩下去就是脚底,一脚踩下去胯就松掉,然后倒骑胯松,这样出来的脚是有韵味的。我走路的形体跟别人不一样,因为我把我的技术融入走路中了。我用意指导,一拍做四个动作:脚底,胯,倒骑,左松或右松。

八、步法之魂在中定

①从外形的角度来说,重心和脚底的感觉各占50%叫中定;从无形的功法来说,无论弓步、坐步,你的脚底的感受各占50%的灵敏度和感觉度,这就叫中定。所以无论弓步、坐步都可以是中定状态。每一个动作处处包含着中定,只要你脚底踩地意感觉是50%。哪怕是单脚中定,你提起来的脚也要意感觉到有50%是踩在地上的。脚底始终是意踩着各50%的感受,你的拳会到另一个境界。

②每一个动作都有一个中定,中定的形不一样,但它的本质就是中定。每一个动作在第一个动作到第二个动作的过程当中,必然是转换过去的,动作之间的转换一定有一个中心点,这个中心点就是我们说的中定,也就是转换,1转到2,中心点就是1.5,1.5我们称之为中定,1.5到2之间不能移重心。中定就是两个半拍转换之间的平衡点。

③四拍中,中定的第一拍强是原地不动、松;第三拍次强是似动非动、松,两次产生韵味。

④中定以后只能原地松沉倒骑、后坐或磨胯,没有重心转移。

⑤猫步技术要求每拍的上半拍胯松开窝,下半拍倒骑,每拍都有中定。中定就是两个半拍转换之间的平衡点。意念上,每一拍要求有松有掤。一拍一太极,符合太极的文化理念,一分为二,二合为一,以旋转为运动基本形式,整个结构均衡对称,包含虚实、强弱、大小、阴阳……相互转换,对立又统一,和谐而平衡的思想。

⑥太极拳的步法只有前后、左右。中定的步法从某个角度来说,可以认为它是太极拳步法的魂。因为有了中定,打拳的过程中,如果是实战,那么中定就是中枢神经,也就是司令部。它可以发号施令,向左还是向右,向前还是向后,可以根据对手的动作做出选择。这就是太极拳说的"人不知我,我独知人"。从美的角度来说,中定有和没有是完全不一样的。中定也可以说是判断你打的是操还是拳的一个标准。

九、体内体外,用意求松

(一)太极拳练的是意

①吴氏太极拳泰斗吴鉴泉的女婿马岳良老师说,太极拳练的是意,最重要的就是意。意看不见,也摸不着,是无形的东西,太极拳最重要的东西就是这个看不见也摸不着的东西。一动无有不动,实质上都是意动,形不会给人看到。

②肌肉运动的做功只有一次,但通过意的练习,我们能使肌肉一次又一次的做功;意可以无数次紧和松,这就是意的妙处。

③强调意识在脚底,对打拳有好处,有人打一辈子拳都不知意沉脚底。从健身效果来说,松,有好处。有的拳友脚冷,要穿袜子睡觉,通过站桩,脚底放松,意在外,肌肉松弛,从而打开了微循环,脚热了,对人身体健康极有好处。

④有形的太极拳技法看得见,意看不见,是无形功法。太极拳之所以有魅力就是因为它不仅仅有有形的表达,更重要的,它有无形功法支撑有形的表达。有形的东西人人可为,无形的东西却不是人人可期。因为它看不见也摸不着,所以要求你对动作有很高的悟性。再者把看不见也摸不着的东西表述出来也考验着为师者的能力。

⑤太极拳打的就是一个意。意在外,指导思想是松,松贯穿太极拳始终。意念决定一切。意打出来了,在竞赛场上,你就不同于别的选手,你就能摘金夺银,最重要的是,对你的健康非常有益。意看不见,但它确实客观存在。意念对身体的控制能力,意念对身体的作用力,我们都清楚。

(二)太极拳求的是松

①太极拳难就难在松。众多前辈一再强调松。松是有道理的,得下功夫练。太极拳为什么对身体健康有好处？为什么慢悠悠的太极拳健身效果这么好呢？就因为太极拳在意松弛的前提下,打开了人体的微循环。

②太极拳求的是松弛,协调和平衡,用意不用力,于极柔软中达到极坚刚。

③太极拳是"偷懒"运动。"偷懒"才能练得好。用拙力反而练不好。会"偷懒"的即使现在练不好,迟早能练好。只会用蛮力死劲,练上100年也练不好。

④要用内在的力量表达,不能用形表达,要用意表达,否则就是装腔作势,盛气凌人。

⑤意形于外必病,你的意让人看见了必病。沉下去,膝关节动是蹲,膝关节不动是胯松。

⑥如果你的松,形变了,让人看出来了,那叫"懈"。要松中有掤,在形不变的情况下松且意掤。意形于外必病！

(三)松掤的关系

①太极拳完美的松是松掤、掤松。松和掤紧密相连,如同手心和手背的关系。只要说松,里面一定有掤。

②两脚松,左脚松;两脚松,右脚松。怎么松？看到涟漪。两脚松,脚底的两个石

子同时掉到水里,一松,紧接着撑开,涟漪从形成到消散的过程就是松掤的过程。松、掤就是太极拳的要求。有意识在脚底松掤,脚底很快就会发热。可以用同样的方法松踝关节和其他关节。

③打动作一定要松掤自如,放了不会收,收了不会放,就没有变化。比如我们有时说话要清清楚楚,有时只要点到为止,让别人去领悟,有时干脆一句都不说,只是朝人笑一笑,笑而不答心自见,这种表达应用到打拳上也是一模一样的。第一拍原地纹丝不动,这是外形,内心无形功法是韵味的酝酿和创造,如果第一拍做到这样,就是专业的。第二拍上半拍松柔,下半拍掤,有松有掤。第三拍在松柔的基础上来一个更柔的表达,空无,又是一个掤做支撑。这种动作的韵味就像说话一样,千万别把话说白了,白了就没味了,有的时候要说透,有的时候就是不能说透,留三分自己去悟。第四拍形意到位,该说的要说,不该说的要留,哪怕是舞蹈,哪怕是书法,哪怕是做人,你说说哪一种人更有趣味?为什么说要跟有趣味的人相交?生活是这样,打拳也是这样,谁做到谁就是专业的。

(四) 意在外打拳

①意在外,就是意在"我身"。如同照镜子,镜子里的"我"是"我身",镜子外的"我"是"本身"。打拳的时候看镜子,看镜子里的"我身"打拳。"本身"和"我身"沟通交流,"本身"意看、意跟"我身"。意在自己身上松不了、松不透、松不高级。意在自己身上,松永远是二流。

②意在自身肌肉的松弛实质上是由于另一组肌肉在控制它,它才能松。意在外,只有看到,没有自己,这个松跟在自己身上松的程度是完全两码事。

③打拳就是你想表现什么。打拳的前提就是松。怎么松,意在外。心里有老师,眼睛看到老师,动作跟着老师。所有的动作都是看到外面在打,意跟。看到在前面,动作在后面。就是说先要用意去看到动作,然后紧随其后做动作,这就叫意领先行随意动。

④不管打什么拳,总有一个起点和终点,原地松掤是动作的同步,没有意领先。所谓意领先就是动作是第四拍,意已经打第一拍了。也就是形打第四拍,意打第一拍。意领先的一种方法是意看到占70%,意跟占30%。

⑤形是第四拍,意是第一拍,第一拍的意可分为前七后三。为什么你看我打拳全是黏住的?因为我就是这么分配的。每一拍眼睛看见动再用身体跟着动为"看到动"。每一拍意看到动再用意跟着动为"动看到"。两者间的松弛度是有区别的。

⑥所有的技术建立在意在外。节拍教学法的指导思想就是在节拍的指导下用意在外去完成。外形的东西做减法，无形的东西做加法。初学者形大意小，逐步形小意大。意在外不仅令人可以松，更使人灵活，保持随时应变的能力。

⑦打太极拳为什么要意在外？意在外就是自己的身体可以松，也就是说自己的身体可以快速地变化。

⑧打动作有松的概念和没松的概念不一样；在自己身上松和意在外松结果也不一样。看到涟漪，意在外，意在身，都是手段。上半拍意在外，下半拍意在自身。所有的动作都是为了松。做动作之前先要松，松才能动，不松不动。松也是蓄势，蓄好势了以后才能放，动作才能真正做到蓄放自如。

⑨打手没手，猫步没步，打拳没拳。打拳不是我在打拳，不是用自己的身体，而是用意念，就是意在外，看到，然后意跟。只有这样打，才能真的打好。

⑩意在外能让你更松弛，太极拳求的是松，不管你打什么式子，意在外都能让你松，节拍教学法抓的就是这个根本的东西。

⑪意在自身的松与意在外的松的区别在于：如果意在自身，你打人必慢。意在自身是死手，不是活手，意在外、意在内外两手是活手。真正的高手意为实即为实，意为虚即为虚，是对意的高度认识和运用。

⑫意在外的理解很简单，但要做到是要下功夫的。就像看电影，你看着演员的动作就跟着他做。实验证明意不在自己身上更容易放松。我们要培养意在外的习惯以达到使自己更松的目的。松，是目的，看着镜子里的"我"是手段。

⑬打拳的时候，你看到"我身"在打，"本身"意跟。课前的热身操你看到别人在做，于是你跟着做；走路的时候，你看着前面一个人在走，你跟着一起走。意在外很难很难，为什么这么难？因为改掉你固有的习惯太难！如果你的心排外，你永远学不好。你需要清空你的杯子，装进新的东西。我现在就在帮你清空你杯子里的东西，关键是，你愿意吗？

⑭意贯指，这里的指是指尖还是指根？我们把手拿出来试一试。验收的标准就是看哪个地方更容易让掌松弛，哪个方法能使掌有实战意义。实战既要快速又要灵敏，又能收放自如。意贯指根更能让掌松弛。就像脚趾扣地会使脚死掉一样，意贯指尖掌也会死掉，意贯指根掌才是活的。如何才能意贯指根？做法就是腕与指根打小圈。太极拳的动作都是螺旋劲、缠丝劲，而不是一条直线，腕与指根要打圆圈。

⑮意贯指尖,是死手,处于被动,失去攻防含义,意贯指根,是活掌,随时可以攻击。如果是意在外,可以在手臂的任何位置。所以说,意在外不仅是可以松,更是使人灵活,保持随时应变的能力。意在外先还是意在自己身上,要根据自己的实际情况定,好比你处在什么地方说什么话。你的位置决定你的态度,决定你的认知。

(五) 意看涟漪倒骑

①打拳所有的技术归纳一点就是求松,松是一辈子的功夫。松,有两种方法,一种在自己身上求,另一种在别人身上求。"意在外"求松是特有的放松手段。意在外求松更容易松,而且松得更透,质量更高。比如,我们形不动,意在动,意念看到石子掉下去,掉入水中,"砰",石子下沉,砸出水窝,水涌动产生涟漪;形成水窝就是松,一圈圈的涟漪就是掤。涟漪的过程就是松掤追求的内容。

②看涟漪,涟漪是什么:水珠掉下去,产生涟漪,一圈圈又一圈圈放射出去,一直到没有。先松,后掤。看涟漪是形,根本目的是教会大家如何松掤。掤就是一圈一圈放出来,到最后没了,连续的松,掤……水滴落下去产生的窝就是松。打拳的松和掤就像我们的呼吸,不断地进行。

③意看不见,但它确实客观存在。意念对身体的控制能力,对身体的作用力,我们都知道。你用意碰不到墙,我也碰不到。用意念倒骑,或者是你看到对面有一面镜子,镜子里是你自己,你在骑自行车且是倒骑。这个动作一定要学会,当你打拳的时候,"啪",来个意倒骑,你出脚就轻轻松松了。

④无形的东西都是上半拍松掤,下半拍松倒骑,所以这个倒骑实质上一拍里面只用了四分之一,还有四分之三是松和掤。松,倒骑,一拍里面有四个动作,两胯全都要松掉。

十、四拍技术与应用

①音乐,4/4拍,每一小节有四拍,它可以变化成无数的乐曲,各种风格,表达各种情感,且每一拍里都有变化,可以是八分之一拍子,也可以是十六分之一拍子,甚至是三十二分之一的拍子,可以有滑音,还可以有装饰音……都是在4/4拍的原则里变化。太极拳,同一个道理,重心转移就是四拍,左向右,右向左,脚向前摆动,向后撤,向上拎起来,都是这个原理,每一小节你可以赋予它各种内容,使动作更加丰富多彩。这就是节拍教学在定性定量规范的前提下,用肢体语言表达太极拳的动作,表达我们想要掌

握的各种技术。

②太极拳的强、弱、次强、弱，表现形式为停、动、停、到位。第一拍，形断意连，形不动，意要坚决动。上半拍松，下半拍掤，内心无形功法支撑不动的外形才能酝酿和创造出韵味。每一拍都有掤支撑外形，感情表达进入动作里面，动作与情感融合在一起，节拍教学法就是要带习练者进入到这个层次里面去。

③第一拍，原地松；第二拍，松，倒骑；第三拍，松；第四拍，到位。如果用一个字表达，那就是静。第一拍，形不变，静止状态，在意念的支配下，松、掤，胯关节松，整个身体松；下半拍，在松的前提下意掤，外表没有动，但是，气息在动，所以说，形断意连。由松到倒骑有一个接口，处理得不好，就没有情感，没有表达力，看上去是僵硬的。听到声音以前先松下来，听到声音以后就是掤。声音是分水岭。

④重心转移一次四拍，脚拎一下，抬一下，举一下四拍。为了把动作的技术做得更好，可以放慢速度做。四拍放慢速度，一拍放慢一拍，就变成了八拍。如果放慢，四拍就到了中定，中定再到弓步又是四拍。这样做的目的是使动作做得更精细，更好地掌握技术。

⑤打动作时，上半拍看到，下半拍意跟。有上半拍和下半拍动作是箍住的，凝住的，上半拍如果做至七分，下半拍就是三分，后面的意跟是很短的，这样的韵味是更凝住的。能准确听出上半拍和下半拍，有利于更加正确地理解太极拳练习，更加精准地运用动作表达。

⑥用意念完成松掤，这是无形的东西，外在的形不动。无形的东西在意念支配下松掤，尽管看不见，但实质上气息很明显地表现出来。第一拍形原地纹丝不动，两胯一松，手一撑，就在这个时间，韵味经酝酿后创造出来。两胯一松，意倒骑，到了中定。上半拍意在外，松，看到倒骑，下半拍在自己身上，意跟。第三拍空，在全都没有的情况下，感觉自己既停住又没停住。第一拍是前一小节第四拍的延伸，第三拍是第二拍的延伸，延伸的表达90%是意。有了延伸，动作是凝住的、舒缓的，旋律就是深沉的、击打内心的，带着这样的旋律打出的动作才有感染力和魅力。

⑦所谓公式，就是所有的套路都能用。猫步这个公式可套任何套路，杨氏、吴氏、孙氏、陈氏、武氏，不管什么式子的什么套路的拳，都能套上去，把烦琐的、复杂的都简单化了，只抓住了根本的东西。

⑧一拍由响拍（上半拍）和空拍（下半拍）组成，本质就是一太极。一分为二，二合

为一。节拍包含的中国文化和哲学思想是源是本是根,由此孵化出拳律。一拍一太极是节拍教学法的魂。

⑨松柔是上半拍,下半拍应该掤。上半拍是空无,下半拍是掤。第一拍,原地不动,松胯倒骑。第二拍,松柔掤。第三拍,空无掤。第四拍,形意到位。如果只有上半拍松,没有下半拍掤,就容易懈掉。如果只有下半拍掤,没有上半拍松、柔、空无,就容易僵硬。上半拍阴,下半拍阳,上半拍阳,下半拍阴,每一拍本身就是一个太极。里面还有中和的协调,中庸是太极的本质,太阴就是懈,太阳就是硬。

⑩节拍的四拍不变,但四拍里面装的东西可以不一样。兴趣不同,选择不同。每一拍根据个人情况也可以指定不同的要求,比如第一拍胸骨打开,第二拍脚底踩实,第三拍胯松透,第四拍眼神要平视。因材施教,因人而异,四个节拍,可以让优点充分展现,也可以尽快克服缺点,使动作更完美。

⑪出脚第一拍,原地松,第二拍倒骑,第三拍松,第四拍倒骑送出去。这个规律就是出脚的规律,用口诀表示就是"松—倒—松—倒",四拍里做两个倒骑。做得好的话,可以做四个倒骑。为什么要倒骑?用倒骑和不用倒骑有什么区别?没有倒骑就没有进攻的本钱,即使沉到脚底脚也是死的,有了倒骑,虚实就分清了,进可攻,退可守。倒骑时胯和大腿肌肉都是松弛状态。

⑫第一拍左弓步,脚底两胯松,倒骑右胯松。此时右胯是虚脚,所以右胯松。如果是右弓步,左脚是虚的,那么此时就是左胯松。第二拍,脚底胯松,倒骑右胯松。第一拍形不变,第二拍形变,后跟和脚尖变了,其他地方没变,就是重心在外形上不移动,再强调一次,第一拍形不变只是意动,第二拍形变了,脚后跟离地,脚尖似离地非离地,重心不移动。

⑬第四拍出脚倒骑两次,有一个下沉的动作。收出脚第三拍小腿应该是垂直于地面,第四拍倒骑出去才有空间。第四拍出脚以后又来一个倒骑才会软着陆。从外形看,胯往下沉了一些,从无形来说,不仅仅是倒骑把小腿送出去,而且支撑腿的胯要下沉。第四拍倒骑出去以后,支撑腿要松一松,从无形功法来说,一拍可以倒骑两次甚至三次。一拍里面第一次倒骑和第二次倒骑的区别在于:外形给人的感受就是更松柔、飘逸。第一次倒骑是大圈,第二次倒骑是小圈。倒骑有大圈有小圈,有快有慢。

⑭第一拍三个动作:双胯松、倒骑、右胯松。第二拍还是这三个动作。依然遵循哪个胯虚先松哪边胯的规律。这时三个动作里的右胯松就要调整胯的平整。上半拍先

双胯松,双胯松。先是意,脚底踩实以后,再胯松到脚底,就是先脚底胯,然后胯松到脚底。如果直接胯松到脚底,其反应就比脚底到胯慢,在推手的时候,容易败。

⑮第三拍一定要在第一拍和第四拍严格执行的情况下完成。第一拍和第三拍的共性在哪里?都是松,空。第一拍是不动的松,第三拍是动中的松,都是无我的状态。打手时,第三拍空指第三拍这个手根本没有,用75%的意表达手没有。

⑯第一拍的松建立在前一小节第四拍到位的基础上,二、三拍加速度,才有第四拍到位。节拍教学法四拍,第一拍原地松形不变,第四拍到位,两拍实际是一个动作,第四拍要求的是形,第一拍表达的是意。形和意都解决了,二、三拍解决的就是线路,打出太极的韵味。

第九章 学员心得

节拍教学法部分学员心得见表9-1。

表9-1 学员心得

编号	学习心得	学员	地域
1	一二三四有诀窍,意领身随定乾坤。节拍教学用四拍把太极拳的核心技术演绎得淋漓尽致!让零基础的"小白"也能快速掌握太极拳,具有很强的操作性。 节拍教学法是在节拍意念引导下完成太极拳动作的一种方法,包括步法的虚实转换以及上肢的开合转换。 节拍教学法在站桩中找松胯,重点是胯松过来的,不是主动用劲移过来的。	李红梅	湖北大悟
2	掌握了节拍法的拳友与从未接触过节拍法的人是不一样的,练过节拍的人打拳更加自信,手更轻灵,脚更沉稳,动作更有韵味,集体项目更整齐,团队也更有凝聚力! 节拍教学法是学习太极拳的法宝,用节拍法教学,老师省心省力,学员易懂易学,清楚明白每一拍该做什么,怎样做,熟练者更能通过节拍法的练习在动作标准化的同时培养和创造韵味,以求更能完美地表达太极拳的意境。	张丽芳	湖北大悟
3	节拍法是韵律在太极拳中的运用,能有效促进太极拳形意的有序结合和运行。	陈世杰	湖北大悟
4	节拍法,化繁为简,入门容易,随着节拍动作,把太极拳打得又稳又有韵味,让太极拳爱好者更爱太极拳。	付敬玲	湖北大悟
5	节拍教学法,把有形的拳和无形的意完美结合,把复杂的东西简单化,让我们更容易掌握动作的节奏和频率。节拍在心,形意相随,五大技术贯穿始终,胯松沉、窝打开、意在外,让我们的拳打得更有韵味。	何霞	湖北大悟
6	节拍教学法是大道至简。有节奏、有韵律,强基固本,令人身心愉悦,感受美、享受美。节拍教学法是简单、通俗、易懂易学的教学方法。结合音乐的韵律节拍,虚实转换分明,达到节节贯通,有效掌握太极拳运动轨迹。	贺川	湖北大悟
7	节拍教学法细致入微,让我们初学者有一个正确的训练方法,少走弯路,更快入门。	雷翠芳	湖北大悟
8	节拍教学法,通俗易懂!受益匪浅!	李刚	湖北大悟

续表

编号	学习心得	学员	地域
9	节拍教学规范动作,增强韵律感,提升效果,促进心身健康。	刘霞	湖北大悟
10	节拍教学法让初学者更易接受,弄通弄懂。	彭育林	湖北大悟
11	节拍教学法,大道至简,易懂易学易练。	阙玉玲	湖北大悟
12	一不动,二松沉,三中定,四到位,有序推进,有条不紊。	舒凌	湖北大悟
13	节拍法是一种独特而富有韵律的节奏控制方式。它是太极拳训练的秘籍。它能帮助我们更好地掌握动作的节奏和频率,从而达到最佳的表现状态,并在节拍法的指引下展现出太极极致的魅力。	宋清平	湖北大悟
14	节拍教学法是一种把太极运动韵律化的教学方法。	魏立新	湖北大悟
15	节拍教学法训练方法科学,让太级拳初学者从节拍中理解太极步的虚实变化,在日复一日的基本功练习后,功力逐渐加强,功夫见长。	吴艳华	湖北大悟
16	节拍法教学,把意和形完美地结合在一起,充分彰显出太极拳的无限魅力。	夏川莉	湖北大悟
17	节拍法把太极拳有形和无形的功法用简单的节拍表达,化繁为简,不同的人不同的理解,打出的拳韵味不同。	肖莉霞	湖北大悟
18	节拍式教学法是按照孙剑狄老师的五大技术理论,将音乐节拍与之结合,能够达到简易化、规范化、精准化和科学化的教学效果。	熊文红	湖北大悟
19	节拍教学法把复杂的套路简单化,把眼花缭乱的招式数字化,动静相间,循环往复,用简单的四拍完成看似复杂的套路。	徐茂林	湖北大悟
20	节拍教学法有节奏、有韵律、有训练目的,虚实分明,松紧结合,外柔内实,上下相随,手到劲发,意动身随,是太极拳基本功训练的宝典。长期习练能促进血脓循环,增强体质。尤其对腿部有好处,能预防衰老,使体能衰退减慢。	杨金玲	湖北大悟
21	节拍教学法,大道至简,松沉有度,意念相随。	殷俊波	湖北大悟
22	节拍一响松胯定心,走步随拍,整齐划一。	张冬梅	湖北大悟
23	节拍教学法,大道至简,守正创新,简单四拍让人更深刻地领略太极拳的精妙韵味。	周芳芳	湖北大悟
24	节拍教学法之精髓:心动—意动—形在动。	丁小珍	湖北孝感

续表

编号	学习心得	学员	地域
25	通过节拍教学法训练可以使动作整齐划一，打出好看的拳。	李华英	湖北孝感
26	节拍教学法用节拍来控制猫步的动静形意的走向，只有理解每一节拍的原理，才能走好猫步；只有走好猫步，才能练出太极拳的神韵。	李校军	湖北孝感
27	没有虚的轻灵，就没有实的沉稳；这些动与静、虚与实、刚与柔、疾与缓多种矛盾的交织作用，通过技术水平的发挥，表现出太极拳演练的节奏。	张红玲	湖北潜江
28	将太极拳融入节拍的声律中，在节拍中体会太极拳的魅力。	陈玉红	湖北孝昌
29	节拍法用4/4拍将太极拳的每个动作细分，从而完成每一拍的高质量的表达。1234，不是单纯的指令，而是拍拍有意境，有内容表达，在节拍声中做到形掤意松。	李小连	湖北孝昌
30	用节拍法练太极拳不仅动作的路线图更精准，还可以控制动作的节奏。	欧阳育玲	湖北孝昌
31	节拍教学法=空间(长宽高)+时间(4/4拍)+质量(松/掤)。 节拍教学法以一个公式统领所有的太极步法，在太极拳教学领域独树一帜，令人耳目一新。它清晰地展示了太极拳的活力，把晦涩的、难以言说的动作定性定量定时加以描绘，使习练者易懂易于接受。 节拍教学法以音乐的节拍为节奏，让太极拳动作有节律的舞动，用音乐的语言诠释每一个动作，打出的拳具有韵律美，也可谓拳律教学法。 节拍教学法是在继承传统文化精髓基础上的创新成果。它教出的拳具有古典的优雅美，也饱含博大精深的文化底蕴，习练者沉醉其中，不仅强健了体魄，更是享受了一场文化熏陶的盛宴。它不是稍纵即逝的时尚潮流，它是传统的、民族的、经得起时间考验的。 节拍教学法崇尚文武双修，强调有形无形并修，鼓励人们用知识、智慧和惊人的想象打拳。 一二三四定阴阳，大珠小珠落池塘，脚踩太极千秋韵，胸怀国宝万里扬。 节拍教学法是四维时空教学法，可将动作在时间、空间和质量上精准描述，使习练者易于接受掌握。节拍教学法也是韵律教学法，按照节拍的要求打拳，能达到形达、声达、意达的艺术效果。一拍一太极，拍拍有倒骑，看到在前，动作在后，意领形相随。	欧阳润	湖北孝昌

续表

编号	学习心得	学员	地域
32	节拍教学法化繁为简,让初学者容易入门,在节拍韵律中融形如一体轻松走熟猫步,打好太极的根基。	饶玉华	湖北孝昌
33	节拍教学法是将太极拳要教的内容贴上标签再对号入座的一种教学方法。	汤海莲	湖北孝昌
34	节拍教学法是孙剑狄老师原创的一种太极拳教学方法。他根据太极动作的运行规律,将动作分为四拍或更详细的八拍教学。用节拍依次定位每个细节,精准确地细化出每一拍的动作特点和技术要求,并串联成标准的运动线路,方便在教学中指导和纠错,做到"形"与"意"的完美组合,让练就扎实的基本功变得不再高难。节拍教学是以"节拍"为抓手,着眼于技术的精进,贯穿于传统太极内涵,以最科学的教学方式,细微严格的态度来传承太极文化。	徐惠芳	湖北孝昌
35	节拍教学法:分解高难动作,化整为零,数控编程,节拍合韵律,易学通用之法。	殷迎春	湖北孝昌
36	节拍是太极神韵和动作加气息的精髓。	殷迎风	湖北孝昌
37	用节拍打动作,整体动作统一、美观,集体打太极拳时人多而气势庞大,如果其中有人动作不对,下一拍马上可以改正过来,立刻回到正确线路。用节拍法打拳韵味足,表达美感和内涵。	白继红	湖北孝感
38	节拍教学法是现代化的数字太极拳教学法,是用拍声创造意境,极富韵味。	曾亚琼	湖北孝感
39	将声律之美融入太极拳的动静之中,节拍教学法可使你快速领悟太极拳的魅力。	陈久	湖北孝感
40	节拍教学法是"脚随令走意先行,一二三四练胯功"。	黄晓俐	湖北孝感
41	易入浅出的节拍教学法,用最简练的方法使动作达到高质量高要求,是事半功倍的制胜宝典。	江萍	湖北孝感
42	在节拍的韵律中闲庭猫步。	蒋秀芳	湖北孝感
43	节拍教学法是根据太极拳运动特点,以4/4拍音节完成一次重心转移、手配脚的运动规律,将每一招式划分为若干小节,并运用有形无形意在外技法定性定量完成每一动作,达到将太极拳肢体语言在时间和空间上的规范化、简易化、科学化、艺术化的一种太极拳教学技法,具有集体整齐划一又能展现个性风格等特点。	蒋志芬	湖北孝感

续表

编号	学习心得	学员	地域
44	让太极拳在节拍中舞出一副整齐划一、刚柔并济的画面,让太极的韵味溶于节拍的细化中。	李爱华	湖北孝感
45	根据节拍速度能使零基础的学员快速掌握每一拍要完成的内容、做到的要领。	李彩霞	湖北孝感
46	节拍教学法是孙剑狄老师根据太极拳运动具有鲜明的节奏特点以及对手、眼、身、步法等基本功的要求,将太极拳套路中的每一个动作按步法运动的规律分为若干小节完成,每一小节又分为四拍,在每一拍中对步法、手法、身法进行定位、定义,将复杂的太极拳套路"化繁为简",最后再进行"总装",从而达到降低学习难度、提高动作精度、深刻表达太极拳内涵而独创的一种科学的训练方法。	李光魁	湖北孝感
47	格功达意明拳之于节拍恒练法。	林长远	湖北孝感
48	太极有为行,猫步如意松,身胯亦中正,协作形如意。	吕素清	湖北孝感
49	一二三四话太极,步步深入悟精髓。	祁响英	湖北孝感
50	节拍法就是将太极拳的规范动作以节拍方式科学合理排兵布阵,繁而简之,最终组装成为具有艺术美感作品的一种教学方法。	孙炎	湖北孝感
51	一二三四是规范和提升太极拳技能之法宝,练出太极神韵之根本。	田美香	湖北孝感
52	节拍教学法是把太极拳动作节拍化,用节拍打太极拳,从而使太极拳更有节律、更加规范、更能表达、更易交流的一种教学方法。	王均成	湖北孝感
53	一二三四真神奇,重心、中心加倒骑,气势磅礴成太极。节拍教学法将每一个动作分段成拍,每拍各负其责,松沉自现,节节贯穿。	王兆莉	江苏徐州
54	用简单的节拍精细地表述繁杂的太极拳动作,求中定、意松,人为创造内涵韵味,使初学者易掌握、集体训练易整齐的高质量太极拳教学方法。	杨爱萍	湖北孝感
55	节拍教学法是以太极拳(剑)为研究对象,运用乐曲中的节拍,进一步统一、规范步法、动作,达到动静、松紧的有机统一,从而使拳(剑)的表达更有韵味的教学方法。	杨亚健	湖北孝感
56	用最浅显易懂的方法学习太极拳。	殷迎红	湖北孝感

续表

编号	学习心得	学员	地域
57	节拍教学法通过4/4拍节律，使意在外有了画面感，用意领无形成就高质量的有形，在一静二柔三空四到位中完美展现了东育太极拳的艺术特色。 另外，节拍教学法将精神、肢体、思维高度协调统一，和谐共振，以4/4拍节律确定肢体维度，将猫步打手形意合一艺术化。	张迎燕	湖北孝感
58	节拍教学法给你方向，教你方法，让你觉知，使你的习练从无序到有序，从盲目到清晰，从混乱到完整。 节拍教学法是科学的、艺术的、唯美的，富含太极哲学，是方法论。以前用音乐打拳，现在用节拍打拳，动作规范既有细节又有韵味，是科学和艺术的完美结合。 我从年初开始学习节拍教学法，到年末时觉得自己无论从认知到技术都有很大提升，而且九月底参加全国太极拳公开赛南部赛区比赛时，拳剑均获一等奖，这就是节拍教学法的魅力。 节拍教学法是专业的技术和简单直白的教学方法的有机结合，是丰富的内容与科学的方法的完美统一。	傅燕婷	湖南常德
59	节拍教学法可让习练者在行拳过程中，通过节拍结合无形功法对线路和接口处理后使打出的拳有了韵律和灵动性，使太极拳有了拳味，更让习练者对太极拳的认知和感觉由简入繁、由浅入深，渐入佳境。 节拍教学法对于太极拳习练者有三大益处：一可降低难度，简单快速上手，二能精准用节拍进行习练，三便于培养形与意的结合，最终达到内外兼修的目的。 使用节拍教学法可化繁为简，从而降低学太极拳的难度，快速入手，也可以以简驭繁，不断加大难度，提高精度。	杨子霖	湖南常德
60	孙剑狄老师节拍教学法用数数打拍子的方法，将太极拳的一招一式的细微动作变化与节拍的韵律相结合，进行创新教学的一种方法。	韩福英	上海惠南
61	节拍教学，就是运用四拍"一松、二柔、三空、四掤"融入在拳架中。	梁美莲	上海航头

续表

编号	学习心得	学员	地域
62	在用节拍法练习站桩的过程中,可以用心去感悟,意念在自己身上的松与意念在外面的身上松哪个更让身体放松;用脚底去感受心脏搏动的次数,聆听心脏搏动的声音,听心脏搏动是手段,目的是放松	朋美霞	上海航头
63	打好太极拳,关键是掌握五大技术,松下来开胯转窝,猫步行,脚实中正。	姚建忠	上海航头
64	节拍在心中,意念在形中,形体五技在意中,节拍五技出真功	曹冲	上海惠南
65	节拍教学是规律,4/4节拍记心窝。 应用有形无形技,定质定量完成它。 空间规范易简化,精准科学教学法。	冯万祥	上海万祥
66	通过节拍的动作细分,掌握太极拳的五大要领: 松胯转腰,重心平移; 先左后右,下盘平稳。 档走后弧,自然形体。 行如猫步,落地如磐石。 步法要轻灵,稳健同存在。 转换很自如,相生相辅相成。	赵怀华	上海惠南
67	通过太极拳节拍习练,可以帮助习武者领悟太极哲学、传统文化(琴棋书画、诗词音乐、太极武术等)百技皆通的涵理。借助此法确定的规矩,合着节拍行拳,即渐进练出合乎拳律、形美式准的太极拳,使太极拳的表达更富乐韵之美。	陈政	上海新场
68	节拍是刺激或抑制兴奋的条件,也是练习太极拳的创新方法。	翟永生	上海新场
69	节拍是音的基本元素,是一种有规律的、重复出现的、有明显强弱、轻重、长短、快慢变化的韵律元素,太极拳节拍教学法不仅注重学生的身体协调性和技能表现,还注重太极拳的内在修养和思想体验,旨在帮助学生达到身心和谐、提高自我修养的目的。	傅蕾杰	上海新场
70	用最简约的方法来表达动作的要求,在最短的时间提高动作的质量。用"四拍一动"的节奏,把太极拳内涵完美地表达出来。	郭战红	上海新场

续表

编号	学习心得	学员	地域
71	太极拳是一种博大的运动体系,蕴藏着深奥的哲学思想和技击含义。其运动的核心思想在于走圈,形、意皆为圈。圈是由无数的点连成。节拍教学法是把太极圈关键的点提炼出来,形成极致简化的规律,有助于提高教学和训练效率。	洪飞	上海新场
72	用节拍引领每个动作的始末,化难为易,充分展示太极拳韵味。每招每式用节拍的节奏来表达,既可以行云流水,绵绵不断,也可以快慢相间,化繁为简,通俗易学,每拍每动的细微变化都能一目了然。	黄陈能	上海新场
73	节拍是骨架,表达完美。	李国	上海新场
74	节拍教学法让我们在习练太极拳过程中动与静、松与掤、虚与实的转换更加流畅,更具韵味,随着节拍可以使拳法、身形与音乐节奏快速融合,从而使运动和艺术完美结合。	李美华	上海新场
75	节拍教学法是把音乐的韵律和太极拳的运动规律有效结合,把复杂的太极拳运动规律通过简单节拍教学让太极拳习练者更快、更好、更容易掌握。	李新国	上海新场
76	节拍教学法可以使初学者快速了解和掌握太极拳动作的基本要领,能让太极拳成为大众容易接受的一种运动。节拍教学,既能让习练者了解每次的进步,也能感受到节拍教学内含无限变化,还能用节拍创造属于自己的韵律,既有统一的节奏,又有不一样的风格展现。	刘红	上海大团
77	节拍教学法!松!柔!空!掤!奥妙无穷!松肩下沉!脚底听拍!自身我身!意外易松!开胸开窝!四轮不停!倒骑抬腿猫步天天练!"菜鸟"进步神速!	莫春霞	上海航头
78	节拍教学是原有教学思路上的创新,它能使刚接触学习太极拳的学员更快地掌握每一拍的要领、每一拍有意念的内容。熟练者可以根据节拍速度来表现自己的个人风格,更完美地体现出快慢相间,有松有柔,有掤有刚的太极拳韵味。	缪兰军	上海泥城
79	孙剑狄老师的太极拳节拍教学法,把太极韵味定制在四拍的节律内,浅开深挖,层层递进。在1234的节拍中寻求它的外定内变,自然意外,从而步步生莲,禅意绵绵。	秦琼	上海新场

续表

编号	学习心得	学员	地域
80	节拍教学法运用音乐中的4/4拍构建了太极拳动作基本结构,明确了太极拳动作的路线轨迹,诠释了行拳中有形与无形的太极哲理,展现出了太极拳形意融合、气韵充盈,是一种高效的、创新的教学方法。	王袁馨	上海惠南
81	节拍教学法:拍动,心动,心动意动,意动形动。 节拍教学,太极之法。	唐贤红	上海新场
82	4/4节拍律动,化繁为简,循环往复,不动显韵味,变奏停顿随意走。 节拍1234如同四个"锚"点,每个"锚"点都可以按住,又能组合变化,无穷无尽。	陶时恩	上海大团
83	要让节拍教学法成为我们行拳形、意、韵完美结合的工具之一。 运用音乐的4/4节拍,原地松(静)、动、空、到位,使太极拳动作,有形有意,动中有静,静中有动,意气相随,绵绵不断。	王爱军	上海惠南
84	节拍教学法就是全息影像,可化繁为简,轻松入门,传承太极不再难。以节拍为导航,让太极拳教学更高效,弘扬太极文化更有力。	王雅琴	上海静安
85	运用音乐节拍,可以细化分解太极拳有形中每一个单式的动作形态与运动轨迹,也可以运用节拍探寻太极拳无形中每一个单式之间的意境,韵味的创造与链接。	王袁馨	上海惠南
86	节拍好比是木鱼,木鱼是佛教的一种法器,而节拍就是太极的法器之一。太极拳节拍教学,意动形不动,形动意随形。意中有形,形中有意。	魏伶	上海惠南
87	在太极拳教学中,利用音乐节拍,把每一个动作分成一个或若干个小节进行教学,以4/4拍为主,运用有形无形意在外技法,定性定量地完成每一个动作,使意念、动作、呼吸三者协调配合,将太极拳的肢体语言在时间和空间上规范化、简易化、科学化、艺术化,从而达到最佳教学效果。	吴亚琴	上海枫泾
88	用节拍让复杂的事简单化,易入浅出达到太极彼岸的捷径之法。	鲁重亮	上海新场

续表

编号	学习心得	学员	地域
89	节拍教学法利用节拍把单个动作,以口令的方式,依次循环反复,由内而外地完成。	郭战红	上海新场
90	节拍教学法,既可以发现共性问题,又可以发现个性问题,并点对点开出精准药方,真正做到因材施教,让每一拳都有了灵魂。	张国秀	上海惠南
91	用节拍是让复杂的事简单做。	周琴	上海新场
92	节拍教学从分解动作入手,以4/4拍为主,定性定量运用有形无形,意在外技法,将太极拳肢体语言、时间、空间艺术化,凝练太极拳精气神。 形不动,意动;形动,意跟;意松透,才有无限之掤。	周益红	上海航头
93	节拍教学法,每一拍有不同的内涵,降低学习难度,化繁为简。	庄佩红	上海祝桥

后　记

早在几年前，我已策划撰写《孙剑狄·说太极　节拍教学法》的书稿，惜三年疫情，打乱了计划，终究未能如期付梓，甚为憾。经过近一年的努力，本书终于完稿了。

本书在编写过程中，已充分考量到不同读者的能力。对每个动作的描述，我必一一亲为而验证之，力求每拍的动作要求是可以实现的、阶梯式递进的，读者在按照此书要求练习后，能学有所得，练有所成，教有所获，能充分理解节拍教学法到底是怎么一回事，太极拳到底该怎么教、怎么学，太极拳到底该怎么练、怎么传承。

传统太极拳书籍，多限于线路和劲路图文描述，不能动态直观地演示。为解决这个问题，我专门拍摄和制作了大量教学和演示视频，借助现代网络技术，用二维码的形式呈现在书中。读者只要用手机扫一扫二维码，就可以看到教学演示的视频，提高了本书的可读性。书中视频的演绎者全部由东育拳社学员担任。在此我要特别感谢上海宇登影视传媒有限公司周方导演及摄影师周宝成老师，为本书读者拍摄了高质量的演绎视频。另外，我诚谢原《解放日报》高级记者盛老师，他为人谦和，每当我的文字难以尽述，就像打拳少一口气韵时，他轻松挥笔，所改之处必生奇效。同时还要感谢我的学生陈旭东，他是个武痴，也是电脑高手，书中视频的剪辑均出于他之手，一年余每晚相伴于左右。

本书在编写的过程中还得到了湖北孝感学员蒋志芬和欧阳润的大力帮助。她们花了很多的心血整理我在疫情三年中的网课及线下课程，并将它们转化为文字，这才有了"公益网课教学摘录"及"太极拳节拍教学法75句释义"。"节拍教学法部分学员心得",则是我在不同期次、不同地方带教的学员在教学结束后发表的对于太极拳节拍教学法的感悟和体会。

本书用语力求简洁精准。我真切希望本书能给所有太极拳爱好者带来不一样的视角,真正体验到"太极拳,原来可以这样教、这么练"。若本书能为提升太极拳传统文化鉴赏水平,推动太极拳运动的发展有所帮助的话,则我已满足矣。

是为记。

孙剑狄

甲辰冬月于上海新场

附录1　2023年中华武术大学堂第十五期名家讲堂太极拳节拍教学法讲义

一、节拍教学法简介

太极与音乐的艺术结合,中西方法论的思想结合。

二、特色和作用

特色:

节拍引导,易入浅出。

形体五技术,节拍教学的形体标准。

拍拍有形无形结合,达到内外双修。

韵味在节拍演绎中可以设计、酝酿和创造。

作用:

节拍教学法能快速提高个人运动技术。

节拍教学法能使团体演练实现整齐划一。

三、要点

节拍规律:太极拳节拍教学法是根据太极拳的运动规律而产生。

定拍原则:依脚定拍,手脚相合。

定拍方法:用4/4拍音节,以重心转化一次,或步法、腿法每动一次为四拍一个小节,然后将套路每式动作划分为若干小节。

教法要求:运用有形技法和无形功法定性定量定质完成每节每拍动作。

教学目的:使太极拳肢体语言在空间时间上达到规范化、简易化、精准化和科学化。

四、定拍规律

太极拳运动规律:重心转化,步法、腿法,手随拍合,节拍定义和应用节拍教学法依据以上规律展开。

五、定拍原则

定拍原则:不同门派的拳架风格各异、手法繁多,若依手无法定拍。各式太极拳下肢的运动,特征是一样的,若依脚可以正确定拍。

常见节拍:

2/4拍:强弱,适用进行曲。

3/4拍:强弱弱,适合轻快舞曲。

4/4拍:强弱次强弱,适合抒情。

4/4拍音节最适合太极拳运动节奏的表达:每小节四拍,是基本节奏的组合。

六、定拍方法

重心移动:

静态:

左移到右,四拍;右移到左,四拍。

动态:

前移到后,四拍;后向前进,四拍。

左移到右,四拍;右移到左,四拍。

步法移动:

腿向前迈一步,四拍(或两拍)。

腿向后退一步,四拍(或两拍)。

跟步一次,四拍(或两拍)。

腿提一次,四拍(或两拍)。

腿落一次,四拍(或两拍)。

手法变动:手跟脚拍,手随脚走。

七、节拍口诀

猫步四拍:1松2倒3定4磨。

第一拍:原地松胯。

第二拍:以意倒骑。

第三拍:松胯中定。

第四拍:倒骑平磨。

打手四拍:1掤2柔3空4到。

第一拍:意松形掤。

第二拍:松柔缓动。

第三拍:柔顺至空。

第四拍:意形到位。

八、有形无形技法

有形技法:转下去、拎起来、出脚慢、手留住。
形体五技术:开胸骨、两肩平、人居中、开四窝和胯平整(六点平)。
无形功法:意在外,看涟漪,意倒骑,节拍口诀。

九、定性定量定质

定性:
第一拍:韵味酝酿和创造。
第二、三拍:线路速度调节和风格的展现。
第四拍:意犹未尽,为下一节第一拍作准备。
定量:
确定每一拍形意比例。
确定线路速度的快慢。
定质:
完成动作拍子的正确率。
完成动作的整齐度、美感度、合理度。

十、空间、时间

空间:长、宽、高、方向和角度位置的要求。
时间:小节、拍子动作定位的要求。

十一、节拍、节奏、旋律

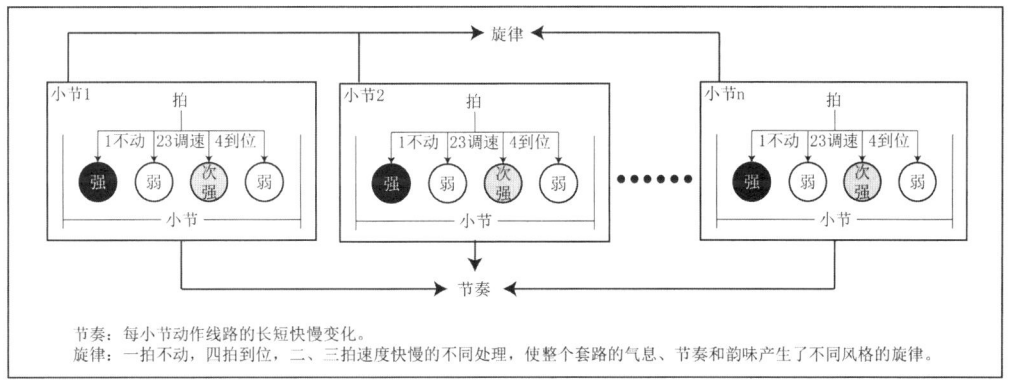

图 1　节拍、节奏分解图示

十二、规范化、简易化、精准化、科学化

规范化：动作严格执行节拍定义。

简易化：套路每式动作化繁为简,划分为若干小节,达到教学简易化。

精准化：要求每小节每一拍精准地完成动作。

科学化：因材施教,因人定拍;目标明确,口诀各异。

十三、太极拳节拍教学法定义

太极拳节拍教学法是根据太极拳的运动规律,用4/4拍音节,以重心转化一次,或步法、腿法每动一次为四拍一个小节,依脚定拍的原则将套路每式动作划分为若干小节,并运用有形技法和无形功法定性定量定质完成每节每拍动作,使太极肢体语言在空间时间上达到规范化、简易化、精准化和科学化的一种太极拳教学方法。

十四、总结

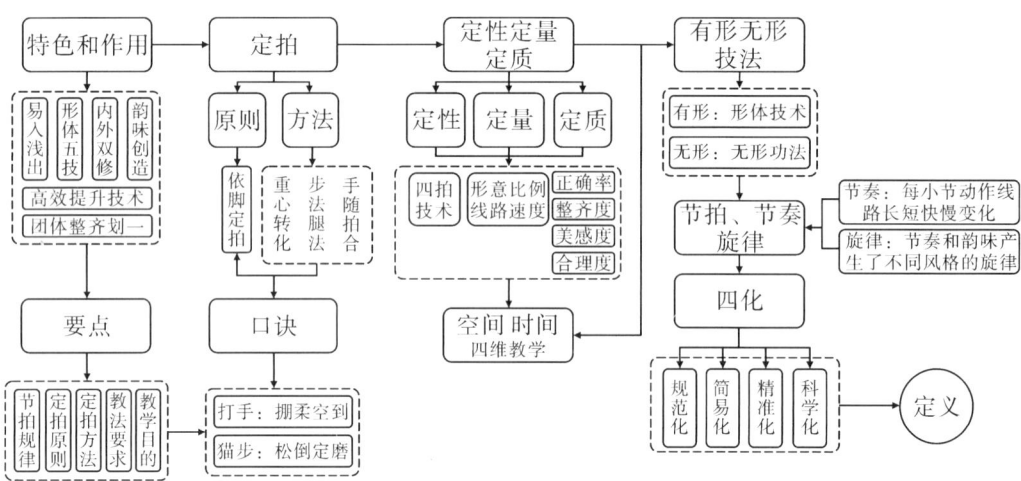

图2 节拍教学法内容摘要

附录 2　本书视频演示人员名单

本书二维码随附视频均由东育太极拳社教练和会员演示,名单见下表。

表 1　本书视频演示人员名单

章节	视频名称	演示人员	视频编号
	致读者朋友	孙剑狄(本书作者)	视频 1
第三章	节拍法桩功	陶时恩	视频 2
第四章	站立式松胯	个人:鲁重亮(教练) 集体:张金红、缪兰军、陶时恩等	视频 3
第四章	屈蹲式松胯	个人:鲁重亮 集体:张金红、缪兰军、陶时恩等	视频 4
第四章	左⇔右平转磨胯	个人:黄陈能 集体:张金红、缪兰军、陶时恩等	视频 5
第四章	左⇔右侧弓步磨胯	个人:张金红 集体:张金红、缪兰军、陶时恩等	视频 6
第四章	弓步⇔坐步磨胯	个人:黄陈能 集体:张金红、缪兰军、陶时恩等	视频 7
第四章	站立式倒骑	个人:黄陈能 集体:张金红、缪兰军、陶时恩等	视频 8
第四章	四拍屈蹲式倒骑、八拍屈蹲式倒骑	个人:鲁重亮 集体:张金红、缪兰军、陶时恩等	视频 9
第四章	左右旋转倒骑	个人:黄陈能 集体:张金红、缪兰军、陶时恩等	视频 10
第四章	左⇔右侧弓步倒骑	个人:张金红 集体:张金红、缪兰军、陶时恩等	视频 11
第四章	弓步⇔坐步倒骑	个人:缪兰军 集体:张金红、缪兰军、陶时恩等	视频 12

续表

章节	视频名称	演示人员	视频编号
第四章	左右平转看涟漪	个人:黄陈能 集体:张金红、缪兰军、陶时恩等	视频13
第四章	左右平转两胯生涟漪	个人:黄陈能 集体:张金红、缪兰军、陶时恩等	视频14
第四章	(原地打手)形体五技术	缪兰军	视频15
第四章	起势	个人:黄陈能 集体:陶时恩、缪兰军、黄陈能等	视频16
第四章	野马分鬃	个人:瞿爱萍 集体:张金红、张丽芳、李红梅、肖莉霞、蒋志芬等	视频17
第四章	搂膝拗步	个人:王雅琴 集体:莫春霞、高翠萍、何奇等	视频18
第四章	倒卷肱	个人:张金红 集体:庄佩红、姜建立、严淼淼等	视频19
第四章	云手	个人:高翠萍 集体:韩琳、沈红、郭战红等	视频20
第四章	反云手	个人:黄陈能 集体:蒋志芬、张丽芳、张金红、李红梅、肖莉霞等	视频21
第四章	单鞭	个人:郭战红 集体:陶时恩、缪兰军、黄陈能等	视频22
第四章	猫步步型、手型	缪兰军	视频23
第四章	(猫步)形体五技术	缪兰军	视频15
第四章	猫步线路	个人:缪兰军 集体:陈刚、王爱军、翟永生等	视频24

续表

章节	视频名称	演示人员	视频编号
第四章	听拍原则	缪兰军	视频 25
	猫步技术一:猫步听拍	个人:缪兰军 集体:陈刚、王爱军、翟永生等	视频 26-1
	猫步技术二:身胯位置	个人:缪兰军 集体:陈刚、王爱军、翟永生等	视频 26-2
	猫步技术三:倒骑步法	个人:缪兰军 集体:陈刚、王爱军、翟永生等	视频 26-3
	猫步技术四:胯	个人:缪兰军 集体:陈刚、王爱军、翟永生等	视频 26-4
第四章	猫步打手:野马分鬃	个人:张金红 集体:何奇、陶时恩、黄陈能等	视频 27
	猫步打手:搂膝拗步	个人:缪兰军 集体:张金红、蒋志芬、李红梅等	视频 28
	猫步打手:倒卷肱	个人:缪兰军 集体:庄佩红、高翠萍、严森森等	视频 29
	猫步打手:单鞭云手	个人:缪兰军 集体:姜建立、陈军民、莫春霞等	视频 30
第五章	24式简化太极拳	个人:严森森 集体:何奇、梁琪、陶时思等	视频 31
第五章	42式太极拳	个人:周益红 集体:李丹蓉、谢红、高翠萍、李国等	视频 32
第五章	40式杨式太极拳	个人:缪兰军 集体:刘红、黄玉芹、邓筱红、李国等	视频 33
第五章	45式吴式太极拳	个人:蒋志芬 集体:蒋志芬、沈红、姜建立等	视频 34

续表

章节	视频名称	演示人员	视频编号
第五章	73式孙式太极拳	陶时恩	视频35
第五章	46式武式太极拳	何奇	视频36
第五章	32式太极剑	个人:姜建立(70岁) 集体:黄陈能、姜建立、莫春霞、奚亚红	视频37
第五章	42式太极剑	个人:缪兰军 集体:陶时恩、何奇、郭战红等	视频38
第五章	49式陈式太极剑	黄陈能	视频39
第五章	56式陈式太极拳	王袁馨	视频40
第五章	传统杨式85式太极拳第一段	张金红	视频41

附录3 本书用语解释

1. 太极拳节拍教学法

指根据太极拳的运动规律,用4/4拍,以重心转化一次,或步法、腿法每动一次为四拍一个小节,依以脚定拍的原则将套路每式动作划分为若干小节,并运用有形技法和无形功法定性定量定质完成每一个动作,使太极拳肢体语言在空间和时间上达到规范化、简易化、精准化和科学化的一种太极拳教学方法。

2. 节拍

节拍指强拍和弱拍的组合规律,每小节的时间长度是固定的。节拍教学法采用4/4拍作为太极拳教学的基本节拍。

3. 4/4拍

节拍教学法4/4拍将汉语四声和节拍四拍巧妙结合起来,通过对四拍的定义达成听声绘意,身随意行,韵从拍出,韵味无穷的境界:第一拍,静止状态用意念完成松掤,酝酿韵味;第二拍,松,意在外意跟完成松倒骑;第三拍,虚无状态,空;第四拍到位,意犹未尽,欲言又止。所有这些动作都需要以符合太极拳的技术要求为前提,用自己对动作的理解打出动作的节拍内涵。

4. 四八上下格

汉字书法学习有米字格、九宫格等格式,帮助书法练习者练字时对字的笔画顺序、笔画位置、字体结构、偏旁部首比例、字形到位等进行判断和掌握,从而有效提高书法技艺。节拍教学法的"四八上下格"也是这个道理。一个音节有四拍,按强—弱—次强—弱的节奏,强和次强为阳,弱为阴。每拍具有特定的内涵,每拍又分解为上、下半拍,对内涵进一步细化,定性定量定质。以数字定位、节拍掌度、心中有拍、形中无拍,四八上下格是帮助习练者快速规范掌握太极拳的利器。

5. 节奏

节拍的声音有轻有重,根据起拍的轻重而变化,如强—弱—次强—弱,弱—强—弱—次强,次强—弱—强—弱,弱—次强—弱—强。声音轻重的变化规律就是节奏。节拍的轻重变化应用到每小节动作线路长短、快慢,就产生了太极拳肢体语言的节奏。

6. 韵味

韵味指的是节拍的内涵,也就是指对每一拍的定性、定、量规定或定义。韵味在节拍教学法中是可以人为制造的,通过对四拍的定义,如第一拍酝酿韵味,第二拍产生韵味,第三拍创造韵味,第四拍形成韵味。节拍教学法对每一拍的肢体语言赋予了韵味的技术内涵。

7. 有形技术

指太极拳节拍教学中的形体技术,主要包括五大形体技术、九大关节放松和使用技术。

8. 无形技术

无形技术指太极拳节拍教学中的无形功法。无形功法包括意在外、意看、意听、意跟四大意念技术,看涟漪、扔石子、卸货、脚底听拍、关节听心跳五大放松技术,以及松胯倒骑、顺逆平磨两大核心应用技术。

9. 形体五技

在太极拳节拍教学法中,形体五大技术是指开胸骨、两肩平、人居中、开四窝和胯平整(六点平),即"身、肩、线、窝、胯"五要求。

开胸骨:开胸骨的方法是用意将胸骨一开一合,上半拍开,下半拍合,如是反复。

两肩平:指两个肩胛骨自然下沉并带动两肩膀下沉,两肩水平一线,有利于开胸骨和松胯。

人居中:两胯开窝各占50%,使人的中心线始终落在两脚的中间。

开四窝:四窝指肩窝和胯窝,开窝的目的是两臂上臂尽量不动或少动,下肢开胯不夹裆。

胯平整:也叫六点平,要求两胯六点(横向两点和前后向四点)处于同一水平面,勿使左右两胯出现高低,有利于重心的迁移和稳定,保证松胯倒骑和左右磨胯的质量。

五大形体技术在太极拳练习中是互相联动、有机一体的,需要时刻注意身肩线窝胯的要求并形成肌肉记忆。

10. 九大关节

指人体肩肘腕指、腰胯膝踝趾(脚底)九大关节。太极拳节拍教学法中九大关节放松主要通过站桩来练习。九大关节的放松技法可以通过无形技术的四大意念管理技术及五大放松技术进行训练。

11. 定式、接口和线路

太极拳套路是由一式式动作构成的。一个完整的动作要素包括定式、接口和线路。一式动作的终点为定式,动作的终点与下一式动作的起点,这个点就叫接口,动作起点和终点间的过程为线路。

12. 松

松是太极拳的核心要求。一块肌肉的放松本质上是将紧张转移到相对的另一块肌肉上,如股四头肌松(伸肌)和股二头肌紧(屈肌),故不是真松。太极拳的松是意松,通过意念的观想和观看调控人体九大关节的协调关系,从而获得身心的真正放松。

节拍教学法使用涟漪等意念技术来训练太极拳的松（掤）。

13. 涟漪

水滴滴入水中，产生水窝，激起水的反作用力和振荡，形成圈圈涟漪的现象。应用到太极拳中，就是水滴产生水窝（身体放松）→第一个涟漪（掤）→继续振荡（松）→水面产生第二个涟漪（掤）→重复振荡（松）和圈圈涟漪（掤）的过程。涟漪圈圈波纹由小变大，直到消失，整个涟漪现象是太极拳松掤技术的体现。

14. 倒骑

自行车倒骑时，没有向前踩踏的阻力，两脚可轻松交替做后踩下沉、上翻滚动的动作。把它运用到太极拳中，两胯用意倒骑，腹股沟肌肉、筋腱和大动脉获得放松，动作演绎可轻松达到既松活又下沉的目的。

15. 意

意，分意识、意念、意象和意图。节拍教学法中，根据不同的应用场景，意的侧重点有所不同。"意在外"侧重于意识；"用意看"侧重于意象，即大脑的观想能力或视觉表象能力；而"用意跟"侧重于意念和意象，即用意念跟随所观想的对象进行运动。"拳意"中的意则指意图，即拳式中的技击意图。

16. 意在外

意在外，如看视频，跟着视频动作用意跟练，这个过程称之为意在外。用意在外的方法也可意看涟漪、倒骑等，学悟太极拳理。用意在外的练习方法使自身太极拳动作达到更加松弛的目的。

17. 意跟

意跟，指本身用意看到虚拟的视觉表象运动，用意跟涟漪、倒骑等，展现太极拳动作，使动作演绎更加松弛自然、轻灵流畅，表达更为完美。

18. 本身、我身

本身指自身的我，我身通常指自身的影子，如镜子中的"我"为我身，镜子外的"我"是本身。太极拳节拍教学法重视用意在外、用意跟，通过我身带动本身、本身带动我身，由外带内、由内带外，实现本身、我身内外合一，修炼太极。

19. 脚底听拍

脚底听拍指集中注意力，全身心投入，用脚底来注意和聆听节拍的行为。

20. 关节听心跳

关节听心跳是太极拳节拍教学法的意念管理技术之一，指利用涟漪技术，使用意念投石到关节中产生涟漪，并集中注意力，意想关节能够听到心脏搏动（脉动）的节律，使关节在听到心脏搏动的时候产生共振，达到放松关节的效果。关节听心跳能有效提升练习者的注意力集中度和神经的感知放大能力。

21. 平磨

平磨是指意想两胯关节如半片石磨一样作水平顺时针或逆时针旋转,在不发生两脚形变的前提下,完成身体形态的转向动作,如猫步中中定后转弓步的动作,就使用平磨的技术。

22. 中定

中定有两种,形中定和意中定。形中定,身体重心两脚各占50%;意中定,外形有虚实之分,重心有轻重之别。无论是弓步、坐步,还是单脚独立,只要用意两脚踩地各占50%,使动作处于中定状态,即为意中定。

23. 猫步

猫步,也称太极步,是太极拳习练的重要基本功。太极拳节拍教学法在猫步训练中使用"原、倒、中、磨"的四拍指令加以固化和引导,即第一拍原地松胯,第二拍以意倒骑,第三拍中定松胯及第四拍倒骑平磨。利用"原倒中磨"四拍指令,可以有效提高太极猫步的动作规范和质量。

24. 打手

打手指原地单式练习,如起势、云手、搂膝拗步、倒撵猴、揽雀尾等动作。通过原地打手的练习,简化动作的难度,提高动作的精度,达到事半功倍的效果。

25. 出脚制控

出脚制控是指在太极拳运动中提腿出脚时出现在空中停滞感觉的处理方法。出脚制控可以提升太极拳的运动质量和美感。在传统太极拳教学中,由于没有专门的手段和意识进行教学训练,出脚制控的技术仅掌握在少数拳师手里,如董虎岭。太极拳节拍教学法则可以通过对节拍的定义,对提腿出脚的方法、时间、长、宽、高要求提出明确要求,如第三拍松胯倒骑提膝关节,小腿垂直地面,脚背放松,第四拍出脚,松胯倒骑将小腿送出,脚底平行地面,距地15厘米,然后脚跟、脚掌、脚趾依次落地等达到出脚制控的目的,提升太极拳运动的质量和美感体验。

26. 灵性

灵性指人的天赋智慧和聪明才智。在太极拳节拍教学法中,灵性更多指的是个体在自身条件下对太极拳动作线路及节拍细节的感知、处理和突破的能力和表现,使太极拳演练变得更有韵味、更具质量、更富感染力和魅力。

27. 口诀

口诀是指太极拳节拍教学法中的节拍动作口诀,可帮助和指导练习者快速掌握要领,提高技术。例如,打手口诀:松柔空到——1意松形掤,2松柔缓动,3柔顺至空,4意形到位。又如猫步口诀:原倒中磨——1原地松胯,2以意倒骑,3中定松胯,4倒骑平磨。口诀根据动作还可以细分,或根据人的特点进行个性化调整。

附录4　我所认识的太极拳节拍教学法

编写整理：左岸

一、什么是太极拳节拍教学法

太极拳节拍教学法是东育太极拳社创始人孙剑狄老师独家研发出来的"(长×宽×高)×时间技术管理"的教学方法。太极拳节拍教学法在提炼了太极拳的基本运动特征后，结合太极拳运动规律(重心转化、步法、腿法)、音乐四拍、声律四声、质量要求和美感体验等，针对传统太极拳教学中仅涉及长、宽、高及角度的技术教学，无法精准定位和量化等缺点，在原长宽高三维教学的基础上，增加了节拍的时间属性，创造性地提出了"(长×宽×高)×时间技术管理"的太极拳节拍教学法。

太极拳节拍教学法采用四拍节奏(强弱次强弱)和四拍指令(1234)来指导和强化太极拳的训练。四拍指令的通用要求是：形体第一拍不动，第二、三拍动，第四拍到位，意主导和跟随形体运动。四拍可以放到线路的任一动作中，并结合两胯运动和步法、腿法特点等分配节拍拍数和每拍的详细要求，从而将太极拳练习时对身体各部的形体要求和意念要求在不同线路、不同节拍上分解分配下来，得以细化和固化。该教学法犹如在传统长、宽、高运动轨迹图上套上了连续的四拍时间网格框架，从而将运动轨迹、运动特点、运动要求等有形、无形参数定性、定量、定质地显化和固化在每一拍的网格中，便于教学者和学习者及时发现、定位、指出和修正。同时，由于四拍教学法的节拍特性，它可以在结合学员的个人特征基础上，在符合节拍要求的前提下，通过对一招一式的节拍及整体线路旋律的深入理解、灵活把握和处理，充分发挥个人能力、个人修养和个性特点，使太极拳演练充满韵味和美感，让练习者的审美情绪沉浸到太极拳局部和整体的动作律动中，从而获得太极拳练习的审美体验和太极拳演练的灵性释放，使练习者自身练拳及观赏者观拳获得身心愉悦，引起精神和心灵的升华，达到东育太极拳社为武术传承、全民健康及和谐社会助力的育人目的。

二、研发背景

孙老师身怀家传武学，12岁进入上海市武术队成为专业运动员，深受多位德高望重的老前辈(如顾留馨、傅钟文、马岳梁、陈照奎、王子平、王效荣、郝少如等)的指点和影响。从武术队退役后,孙老师先后担任过上海师范大学体育系武术专业教练、上海市工人武术队和上海市武术队教练、上海交通大学教师等。孙老师在上海师范大学执教期间,花费了大量心血研究教学方法,专门指导和训练专业队的学生如何获得全国正式比赛冠军。孙老师还拥有大型武术团体表演的培训经验。如1989年中日太极拳比赛团体赛,孙老师受上海体委委托,担任中国队的总教练。孙老师用不到三个月时间将一支200人的大学生队伍(其中100人无武术经验)通过音乐节拍等方法,快速将这支队伍变为训练有素的团队,代表中国队参加集体24式简化太极拳比赛,并战胜了精心准备一年的日本队。退休后,孙老师开始在上海市浦东新区新场镇进行公益太极拳教学,接触的多为有基础病的零基础老年学员。为了教好这些老年学员,孙老师又开始琢磨研究,在多年教学经验基础上推出了太极拳节拍教学法,并在东育太极拳社推广,成功利用该教学法使一大批毫无基础的中老年学员获得100多次全国太极拳比赛冠亚军及一等奖。

三、主要特点

(1) 注重基本功桩功、打手、猫步等形体、心理、攻防和审美的训练,通过强化基本功来区隔太极拳和太极操。

(2) 注重音乐和节拍在太极拳中的使用,日常练习必用节拍实施中定和转胯在拳式上的应用。

(3) 明确规定打手和猫步的四拍指令和内涵,并不折不扣地应用到日常训练中。

(4) 重视无形技术在太极拳练习中的作用。

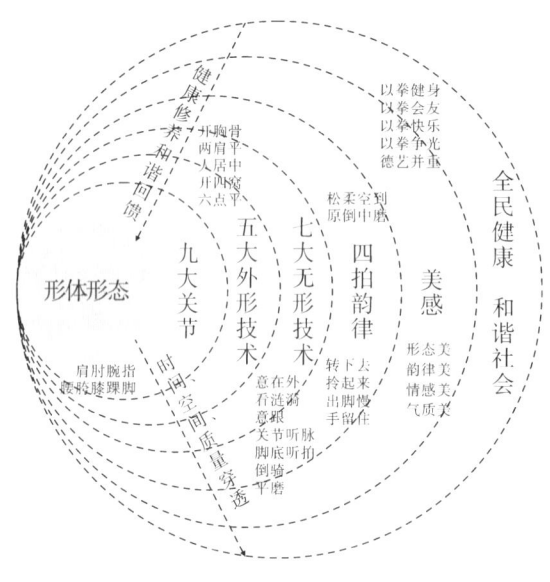

图 1 太极拳节拍教学法特色

(5) 强调"长宽高+时间"的四维技术管理及质量管理,用高标准、严要求来训练每一位学员,使学有所得,学有所成。

(6) 传授太极拳习练的审美意识,注重太极拳练习的形态美、气质美、情感美、韵律美,陶冶情操,德艺兼备,为全民健康和社会和谐贡献一份力。

太极拳节拍教学法特色如图1所示。

四、主要内容

(一)太极拳节拍教学法的基本结构

太极拳节拍教学法由有形技术和无形技术两大部分构成(如图2),其中,有形技术由形态管理和有形功法管理构成。形态管理指在进行基本功练习或拳术、器械训练时在空间(长、宽、高、方向、角度)和时间(节拍、时长、节奏、速度)上的身体姿态要求管理,是一种四维管理技术。有形功法管理(即五大形体技术、九大关节放松使用技术)对太极拳日常桩功、猫步、打手、拳术、器械练习、推手等起到约束和指导作用。形态管理和有形功法管理一起,组合成太极拳节拍教学法中重要的有形技术部分。

无形技术包括无形功法管理和质量管理两大部分,其中,无形功法由时间管理和意念管理两个组成部分,而质量管理由长、宽、高、时间、美感和攻防六大要素构成。时间管理主要由四拍技术和节奏技术构成。如在四拍技术中,针对打手和猫步优化了"松柔空到,原倒中磨"的四拍指令,具体界定了打手和猫步每一拍的行为和无形心法。不同动作的节拍可以每一拍都赋以不同的动作要求、时长和速度。学员可以在满足节拍要求的前提下根据自身的特点进行发挥,形成自己的运动模式。这种运动模式就是太极拳运动上的节奏。在基本功训练、拳术和器械套路练习时,需要使用太极拳节拍教学法中的意念管理。意念管理包括意在外、看涟漪、关节听心搏、脚底听拍、倒骑、平磨六大意念管理,而在每一大意念管理中都要实现意跟、松、掤、沉、开的动作,使每一拍动作都充满了内涵,为动作赋予了灵性和生命。四拍节奏和意念赋值展现结合在一起,就构成了太极拳运动的韵律,与学员的个性特征混合在一起,就形成了太极拳运动的无穷魅力。

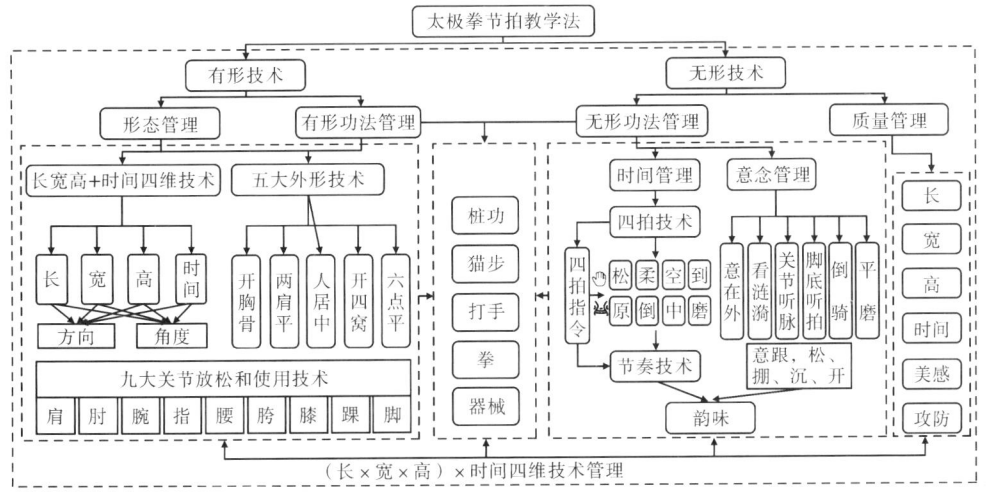

图2 太极拳教学法基本结构

(二)汉语四声和节拍四拍

节拍是乐曲中表示固定单位时值和强弱规律的组织形式,由节和拍构成。节是小节,如4/4拍就是4个拍子构成一个小节;拍由一个重音和一个或多个非重音构成,是时间的基本单位,如4/4拍中强—弱—次强—弱为一小节。在音乐的实践及理论中,拍子一词可指速度、节拍、特定的节奏、律动感等一系列相关的概念,音乐中的节奏以重拍和非重拍(通常称作"强拍"和"弱拍")的重复序列为特征,并依照拍号和速度的指示分割成小节。

音乐4/4拍是乐曲中最常见的一种节拍。这种节拍符合人体自然的生理节奏,如心跳、呼吸等,编曲也较为简单,容易抒发人类自然舒缓的情感,也容易引起共鸣。中外音乐中许多抒发人类感情的乐曲多使用四拍结构,如《不能说的秘密》《感恩的心》《远走高飞》《只要你过得比我好》《雾里看花》《骏马奔驰保边疆》《千年等一回》《月亮代表我的心》《涛声依旧》《红梅赞》《爱江山更爱美人》《弯弯的月亮》《海阔天空》We Will Rock You、Smells Like Teen Spirit、One Love 等。

而在中国文字的声律中,经过漫长的时代发展,声律逐渐由宫、商、角、徵、羽五声发展成为平、上、去、入四声及阴平、阳平、上声、去声四声,又由四声发展为平仄协调的格律。中国传统文学给我们留下了丰富的文学宝藏——诗经、楚辞、汉赋、唐诗、宋词、元曲,其中诸多诗句,四声押韵,朗朗上口,声情意皆美,如欧阳修的《秋声赋》中的"波涛夜惊,风雨骤至""星月皎洁,明河在天""天之于物,春生秋实";又如曹植的《洛神赋》,其中描写洛神的用语"翩若惊鸿,婉若游龙""秾纤得衷""明眸善睐",其声抑扬顿挫,其形若现笔端,具有极强的声律和感染力。我们日常生活中常用的四字成语,如不屈不挠、融会贯通、日积月累、举一反三、势如破竹、气贯长虹、滴水穿石、满面春风等等,读起来也抑扬顿挫,充满韵律感。

孙剑狄老师在长期的专业武术执教和艺术指导中发现,太极拳的运动符合音乐四拍的节奏。太极拳运动的规律是重心每移动一次符合四拍,出脚收脚符合四拍,前进后退同样符合四拍。通过对太极拳运动规律的划分和定义,所有的太极拳运动都可以如一首4/4拍的曲子一样,通过对太极拳各式各动的分解,将传统的长、宽、高运动姿态和要求展现和固化在每一个4/4拍小节中,通过强—弱—次强—弱的节奏和有形技法指导,配以四拍指令来达到动作在时间、空间和速度上的和谐统一;同时,利用1234声律及意在外、意跟、关节听脉、脚底听拍、倒骑、平磨等无形技术来指导和提升太极拳的运动质量。

(三)四拍处理和应用

孙剑狄老师认为,音乐4/4拍和太极拳的运动规律非常吻合。因此,他在太极拳节拍教学法中作了如下规定。

(1) 重心移动一次为四拍。

(2) 脚动作(抬、提、迈、撤、出、收、跟、点、分、蹬、扫、摆等)一次为四拍。

(3) 手配脚拍,上下相合音乐的四拍为强,弱,次强,弱,在太极拳上的表现为松,倒骑,松,倒骑。

(4) 用五大形体技术约束身体形态,用无形心法(六大意念管理)和长、宽、高+时间四维技术管理形态。

具体应用实例,参见表1四拍处理和应用场景表。

表 1　四拍教学应用场景

编号	场景	节拍			
		1	2	3	4
		上半拍		下半拍	
1	通用	打手　　松	柔	空	到
		猫步　　原	倒	中	磨
2	打手	意松形棚	松柔缓动	柔顺至空	意形到位
3	猫步	原地松胯	以意倒骑	中定松胯	倒骑平磨
4	外形	不动	动	微动	动
5	变化	胸骨打开	脚底踩实	胯松透	眼神平视
6	四拍接口	大接口,酝酿韵味,表现形式是坚决不动,意松。		小接口,自然流露韵味,表现形式是微动,松胯。	
7	四拍和四声	静,坚决不动;意念完成松棚,酝酿韵味	松,意在外、意跟完成松倒骑产生韵味	虚无、空,创造韵味,自然流露韵味;松胯、微动	到位,意犹未尽,欲言又止,形成韵味
8	重心转移一次;提腿、迈脚、后撤	松,形不变而内在气息生动;双胯松,每一个关节松沉到脚底,手一撑	看到倒骑→意跟→中定从定式到中定有一个转换,胯要动	松,似动非动,似停非停,若即若离,微松双胯	平磨,或倒骑到位,胯要动
9	松胯规律	两胯松	虚胯松	两胯松	虚胯松
10	倒骑规律	两胯交替倒骑	虚胯倒骑	双胯倒骑	坐步虚胯倒骑,弓步实腿倒骑
11	公式	原地松	中定	原地松	到位

(四)给节拍赋以生命——太极拳的韵味

太极拳节拍教学法有自己独特的审美观,见图3和图4。太极拳的练习和演练必须在五大形体技术对形体、形态进行约束的情况下进行,通过无形功法和质量管理等手段,使用"四拍指令和四拍一动的规则"来表达和演绎太极拳的韵律。太极拳的韵律并非空中楼阁,通过纯粹想象产生,而是将音律四拍表达有形,声律四拍演绎无形,音律和声律将有形和无形融合统一,并对每一动的节拍赋以不同的内涵,练习者严格按照每拍的要求尽力演绎才能形成。如猫步的四拍要求为"原倒中磨",即要求第一拍时原地松胯,胸骨和四窝打开,两胯窝各为50%,两肩平,两胯平整,精神领起,形体静止不动,内里意生涟漪,意松形棚,

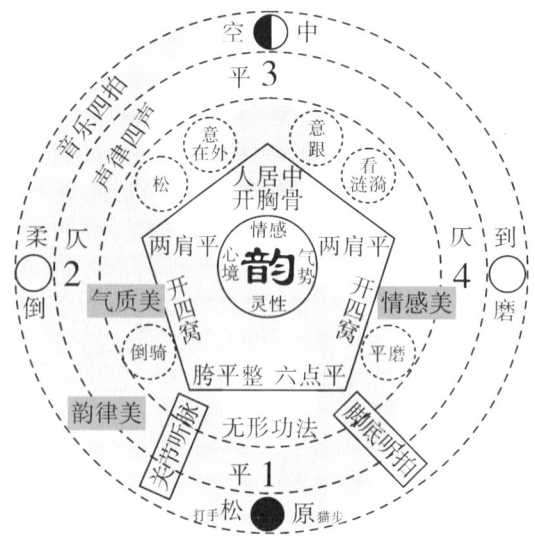

图3 太极拳节拍教学法韵律美

酝酿韵味;第二拍以意倒骑,用意在外、意跟、看涟漪、关节听脉、脚底听拍等手段进行充分放松,虚胯运用意念向后、向下翻转滚动倒骑,产生韵味;第三拍在坐步和弓步之间双胯微微放松调节,形成中定,同时心定气闲,双目平视,自然流露出韵味;第四拍则放松虚胯,以意倒骑,同时使用平磨的技术调整重心到位。整个动作,在节拍声律的引导下,遵守节拍的节奏,每拍的要求,充分利用了意念管理的六大无形功法对形态管理的赋值赋能,全身心投入,使每一个节拍、每一个动作变得有意义起来。因此,遵循五大形体技术对身体形态的要求保证了太极拳形态的正确性,而"(长×宽×高)×时间"的四维教学要求提升了形体的美感,形成了日常我们所说的形态美。长期的太极拳练习可以使练习者的性格变得更沉稳,无形中改变了人的气质。在个人修养不断提升的情况下,对太极拳的理解也逐渐加深,从而在太极拳演练中展现出一种独特的气质美。

清代王国维在其《人间词话》有造境写境之说,而造境者即以心造境,以情入境,在动态时以有我入境,在静态时以无我游离而出境。唯有真情相溶,其造之境方才愈真。太极拳节拍教学法也吸收此理论,要求太极拳演练者在演练过程中要酝酿真实的情感,赋予套路每式每动、每个节拍中,从而让观拳者与之心同此理此情,情感交互感

染,这就是情感美。

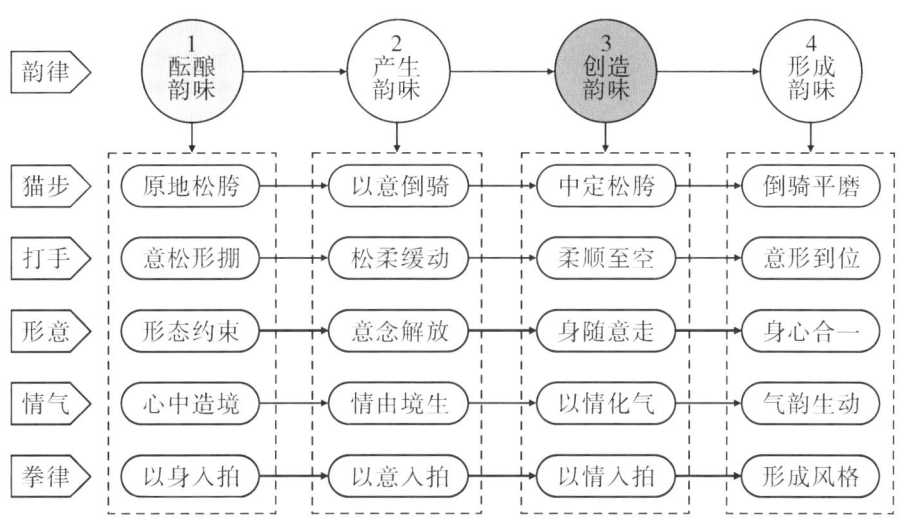

图 4　太极拳节拍教学法韵味的产生过程

白居易在《琵琶行》中形容琵琶女弹奏的节奏为"嘈嘈切切错杂弹,大珠小珠落玉盘"。大珠小珠落玉盘,就如太极拳节拍教学法中使用的节拍一样,强弱次强弱,充满了节奏感。当四拍融化为生命的一部分后,四拍节奏就会固化在人的大脑里,身体的肌肉记忆里。演练者每每一动,举手投足间无不充满着节拍的韵律:1—2—3—4,强—弱—次强—弱,快—慢—次快—慢,动—静—微动—静,开—合—微开—合,松柔空到,原倒中磨。再结合演练者演练时的真情实感,全身心投入时身体部位无意识带出来的微小动作,充满了灵性和艺术的美感,气韵生动,形成太极拳演练的韵律美。

韵律在整个套路中有规则地重复出现就是拳律,拳的韵律。拳律的产生,除上述四拍音律、四声声律、五形约束、六意外放、九大(关节)皆空外,着重胯为纲领,手脚为目,纲举目张;更重以心造境,由境生情,情景交融,意情化气,气与拍合,动则中节,"以拳之用而心造景,以心之景而身随之;身为拳之体,心为拳之用。心溶于身而化虚,身随于心而变实。身心互用,虚实共生,乃至于节节贯穿,神气鼓荡,气势氤氲,气象万千",因此展现出"或沉着如山岳、或粘连如蜜丝、或灵动飘忽如云雀、或悠闲穿梭如鱼翔浅底、或动若猛虎下山、惊雷乍现、或缓若泥中掌舵、风中竖毫"的各种视觉形象,根据个人各自的艺术和拳术修养,形成个人独特的风格。

(五)灵性之美——太极拳节拍教学的审美观

灵性通常指人表现出来的智慧能力及原始本真的自然性情。灵,篆体字为上方雨字,中间三个口字,下方一个巫字。意思是巫师带领一众人祭祀叩拜祈雨。因此,灵字表达的概念具有巫师血脉、特定文化传承,指能与自然和神沟通,具有神秘的感知力和沟通能力,具有话术、舞蹈等艺术特长和感染力。灵性在我们日常的生活中,常表示为聪明伶俐,有独特主见,能自由表达自我和实现自我,对自然亲和,对周边人或事物敏感,对事物本质具有某种洞察力,灵动活泼,等等。灵性,从某种程度上来说,就是打破约束,释放真我回归自然活泼性情(见图5)。

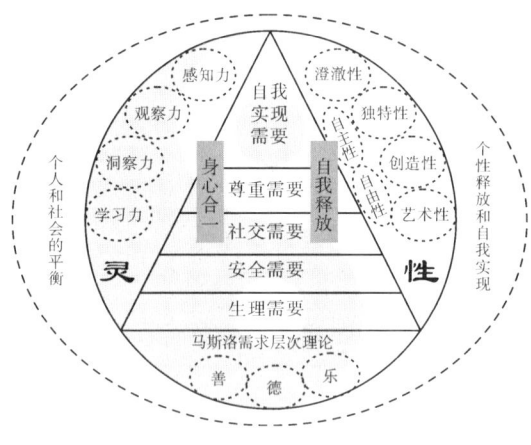

图5 太极拳节拍教学法韵律美

灵性美是太极拳节拍教学法美感体验的一个重要组成部分。太极拳的灵性美要求演练者将太极拳节拍教学法的有形技术和无形功法结合一起,在遵循五大形体技术对人体形态的约束基础上,意念酝酿外放,通过对太极拳运动长、宽、高方位的美感把握,音乐四拍节奏的掌控,情感的酝酿和投入,能够将拳术线路、身心情感融为一体,充分发挥自身优点将太极拳的演练出气势多变及灵动的感觉,能很好地传达出太极思想、文化和个人的理解诠释,带给人舒服和美的享受。

附录5　当太极遇见节拍
——节拍教学法助力校园太极拳普及的实践研究

上海市南汇第二中学　王袁馨

【摘要】 在当前国家大力推广传统文化进校园的政策背景下,中学体育课程中武术的普及与教学质量面临诸多挑战。特别是太极拳这一传统武术形式,由于其深奥和复杂性,往往难以吸引中学生的兴趣。然而,上海市南汇第二中学通过引入"太极拳节拍教学法",成功地将太极拳融入校园文化活动,激发了学生对太极拳的热情和参与度,进而推动太极拳在校园内的可持续发展。

本文旨在探讨"太极拳节拍教学法"在中学校园中的实践应用及其效果。通过对上海市南汇第二中学的案例分析,本研究采用了定性研究和定量研究相结合的方法,从教学方法的创新、学生参与度的提升以及文化传承的角度出发,深入分析了该教学法的实施过程和成效。研究重点在于评估节拍式教学法如何改变传统太极拳教学模式,提高学生的学习兴趣和文化认同感。

【关键词】 太极拳　节拍教学法　校园文化　普及

一、研究背景

学校武术教育是弘扬中华传统文化重要途径之一。学校设置太极拳课程中,不仅要让学生学习太极拳的技术和精神气质,更要在太极拳的学习过程中提高学生对中华传统文化的认同与自信。笔者在2023年拜访过全国武术名家邱丕相教授,邱教授提起20世纪90年代一位日本社会人士来到中国曾大言:"10年后太极拳的中心可能不在中国。"因为当时日本的太极拳练习者非常多,而且对太极拳的技术与文化都很专注。如此狂言虽不是真相,但现实中却充满危机感。从当时太极拳在中、日社会普及角度来看,我们不缺优秀的传统文化,缺的是优秀的武术文化的教育。所以邱教授对学校武术文化教育的发展提及的以下几点建议,很值借鉴和探索:一是遵循"一看就喜欢,一学就上手",二是淡化套路、突出方法与应用,三是懂礼仪、守规矩的高度规范性,四是挖掘好武术的文化资源、育人价值。笔者于2021年由同学引荐结识了全国武术名家孙剑狄先生。孙老师自退休后一直在学校附近的新场古镇推广太极拳节拍教学法,并带领当地一群爱好太极拳的老百姓获得了2021年第十四届全运会太极拳乡镇组集体比赛42式太极拳冠军、24式简化太极拳亚军。笔者通过访谈、体验与一年的训练,验证此教学方法的科学性、有效性,并决心将民间的资源引入学校的太极拳教学中。

二、太极拳节拍教学法在学校应用历程

(一)发掘民间资源:探索太极拳教学新途径

2020年,笔者了解到东育太极拳社的创始人孙剑狄老师独创了"太极拳节拍教学法"。这个方法就像给太极拳穿上了一件华丽的外衣,让它变得既简单又有趣。通过运用音乐中的4/4拍对太极拳动作进行拆分、细化、再组装,使太极拳动作难度降低,并能使每个动作尽可能地标准规范、精益求精。经过亲身体验和验证,笔者决定将这一方法引入学校,以期解决太极拳教学中的难题。

(二)太极拳节拍教学法的界定与深刻理解

太极拳节拍教学法是根据太极拳的运动规律,用4/4拍音节,以重心转化一次,或步法、腿法每动一次为四拍一个小节,以脚定拍的原则将套路每式动作划分为若干个小节,并运用有形技法和无形功法定性定量定质完成每节每拍动作,使太极拳肢体语言在空间时间上达到规范化、简易化、精准化和科学化的一种太极拳教学方法。笔者在教学实践前通过一年的练习,深刻体悟了节拍教学法的功效。

(三)实践中的观察与总结

1. 学生学习现状调查

在课程实施前,笔者对新生进行了前测,了解他们对太极拳的认知。结果显示,大部分学生对太极拳有一定了解,但认知深度不足。同时,学生普遍认为太极拳适合中老年人,青少年参与度不高。尽管如此,还是有近半数学生表示对太极拳感兴趣,这为后续教学提供了积极信号。

2. 课堂观察与分类

通过课堂观察,笔者发现初中生和高中生在太极拳学习中表现出不同的特点。初中生活泼好动,思维活跃,但学习主动性和专注力较弱;高中生则思维成熟,自控能力强,但对太极拳的兴趣相对较低。因此,笔者在教学中更注重培养初中生的兴趣和高中生的文化传承意识。

3. 节拍分解与组合训练

节拍式教学法的核心在于动作的分解和组合。笔者利用音乐节拍器将太极拳动

作拆分成上肢和下盘步法两部分,分别进行练习后再组合起来。这种方法不仅简化了学习过程,还提高了学生的动作规范性和协调性。

4. 大规模演练的整齐划一

在集体项目中,我强调时间、空间和路线三要素的重要性。通过长期节拍引领练习,学生之间形成了"共振效应",使得大规模演练时动作整齐划一,展现了太极拳的艺术美感。

(四) 节拍式教学法在学校教学中的训练方式

经过3年在南汇二中的体育课、拓展课与社团活动的太极拳教学实践,根据学校教学要求和学生个性特点,在应用民间节拍式教学方法的基础上,笔者整理出8种适合学校展开太极拳教学的方法。

一是常速节拍训练。主要根据人的心率的速度,在演练时节奏舒缓,是最容易适应的节奏。

二是快速节拍训练。主要针对比赛前的运动员,细化动作结构,加强动作的之间的衔接流畅性。

三是慢速节拍训练。主要用于基本功强化和专项体能的训练方式,在练习中较能锻炼到肌肉耐力和身体的平衡感。

四是"一停一动"节拍训练。主要应用于规范太极拳的基本动作形态(五大型),对于大规模的教学课效果明显。

五是"分类同练"的教学。主要用于赛前训练学生在比赛前各自训练参赛项目,统一的节拍打出缤纷的动作。

六是节拍结构化运用。主要是分解和组合太极拳的动作,使学生能清楚地了解动作结构。

七是文字口令法。用文字代替1234中某一个节拍,来强化训练该节拍中太极拳动作要领。

八是节与拍的"放大镜"。较多学生未能掌握的技术或者教学过程中的难点,根据节拍教学法可进行强化、专项性的反复训练。

(五) 学生学习历程中的四个阶段

通过教学研究发现,根据学生的学习历程和教师教学经验,确定了学生学习太极拳分为组装太极、虚实转化、动静衔接、形意结合四个阶段。为了进一步厘清教学思路,每个阶段都设有一个主题问题驱动,形成结构化的问题链。

1. 组装太极

驱动问题:如何让太极拳学起来更简单?主要应用音乐中的4/4拍分解太极动作

(上、下动作分解),组合动作,可以是上、下肢动作的组合,也可以是前、后动作的连接。细化动作,应用节拍将时间、空间、路线进行精确化执行,达到动作的规范与整齐划一的效果。

2. 虚实转换

驱动问题:太极招式在推手中如何运用?根据太极拳节拍教学法的定义,4/4拍的每一小节,脚下重心进行变换,即是太极拳的拳理中的虚实转换。例如弓步到坐步的转换、中定到弓步的转换等,是八法五步中前进步(进)、后退不(退)、左移步(顾)、右移步(盼),中定步、(定)的运用。通过个人的招式练习、双人的互动训练,体验太极推手中各种太极招式运用和攻防转换。

3. 动静相宜

驱动问题:如何演练出行云流水的太极拳?根据音乐4/4拍强、弱、次强、弱的周期规律,节拍器发出的信号在音效上有明显区分。以第一拍做到形不动胯松,第二、三拍运动,第四拍动作到位的原则展现太极拳的动中有静、静中有动的特点,并逐渐在行拳中行云流水、节节贯通,这是区分太极拳与太极操的重要依据。

4. 形意结合

驱动问题:太极拳的韵味从何而来?通过强化第一拍的原地不动意念先驱动(武术界谈及的意识产生的意象),能够通过意象看到动作领衔,随后身体跟上完成动作到第四拍到位。通过意念与形体的融合,充分表现太极拳的韵味。

以上四个原则是依据太极拳的拳理与太极拳节拍教学法在学校教学实践中提炼出来的,四个原则也是四个阶段,从太极拳技术水平上来看,四个阶段是由低阶到高阶的进阶性关系。

三、结果与分析

(一)学生对太极拳及太极拳文化的新认知

经过节拍教学法的应用,学生对太极拳有了更清晰的认识。96.8%的学生基本掌握了太极拳的基本知识和动作结构,并对太极拳文化产生了浓厚兴趣。他们认为太极拳不仅适合各个年龄段的人群,还具有缓解压力、调节情绪等功效。同时,学生也感受到了太极拳所蕴含的哲学思想和艺术魅力。

(二)节拍教学法在课堂教学中的特点与作用

学生普遍认同节拍教学法在太极拳学习中的积极作用。他们认为这种方法使动作结构清晰易懂,容易上手;节拍信号有助于集中注意力,提高集体练习的统一性;掌握太极拳的节奏与韵律后,能更好地展现其艺术美感。

(三)社团学生竞赛水平的迅速提高

2018年至2023年,南汇二中太极拳社团学生在各类比赛中取得了优异成绩。特别是在2021年至2023年,随着节拍教学法应用到具体教学中,学生的竞赛水平显著提升,获奖数量逐年增加。

(四)创编"拳律简谱"作为学习工具

为了进一步推广太极拳并提高教学质量,南汇二中创编了"拳律简谱"。该简谱细化了动作结构,明确了每个招式的技术要求和内涵认知。通过音律诠释太极拳技艺的方式,使学生更容易理解和掌握太极拳的技术要领,拳律简谱具体内容见表1。

表1 拳律简谱

动作名称	动作与节拍的内容	节拍
起势	开步4拍——前举4拍——下按4拍	3×4
左掤式	右抱球4拍——左掤式4拍	2×4
右捋式	右捋式4拍	1×4
左挤式	左挤式4拍	1×4
双按式	翻掌平举4拍——下按前推4拍	2×4
左採式	左採式4拍	1×4
右挒式	右挒式4	1×4
左肘式	左肘式4拍	1×4
右靠式	右靠式4拍	1×4
右掤式	左抱球4拍——右掤式4拍	2×4
左捋式	左捋式4拍	1×4
右挤式	右挤式4拍	1×4
双按式	翻掌平举4拍——下按前推4拍	2×4
右採式	右採式4拍	1×4
左挒式	左挒式4	1×4
右肘式	右肘式4拍	1×4
左靠式	左靠式4拍	1×4

四、结论与展望

通过引入太极拳节拍教学法,学校成功解决了武术教学中的难题,实现了太极拳在校园的普及。这一创新教学方法不仅简化了学习过程,提高了教学效果,还激发了学生对传统文化的兴趣和热爱。未来,我们将继续深化研究和完善这一教学方法,为更多学校提供借鉴和启示,更能够有效地传承和弘扬中国传统文化,使太极拳在校园中焕发新的活力。在不久的将来,我们将通过区域辐射推进校园太极拳的推广工作,让更多的学生受益于这一优秀的传统文化项目。

参考文献

[1]赵金伟.如何在中小学校园中推广普及太极拳[J].电大理工,2017(4):85-86.

[2]倪光睿.阳光体育活动背景下中小学太极拳开展方略初探[J].武术研究,2019(6):88-89,98.

[3]陈子立.太极拳中小学推广策略研究[J].中华武术(研究),2018(4):82-84.

[4]邱丕相,等著.武学论谭.北京:人民出版社,2022:38-42.

[5]中共中央国务院印发《关于深化教育教学改革全面提高义务教育质量的意见》[J].基础教育参考,2019(15):79.